Eglwys y Bobl

The People's Church

  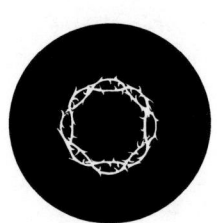 

Myfyrdod Beiblaidd ar gyfer pob Sul: Blwyddyn B

Biblical meditations for every Sunday: Year B

Cyhoeddwyd gan Cyhoeddiadau'r Gair mewn cydweithrediad ag
Athrofa Padarn Sant sy'n rhan o Gorff Cynrychiolwyr yr Eglwys yng Nghymru
Rhif Elusen Cofrestredig: 1142813

Dymuna'r cyhoeddwyr ddiolch am gefnogaeth barod Manon Ceridwen James ac Angharad Gaylard.

Golygydd y testun: Mair Jones Parry
Golygydd Cyffredinol: Aled Davies
Cyfieithiad Cymraeg: Mair Jones Parry
Dylunio: Rhys Llwyd

Published by Cyhoeddiadau'r Gair in partnership with
St Padarn's Institute who is part of the Representative of the Church in Wales
Registered Charity Number: 1142813

The publishers wish to thank Manon Ceridwen James and Angharad Gaylard for their support.

Editor: Mair Jones Parry
General Editor: Aled Davies
Welsh Translation: Mair Jones Parry
Design: Rhys Llwyd

Cynnwys – Contents

Rhagair	6	Foreword	7
Sul Cyntaf yr Adfent	18	First Sunday of Advent	19
Ail Sul yr Adfent	20	Second Sunday of Advent	21
Trydydd Sul yr Adfent	22	Third Sunday of Advent	23
Pedwerydd Sul yr Adfent	24	Fourth Sunday of Advent	25
Dydd Nadolig	26	Christmas Day	27
Nadolig 1	28	Christmas 1	29
Nadolig 2	30	Christmas 2	31
Yr Ystwyll	32	Epiphany	33
Yr Ystwyll 1	34	Epiphany 1	35
Yr Ystwyll 2	36	Epiphany 2	37
Yr Ystwyll 3	38	Epiphany 3	39
Yr Ystwyll 4	40	Epiphany 4	41
Gŵyl Fair y Canhwyllau	42	Candlemas	43
Priod 1	44	Proper 1	45
Priod 2	46	Proper 2	47
Priod 3	48	Proper 3	49
Yr Ail Sul cyn y Grawys Sul y Greadigaeth	50	Second Sunday before Lent Creation Sunday	51
Sul cyn y Grawys Sul y Gweddnewidiad	52	Sunday before Lent Transfiguration Sunday	53
Dydd Mercher Lludw	54	Ash Wednesday	55
Y Grawys 1	56	Lent 1	57
Y Grawys 2	58	Lent 2	59
Y Grawys 3	60	Lent 3	61
Y Grawys 4	62	Lent 4	63

Welsh	Page	English	Page
Y Grawys 4 fel Sul y Mamau	64	Lent 4 as Mothering Sunday	65
Y Grawys 5 fel Sul y Dioddefaint	66	Lent 5 as Passion Sunday	67
Y Grawys 6 Sul y Blodau	68	Lent 6 Palm Sunday	69
Dydd Iau Cablyd	70	Maundy Thursday	71
Dydd Gwener y Groglith	72	Good Friday	73
Sul y Pasg	74	Easter Day	75
Y Pasg 2	76	Easter 2	77
Y Pasg 3	78	Easter 3	79
Y Pasg 4	80	Easter 4	81
Y Pasg 5	82	Easter 5	83
Y Pasg 6	84	Easter 6	85
Y Dyrchafael	86	Ascension Day	87
Y Pasg 7	88	Easter 7	89
Y Pentecost	90	Pentecost	91
Sul y Drindod	92	Trinity Sunday	93
Priod 4	94	Proper 4	95
Priod 5	96	Proper 5	97
Priod 6	98	Proper 6	99
Priod 7	100	Proper 7	101
Priod 8	102	Proper 8	103
Priod 9	104	Proper 9	105
Priod 10	106	Proper 10	107
Priod 11	108	Proper 11	109
Priod 12	110	Proper 12	111
Priod 13	112	Proper 13	113
Priod 14	114	Proper 14	115
Priod 15	116	Proper 15	117

Priod 16	118	Proper 16	119
Priod 17	120	Proper 17	121
Priod 18	122	Proper 18	123
Priod 19	124	Proper 19	125
Priod 20	126	Proper 20	127
Priod 21	128	Proper 21	129
Priod 22	130	Proper 22	131
Priod 23	132	Proper 23	133
Priod 24	134	Proper 24	135
Priod 25 – Y Sul olaf ar ôl y Pentecost	136	Proper 25 – The last Sunday after Pentecost	137
Sul y Beibl	138	Bible Sunday	139
Sul Cyntaf y Deyrnas	140	First Sunday of the Kingdom	141
Ail Sul y Deyrnas	142	Second Sunday of the Kingdom	143
Trydydd Sul y Deyrnas	144	Third Sunday of the Kingdom	145
Pedwerydd Sul y Deyrnas	146	Fourth Sunday of the Kingdom	147

Rhagair

Wrth i mi ysgrifennu'r rhagair hwn caf fy atgoffa o'r profiad a gefais y Sul diwethaf yn ein haddoliad anffurfiol yn yr eglwys yr wyf yn ei mynychu lle rydym yn defnyddio'r myfyrdodau a'r cwestiynau i adlewyrchu arnynt. Roeddem yn defnyddio fersiwn y flwyddyn ddiwethaf o'r llyfr hwn ac yn trafod y term Beiblaidd abba (tad) am Dduw. Roeddem yn ystyried beth a allai ei olygu yn ein bywydau i alw 'dad' ar Dduw (roedd yr ysgrifennwr wedi dweud wrthym nad oedd abba yn hollol yn 'father' nac yn 'daddy' ond yn rhywbeth rhwng y ddau). Pan oeddem yn trafod cerddodd dyn i mewn oedd yn awyddus i siarad. Eisteddodd a dywedodd wrthym ei fod wedi teimlo Duw yn ei helpu trwy gyfnod anodd yn ei fywyd a gymhlethwyd gan alcohol ond ei fod bellach wedi sobri ers dwy flynedd. Dywedodd un o'r gynulleidfa wrtho am ddarlun o Dduw a fu ganddo yn ei feddwl trwy gyfnod clo y Covid, ac fel y byddai bob tro y teimlai fod arno angen nerth yn ei weld ei hun yn ymestyn allan, gyda llaw Duw yn gafael yn dynn ynddo, yn ei helpu i ddal ati. Roedd yr ymwelydd yn amlwg yn teimlo bod hon yn ddelwedd deimladwy ac wrth iddo adael dywedodd y byddai'r ddelwedd yn ei helpu yn y dyfodol.

Roeddwn wrth fy modd fod ein llyfr wedi helpu'r gynulleidfa i rannu cariad Duw tuag ato gyda newydd-ddyfodiad. Dyna, mewn llawer ffordd, yw ein gweledigaeth ar gyfer y llyfr, y bydd cynulleidfaoedd yn teimlo eu bod yn cael eu galluogi gan yr hyn y maent yn myfyrio arno a'r hyn y maent yn ei ddysgu am y Beibl i rannu'r newyddion da gydag eraill.

Yn hytrach nag ystyron geiriau diwinyddol (a gawsom ar ddiwedd y llyfr cyntaf) yn y llyfr hwn rydym yn rhannu gwybodaeth am rai o'r llyfrau allweddol y byddwn yn eu darllen gyda'n gilydd eleni a hefyd yn rhoi cyngor ar y ffordd orau i hyrwyddo trafod y cwestiynau.

Fel yn y llyfr blaenorol, cyflwynodd pob awdur eu gwaith naill ai yn Gymraeg neu yn Saesneg ac yna cyfieithwyd eu gwaith. Mae gan bob un ohonynt gysylltiad o ryw fath ag Athrofa Padarn Sant, neu â'r Eglwys yng Nghymru, neu â'n cydweithwyr yng Ngholeg y Bedyddwyr Caerdydd. Cynigiwn y llyfr fel adnodd i alluogi ac ysbrydoli cynulleidfaoedd ledled Cymru, boed yn Anglicaniaid neu ddim, i fyw eu ffydd yn eu bywydau bob dydd.

Caiff pob myfyrdod ei gydnabod, ond rydym wedi eu golygu fel eu bod i gyd yn debyg o ran arddull a chywair, a chyfrifoldeb Padarn Sant yn hytrach na'r cyfranwyr yw unrhyw gamgymeriadau neu amryfusedd. Mae myfyrdodau yma ar gyfer pob Sul posibl lle mae'r llithiadur yn dilyn darlleniadau blwyddyn B.

Dymunwn bob bendith wrth i chi ddefnyddio'r adnodd hwn i'ch helpu i fyw fel disgybl yn eich eglwys leol, eich cymuned, eich teulu a'ch gweithle.

Dyma gyflwyniadau i rai o'r llyfrau y byddwch yn ymwneud â hwy y flwyddyn hon:

Marc

Mae'r Efengyl yn ôl Marc yn adrodd y 'newyddion da' am Iesu Mab Duw (Marc 1:1; 1:11; 15:39). Credir gan ysgolheigion mai Efengyl Marc oedd yr adroddiad ysgrifenedig cyntaf am Iesu a bod Mathew, Luc ac yna Ioan wedi eu hysgrifennu wrth i'r ffydd Gristnogol dyfu. Marc yw'r Efengyl fyrraf yn y Testament Newydd ac mae'n dechrau gyda Iesu fel oedolyn ar ddechrau ei weinidogaeth gyhoeddus. Yn ôl Marc, mae Iesu'n dechrau ei weinidogaeth gyhoeddus yng Ngalilea lle mae'n cyhoeddi'r newyddion da am Dduw. Y newyddion da yw fod Teyrnas Dduw 'wedi dod yn agos'. Wrth i Iesu ddechrau ar ei waith, y mae'n agos.

Yn yr Efengyl, dangosir natur Teyrnas Dduw. Er enghraifft, mae gwyrthiau Iesu a arweiniodd at iacháu a'i ddysgeidiaeth a arweiniodd at faddeuant yn cynrychioli hanfod Teyrnas Dduw. Yn y swper olaf, mae Iesu'n dweud wrth ei ddisgyblion mai ei farwolaeth ef ar y groes fydd yn rhoi bod i Deyrnas Dduw (Marc 14:24–25). Fodd bynnag, yn Efengyl Marc, nid Iesu yn unig sydd yn gorfod gwneud aberth (e.e. ei

Foreword

As I write this foreword, I am reminded of my experience last Sunday in our informal worship at the church I attend where we use the meditation and questions for reflection. We were using last year's version of this book and discussing the Biblical term abba (father) for God. We considered what it might mean in our lives to call God 'dad' (the writer had told us that abba wasn't quite father nor daddy but something in between). As we were talking a man walked in wanting to talk. He sat down and spoke to us about how he had felt God had helped him through a difficult period of his life, exacerbated by alcohol and that he was now two years sober. One of the congregation told him about a picture of God he had had through the Covid lockdown, whenever he felt that he needed strength he pictured himself reaching out, with God's hand holding on to him, helping him carry on. The visitor clearly found this image moving and as he left said that this image would help him in the future.

I was delighted that our book had helped the congregation to share with a newcomer about God's love for him and in many ways that is our vision for the book, that congregations will feel empowered by what they reflect on and learn about the Bible to share with others the good news.

Instead of definitions of theological words (which we had at the back of the first book) in this book we are sharing some information about some of the key books we will be reading together this year and also giving some advice as to how best to facilitate the questions.

As in the last book, every writer has submitted their work in either English or Welsh and then the work was translated. All the writers have some kind of connection to St Padarn's, or the Church in Wales, or from our colleagues in the Cardiff Baptist College and we offer this as a resource to empower and inspire congregations all over Wales, whether Anglican or not, to live out their faith in their daily lives.

Each meditation is acknowledged, but we have edited them all to have a similar style and tone, and any errors or oversights are the responsibility of St Padarn's, not the contributors. There are meditations here for every Sunday possible where the lectionary follows year B readings.

We wish you every blessing as you use this resource to help you live your discipleship in your local church, community, family and workplace.

Here are introductions to some of the books that you will encounter this year:

Mark

The Gospel according to Mark is an account of the 'good news' about Jesus the Son of God (Mark 1:1; 1:11; 15:39). Mark's Gospel is thought by scholars to be the first written account about Jesus, and as the Christian faith grew Matthew, Luke, and eventually John were written. Mark is the shortest Gospel in the New Testament and begins with Jesus as an adult at the commencement of his public ministry. According to Mark, Jesus begins his public ministry in Galilee where he proclaims the good news of God. The good news is that the Kingdom of God is 'at hand'. As Jesus begins his work, it is close.

In the Gospel, the nature of the Kingdom of God is demonstrated. For example, Jesus' miracles that lead to healing and his teaching that led to forgiveness represent the reality of the Kingdom of God. At the last supper, Jesus tells his disciples that it is his death on the cross that will bring about the Kingdom of God (Mark 14:24–25). However, in Mark's Gospel, it is not only Jesus who must make a sacrifice (e.g. his death). In the Gospel, Jesus calls his disciples to follow him (Mark 1:16–20), but to follow Jesus, his disciples must also take up their crosses (Mark 8:34). Jesus poses a radical challenge to his disciples: they should go on mission with only a staff and sandals (Mark 6:8), to give up financial security (Mark 10:21),

farwolaeth). Yn yr Efengyl, mae Iesu'n galw ei ddisgyblion i'w ddilyn ef (Marc 1:16-20), ond er mwyn dilyn Iesu bydd yn rhaid i'w ddisgyblion hefyd godi eu croesau (Marc 8:34). Mae Iesu'n gosod her chwyldroadol i'w ddisgyblion: dylent fynd i genhadu gyda dim ond ffon a sandalau (Marc 6:8), rhoi heibio pob sicrwydd ariannol (Marc 10:21), rhoi eu teuluoedd heibio (Marc 10:28-29), a rhoi heibio eu bywydau (Marc 8:35-36).

Mae'r disgyblion yn Efengyl Marc, fodd bynnag, yn ei chael yn anodd dilyn Iesu a chyflawni ei ofynion. Erbyn diwedd yr Efengyl nid yw'r disgyblion yn dilyn Iesu: mae Jwdas yn ei fradychu (Marc 14:10-11, 43-45), mae Pedr yn ei wadu (Marc 14:68, 70, 71), gadawodd y disgyblion gwrywaidd ef a ffoi (Marc 14:50), ac mae'r gwragedd wrth y bedd gwag yn rhedeg i ffwrdd mewn ofn (Marc 16:8). Mae Efengyl Marc yn gorffen braidd yn swta wrth i'r gwragedd adael yn eu harswyd. Mae ysgolheigion wedi awgrymu bod Marc yn gorffen ei Efengyl fel hyn er mwyn annog darllenwyr yr Efengyl, sef disgyblion diweddarach Iesu, i gael gwell hwyl ar ddilyn Iesu.

Ioan

Ysgrifennwyd yr Efengyl yn ôl Ioan sy'n adrodd hanes Iesu, y Meseia, Mab Duw er mwyn gwneud i bobl gredu yn Iesu a Duw (Ioan 20:30-31). Mae Efengyl Ioan yn wahanol i'r Efengylau 'Synoptaidd' (Marc, Mathew, a Luc). Mae'r Efengyl yn dechrau trwy adnabod Iesu fel Duw (Ioan 1:1, 18) ac yn yr Efengyl mae Iesu'n dweud, 'Myfi a'r Tad, un ydym' (Ioan 10:30).

Yn Efengyl Ioan, cenhadaeth Iesu yw datgelu Duw. Er enghraifft, yn hytrach na gwyrthiau, arwyddion sydd gan Efengyl Ioan: y briodas yng Nghana (Ioan 2:1-12), iacháu mab y swyddog (Ioan 4:46-54), iacháu'r claf o'r parlys (Ioan 5:1-11), porthi'r pum mil (Ioan 6:1-15), cerdded ar y dŵr (Ioan 6:16-21), iacháu'r dyn dall (9:1-12), codi Lasarus (11:1-6, 38-44). Mae'r arwyddion hyn a wnaeth Iesu yn datgelu gallu Duw.

Yn ogystal, yn hytrach na damhegion, 'dywediadau Myfi yw' sydd yn Efengyl Ioan: Myfi yw bara'r bywyd (Ioan 6:35), Myfi yw goleuni'r byd (Ioan 8:12), Myfi yw'r drws (Ioan 10:9), Myfi yw'r bugail da (Ioan 10:11, 14), Myfi yw'r atgyfodiad a'r bywyd (Ioan 11:25), Myfi yw'r ffordd a'r gwirionedd a'r bywyd (Ioan 14:6), Myfi yw'r winwydden (Ioan 15:1, 5). Mae'r 'dywediadau Myfi yw' hyn a lefarwyd gan Iesu yn datgelu natur Duw. Ni chawn waedd ingol, 'Fy Nuw, fy Nuw, pam yr wyt wedi fy ngadael?' (Mathew 27:46 a Marc 15:34) gan Iesu ar y groes yn Efengyl Ioan; yn hytrach mae'n dweud yn dawel, 'Gorffennwyd' (Ioan 19:30). Ar ei farwolaeth, cyflawnodd Iesu ei genhadaeth i ddatgelu Duw. Mae hefyd fodd bynnag ochr ddynol iawn i Iesu yn Efengyl Ioan, gan iddo wylo pan fu Lasarus farw (Ioan 11:35), mae'n golchi traed ei ddisgyblion (Ioan 13:4-5), ei ddisgyblion yw ei gyfeillion (Ioan 15:12-14).

Mae themâu tystio a thystiolaeth yn bwysig yn Efengyl Ioan. Er enghraifft, mae Ioan Fedyddiwr (Ioan 1:29-34), y disgyblion (Ioan 1:40-41, 45) y wraig o Samaria (Ioan 4:28-30, 39), a'r Disgybl Annwyl (Ioan 21:24) i gyd yn tystiolaethu am Iesu. Mae'r Disgybl Annwyl yn gymeriad diddorol yn Efengyl Ioan. Mae'n bresennol yn y swper olaf (Ioan 13:23), mae wrth droed y groes (Ioan 19:25-27), mae wrth y bedd gwag (Ioan 20:2, 5), ac iddo ef y priodolir y gwaith o ysgrifennu'r Efengyl (Ioan 21:24-25).

1 a 2 Corinthiaid

Ymwelodd Paul â Chorinth, dinas yng Ngwlad Groeg, ar ei ail daith genhadol. Tra oedd yno, siaradodd am Iesu'r Meseia â'r Iddewon a'r Cenedl-ddynion. Arhosodd yng Nghorinth ac addysgodd am ddeunaw mis (Actau 18:4, 5, 11). Yn ei lythyr cyntaf, mae Paul yn nodi ei fod yn ystod ei amser yng Nghorinth wedi sefydlu eglwys yn cynnwys Cristnogion Iddewig a Christnogion o Genedl-ddynion (1 Corinthiaid 3:10). Fodd bynnag, mae Paul yn ysgrifennu ei lythyr cyntaf at yr eglwys yng Nghorinth i gynnig cyngor ymarferol gan ei fod wedi clywed bod problemau o fewn yr eglwys. Er enghraifft, clywodd gan rai o dŷ Chlöe fod cynnen ymhlith aelodau yngŷn â'u harweinyddiaeth (1 Corinthiaid 1:10-13), clywodd gan Timotheus fod

to give up family (Mark 10:28–29), and to give up their lives (Mark 8:35–36).

The disciples in Mark's Gospel, however, struggle to follow Jesus and fulfil his requests. By the end of the Gospel, the disciples do not follow Jesus: Judas betrays him (Mark 14:10–11, 43–45), Peter denies him (Mark 14:68, 70, 71), the male disciples all fled from him (Mark 14:50), and the women at the empty tomb run away in fear (Mark 16:8). Mark's Gospel ends somewhat abruptly with the fearful departure of the women. Scholars have proposed that Mark finishes his Gospel in this way to encourage readers of the Gospel, later disciples of Jesus, to do a better job at following Jesus.

John

The Gospel according to John is an account about Jesus, the Messiah, the Son of God, written to bring people to belief in Jesus and God (John 20:30–31). John's Gospel is different from the 'Synoptic' Gospels (Mark, Matthew, and Luke). The Gospel begins by identifying Jesus as God (John 1:1, 18) and in the Gospel, Jesus says, 'I and the Father are one' (John 10:30).

In John's Gospel, Jesus' mission is to reveal God. For example, rather than miracles, John's Gospel has signs: wedding at Cana (John 2:1–12), healing the official's son (John 4:46–54), healing the paralysed man (John 5:1–11), feeding the 5000 (John 6:1–15), walking on water (John 6:16–21), healing the blind man (9:1–12), raising Lazarus (11:1–6, 38–44). These signs performed by Jesus reveal the power of God.

Additionally, rather than parables, John's Gospel has 'I am sayings': I am the bread of life (John 6:35), I am the light of the world (John 8:12), I am the door (John 10:9), I am the good shepherd (John 10:11, 14), I am the resurrection and the life (John 11:25), I am the way, the truth, and the life (John 14:6), I am the vine (John 15:1, 5). These 'I am sayings' spoken by Jesus reveal the nature of God. When Jesus is on the cross in John's Gospel, there is no anguished cry of 'My God, my God, why have you forsaken me' (Matthew 27:46 and Mark 15:34), rather he calmly says, 'It is finished' (John 19:30). When Jesus dies, he has completed his mission to reveal God. There is also however a very human side to Jesus in John's Gospel, as he weeps when Lazarus dies (John 11:35), he washes his disciples' feet (John 13:4–5), his disciples are his friends (John 15:12–14).

The themes of witness and testimony are important in John's Gospel. For example, John the Baptist (John 1:29–34), the disciples (John 1:40–41, 45) the Samarian woman (John 4:28–30, 39), and the Beloved Disciple (John 21:24) all witness Jesus and testify about Jesus. The Beloved Disciple is an interesting character in John's Gospel. He is present at the last supper (John 13:23), he is at the foot of the cross (John 19:25–27), he is at the empty tomb (John 20:2, 5), and he is the one credited with writing the Gospel (John 21:24–25).

1 and 2 Corinthians

Paul visited Corinth, a city in Greece, on his second missionary journey. While he was there, he spoke about Jesus the Messiah to both Jews and Gentiles, and he stayed in Corinth and taught for eighteen months (Acts 18:4, 5, 11). In his first letter, Paul mentions that during his time in Corinth he founded a church made up of both Jewish-Christians and Gentile-Christians (1 Corinthians 3:10). However, Paul is writing his first letter to the Corinthian church to offer practical advice as he has heard there are problems within the church. For example, he heard from Chloe's people that there are disputes among members about their leadership (1 Corinthians 1:10–13), he heard from Timothy that there were concerns about sexual immorality (1 Corinthians 5:1–13), and he found out in a letter from the church that there were issues concerning marriage (1 Corinthians 7:1–40), concerning food offered to idols (8:1–13), and about

anfoesoldeb rhywiol yn eu plith (1 Corinthiaid 5:1–13), a darganfu mewn llythyr gan yr eglwys fod materion i'w trafod ynglŷn â phriodas (1 Corinthiaid 7:1–40), ynglŷn â bwyd a aberthwyd i eilunod (8:1–13), ac ynglŷn ag ymraniadau yn eu plith yn ystod Swper yr Arglwydd (1 Corinthiaid 11:17–34). Daw Paul â'i lythyr cyntaf i ben trwy bwysleisio bod yn rhaid i'r eglwys weithio trwy eu brwydrau mewnol a chanolbwyntio ar yr hyn sydd o bwysigrwydd tyngedfennol – croeshoeliad Iesu, ei atgyfodiad, ac achubiaeth i gredinwyr (1 Corinthiaid 15:1–58).

Mae ail lythyr Paul i'r eglwys yng Nghorinth yn wahanol i'r cyntaf. Mae'r llythyr hwn yn llawer mwy llym ac mae Paul yn dweud ei fod yn ei ysgrifennu 'o ganol gorthrymder mawr a gofid calon, ac mewn dagrau lawer' (2 Corinthiaid 2:4). Yn ei ail lythyr, mae Paul yn ysgrifennu am yr 'archapostolion' a groesawyd i'r eglwys a'r ffordd y mae ef wedi cael ei bellhau o ganlyniad i hynny. Er hynny, mae Paul yn ysgrifennu er mwyn mynegi ei gariad tuag atynt (2 Corinthiaid 2:4) ac yn gofyn iddynt barhau i gyfrannu tuag at y casgliad ar gyfer y Cristnogion yn Jerwsalem (2 Corinthiaid 9:1–15).

Effesiaid

Ysgrifennodd Paul at yr eglwys yn Effesus tra oedd wedi ei garcharu (Effesiaid 3:1; 4:1; 6:20). Ymddengys ei fod wedi ymweld ag Effesus, lle siaradodd yn y synagogau am Deyrnas Dduw am dri mis (Actau 19:8). Fodd bynnag, gellid tybio wrth ddarllen ei lythyr at yr eglwys yn Effesus nad oes ganddo gysylltiad agos â hwy gan ei fod yn nodi mai dim ond wedi clywed am eu ffydd y mae (Effesiaid 1:15). Ond mae'n ymddangos bod Paul yn ysgrifennu at eglwys o Gristnogion a Chenedl-ddynion yn Effesus, neu efallai at eglwysi yn ardal Effesus, yn hytrach nag at grŵp gwreiddiol o Gristnogion Iddewig y gallai fod wedi siarad â hwy ar y dechrau pan ymwelodd â'r synagogau.

Yn y llythyr hwn nid yw Paul yn trafod materion penodol mewn un eglwys leol fel y gwna yn rhai o'i lythyrau eraill, ond yn hytrach mae'r llythyr hwn yn ymwneud â dysgu a chyfarwyddo Cristnogion a'r Cenhedloedd yn fwy cyffredinol mewn diwinyddiaeth a'i goblygiadau. Yn hanner cyntaf y llythyr, mae Paul yn egluro gras Duw a'r rhodd o achubiaeth trwy Iesu i'r rhai sy'n credu (Effesiaid 2:1–3:21). Yna, yn ail hanner y llythyr, mae Paul yn amlinellu sut i fyw bywyd fel crediniwr (Effesiaid 4:1–6:9).

Iago

Priodolir Llythyr Iago fel arfer i 'Iago y Cyfiawn', brawd Iesu y cyfeirir ato yn Marc 6:3. Nid oedd yn un o'r deuddeg disgybl ond yn apostol yn ystyr ehangach y gair (Galatiaid 1:19). Ymddangosodd Iesu atgyfodedig iddo (1 Corinthiaid 15:7) ac yna daeth Iago yn un o'r 'colofnau', un o arweinwyr mwyaf dylanwadol eglwys Jerwsalem (Galatiaid 2:9; Actau 12:17; 15:13–21).

Cyfeirir y llythyr at 'y deuddeg llwyth sydd ar wasgar' (1:1). Efallai fod hwn yn ddisgrifiad trosiadol o Gristnogion fel alltudion (cf. 1 Pedr 1:1). Mae hefyd yn bosibl fod Iago yn ysgrifennu yn fwy penodol at eglwysi a ddaeth i fodolaeth trwy weithgaredd cenhadol eglwys Jerwsalem ac a oedd yn adlewyrchu ei naws Iddewig.

Dechreua anogaeth Iago trwy ragdybio bod ei ddarllenwyr yn profi treialon a all danseilio eu ffydd (1:3–4, 12–13). Mae'n cynnig cyngor ymarferol ar sut i fyw fel dilynwyr Crist mewn byd sy'n llawn pryderon ac anawsterau. Dechrau a diwedd bywyd o'r fath yw doethineb na all ddod gan neb ond Duw (1:5).

Nid yw doethineb yn gymaint o gyflawniad deallusol ond yn hytrach yn ffordd o fyw sy'n 'cyflawni gofynion y Gyfraith frenhinol' i 'garu dy gymydog fel ti dy hun' (2:8). Gan adleisio dysgeidiaeth Iesu, yn enwedig themâu o'r Bregeth ar y Mynydd yn Mathew 5–7, mae Iago yn pwysleisio'r angen i gariad ymarferol fod yn amlwg. Gellir gweld gwir ymgysegriad i Dduw yn arbennig yn y ffordd y mae rhywun yn

inequality at the Lord's Supper (1 Corinthians 11:17–34). Paul concludes his first letter by emphasising that the church must work through their internal struggles as they must focus on what is of crucial importance – Jesus' crucifixion, his resurrection, and salvation for believers (1 Corinthians 15:1–58).

Paul's second letter to the Corinthian church is quite different from the first. It is a much more severe letter as Paul mentions that he writes it in 'much distress and anguish of heart and with many tears' (2 Corinthians 2:4). In this second letter, Paul is writing about the 'super apostles' that have been welcomed into the church and the way that he has been alienated as a result. Nevertheless, Paul writes so that he might express his love for them (2 Corinthians 2:4) and asks that they might still contribute to the collection for the Christians in Jerusalem (2 Corinthians 9:1–15).

Ephesians

Paul wrote to the church in Ephesus while he was imprisoned (Ephesians 3:1; 4:1; 6:20). He seems to have visited Ephesus, where he spoke in the synagogues about the Kingdom of God for three months (Acts 19:8). However, his letter to the church in Ephesus reads as though he does not have a close association with them, as he mentions that he has only heard about their faith (Ephesians 1:15). But Paul seems to be writing to a Gentile-Christian church in Ephesus, or perhaps churches in the Ephesus region, rather than an original group of Jewish-Christians to whom he may have initially spoken in the synagogues when he visited.

In the letter Paul does not address particular issues in one local church as is seen in some of his other letters, rather this letter is more about teaching and instructing Gentile-Christians more generally in theology and its implications. In the first half of the letter, Paul explains God's grace and the gift of salvation through Jesus for those who believe (Ephesians 2:1–3:21). Then in the second half of the letter, Paul outlines how to live a life as a believer (Ephesians 4:1–6:9).

James

The Epistle of James is usually attributed to 'James the Just', the brother of Jesus mentioned in Mark 6:3. He was not one of the twelve disciples but an apostle in the broader sense of the word (Galatians 1:19). The resurrected Jesus appeared to him (1 Corinthians 15:7) and subsequently James became one of the 'pillars', one of the most influential leaders of the Jerusalem church (Galatians 2:9; Acts 12:17; 15:13–21).

The letter is addressed to the 'twelve tribes of the dispersion' (1:1). This may be a metaphorical description of Christians as exiles (cf. 1 Peter 1:1). It is also possible that James was writing more specifically to churches that came into being through the missionary activity of the Jerusalem church and reflected its Jewish ethos.

James' exhortation begins with the assumption that his readers experience trials that can undermine their faith (1:3–4, 12–13). He gives practical advice on how to live as a follower of Christ amid a world full of trouble and difficulty. The beginning and end of such life is wisdom which can only come from God (1:5).

Wisdom is not so much an intellectual achievement but a way of life that fulfils 'the royal law of Scripture' to 'love your neighbour as yourself' (2:8). Echoing Jesus' teaching, especially themes from the Sermon on the Mount in Matthew 5–7, James emphasises the practical outworking of love. True devotion to God can be seen especially in the way one treats people who are poor and vulnerable (1:27; 2:1–11; 5:1–6), and in kind and truthful speech (3:1–18; 4:11–12; 5:12).

James' emphasis on the importance of works as the sign of true faith (2:14–26) is different from Paul's insistence on faith as something different from 'works' (Romans 4). Perhaps James here is trying to

trin pobl sy'n dlawd ac yn fregus (1:27; 2:1–11; 5:1–6), ac mewn geiriau caredig sy'n mynegi'r gwirionedd (3:1–18; 4:11–12; 5:12).

Mae pwyslais Iago ar bwysigrwydd gweithredoedd fel arwydd o wir ffydd (2:14–26) yn wahanol i bwyslais Paul ar ffydd fel rhywbeth gwahanol i 'weithredoedd' (Rhufeiniaid 4). Efallai fod Iago yma yn ceisio cywiro'r agwedd gyfeiliornus a gymerodd eiriau Paul allan o'u cyd-destun a dod i'r casgliad nad yw gweithredoedd credinwyr yn bwysig gerbron Duw cyn belled â bod gan rywun ffydd (ac wrth gwrs mae llythyrau Paul yn dangos yn eglur bod Paul yn wir yn poeni am yr hyn a wnâi credinwyr). Beth bynnag, mae cynnwys Iago a'r Rhufeiniaid yng nghanon y Testament Newydd yn dangos nad yw heddwch Crist yn eithrio trafod, dadlau ac anghytuno. Gall yr Efengyl ymgorffori yn ei hundod cyffredinol safbwyntiau gwahanol sy'n deillio o bwysleisiadau ac ymrwymiadau diwinyddol amrywiol.

Colosiaid

Roedd dinas Colosae yn nyffryn Afon Lycus, ar hyd y ffordd oedd yn cysylltu Effesus ar yr arfordir Aegean â rhan fewnol Asia Leiaf (Twrci ein dyddiau ni). Sefydlwyd yr eglwys yno gan Epaffras (1:6–7; 4:12) a gomisiynwyd ac a gefnogwyd mae'n debyg gan Paul yn ystod arhosiad hir yr apostol yn Effesus (Actau 19:26).

Pan ysgrifennwyd y llythyr roedd Paul yn y carchar (4:10, 18), naill ai yn Rhufain (Actau 28:16, 30), neu o bosibl yn Effesus os carcharwyd ef yno o ganlyniad i'r terfysgoedd a achoswyd gan ei bregethu (Actau 19:23–41). Prif amcan ei lythyr oedd trafod lledaeniad 'athroniaeth' (2:8) yn eglwys Colosae oedd yn tanseilio goruchafiaeth Crist.

Mae'n anodd bod yn sicr o union nodweddion 'athroniaeth' Colosae. Efallai fod dylanwad cred werinol boblogaidd mewn grymoedd dieflig peryglus arni. Efallai mai grymoedd o'r fath oedd dan sylw wrth gyfeirio at 'ysbrydion elfennig y cyfanfyd' yn 2:8 a'r 'tywysogaethau a'r awdurdodau' a drechwyd gan Grist (2:15). Mae'r cyfeiriadau at enwaediad (2:11–13), Saboth (2:16), gwaharddiadau bwyd (2:16, 21), angylion a gweledigaethau (2:18) yn awgrymu dylanwad cyfriniaeth Iddewig.

Beth bynnag oedd yr union fanylion, câi Cristnogion Colosae eu temtio i feddwl nad oedd grym Crist yn ddigon i ymdopi â'r heriau a'r peryglon a wynebent.

Mae Paul yn gwrthddadlau yr agwedd hon trwy dynnu sylw at oruchafiaeth Crist yn y greadigaeth a'r brynedigaeth (1:15–20). Mae 'holl drysorau doethineb a gwybodaeth yn guddiedig' yng Nghrist (2:3) yn yr hwn y mae holl gyflawnder Duw yn preswylio (2:9). Felly, nid oes ar y Colosiaid angen ystrywiau crefydd neu ddiwylliant cyfoes er mwyn byw bywydau o heddwch, sicrwydd a chyflawniad.

Mae ail ran y llythyr (3:1–4:6) yn manylu ar oblygiadau ymarferol y ddiwinyddiaeth a draethwyd yn y rhan gyntaf. Nid derbyn manteision dwyfol yn unig a wna credinwyr. Maent yn ddilynwyr Crist, ac wedi eu galw i fyw bywydau o rinwedd a phurdeb.

Eseia

Mae Llyfr Eseia yn dwyn enw'r proffwyd oedd yn weithredol yn chwarter olaf yr wythfed ganrif CC yn ystod teyrnasiad Ahas (Eseia 7–8) a Heseceia (Eseia 36–39), brenhinoedd Jwda. Roedd hwn yn gyfnod cythryblus o gynnwrf a newid. Yn 722 CC darostyngwyd teyrnas ogleddol Israel gan yr Asyriaid a alltudiodd gyfran fawr o'r boblogaeth (2 Brenhinoedd 17:1–6). Yn 701 CC, mewn ymateb i wrthryfel Heseceia, goresgynwyd Jwda gan Senacherib brenin Asyria a gipiodd bob un o'i dinasoedd caerog heblaw y brifddinas Jerwsalem (2 Brenhinoedd 18–19).

Roedd y proffwyd Eseia yn brif gymeriad trwy gydol yr argyfyngau hyn. Heriodd frenhinoedd Jwda ac arweinwyr eraill y genedl i glymu eu ffydd a'u gwleidyddiaeth yn dynnach. Nid barn bersonol a honno'n

correct a mistaken view that took Paul's words out of context and concluded that the actions of believers do not matter before God as long as one has faith (and of course Paul's letters make clear that Paul did indeed care about what believers did). In any case, the inclusion of both James and Romans in the New Testament canon shows that the peace of Christ does not preclude discussion, debate, and disagreement. The Gospel can incorporate in its overarching unity varying views that stem from differing theological emphases and commitments.

Colossians

The city of Colossae was situated in the Lycus River valley, along the road which connected Ephesus on the Aegean coast with the interior of Asia Minor (modern day Turkey). The church there was established by Epaphras (1:6–7; 4:12) who was probably commissioned and supported by Paul during the apostle's long stay in Ephesus (Acts 19:26).

At the time of writing Paul was in prison (4:10, 18), either in Rome (Acts 28:16, 30), or possibly in Ephesus if he was imprisoned there as a result of the riots provoked by his preaching (Acts 19:23–41). The main goal of his letter was to address the spread of a 'philosophy' (2:8) in the Colossian church which undermined the supremacy of Christ.

It is hard to be certain of the exact contours of the Colossian 'philosophy'. It may have been influenced by popular folk beliefs in dangerous evil powers. The 'elements' mentioned in 2:8 and the 'rulers and authorities' defeated by Christ (2:15) may have such powers in mind. The references to circumcision (2:11–13), Sabbaths (2:16), food taboos (2:16, 21), angels and visions (2:18) suggest the influence of Jewish mysticism. Whatever the precise details, the Colossian Christians were tempted to think that the power of Christ was not sufficient to cope with the challenges and dangers they faced.

Paul counters this view by pointing out the supremacy of Christ in creation and redemption (1:15–20). 'All the treasures of wisdom and knowledge' are hidden in Christ (2:3) in whom God's fullness dwells (2:9). Therefore, the Colossians do not need the tricks of contemporary religion or culture to lead lives of peace, security and fulfilment.

The second part of the letter (3:1–4:6) draws out the practical implications of the theology, expounded in the first. Believers are not just recipients of divine benefits. They are followers of Christ, called to lead lives of virtue and purity.

Isaiah

The Book of Isaiah bears the name of the prophet who was active in the last quarter of the 8th century BC during the reigns of the Judean kings Ahaz (Isaiah 7–8) and Hezekiah (Isaiah 36–39). This was a turbulent time of upheaval and change. In 722 BC the northern kingdom of Israel was subjugated by the Assyrians who exiled large sections of its population (2 Kings 17:1–6). In 701 BC, in response to Hezekiah's rebellion, the Assyrian king Sennacherib overran Judah, capturing all its fortified cities except the capital Jerusalem (2 Kings 18–19).

The prophet Isaiah was a key player throughout these crises. He challenged the Judean kings and the wider leadership of the nation to marry more closely their faith and politics. Trust in God for him was not a private opinion, irrelevant to public life, but an overarching framework that informs political, military, diplomatic and economic decisions. Isaiah's preaching also challenged the injustices of Judean society, especially the corruption in the judicial system and the exploitation of the poor (Isaiah 1–5). He called

amherthnasol i fywyd cyhoeddus oedd ymddiried yn Nuw iddo ef, ond yn hytrach fframwaith cyffredinol sy'n llywio penderfyniadau gwleidyddol, milwrol, diplomataidd ac economaidd. Roedd pregethu Eseia hefyd yn herio anghyfiawnderau cymdeithasol Jwda, yn arbennig y llygredd yn y drefn farnwrol a'r camfanteisio ar draul y tlawd (Eseia 1-5). Galwodd ar y bobl i'w hymrwymo eu hunain i 'farn a chyfiawnder' neu fod yn barod i wynebu cyfiawnder a barn Duw (1:17, 21, 27; 5:7; 28:17).

Mae Llyfr Eseia yn gyfansoddiad cymhleth sy'n cynnwys nid yn unig oraclau proffwydol o'r cyfnod Asyriaidd, pan oedd Eseia ei hun yn weithgar, ond hefyd deunydd o gyfnodau diweddarach. Mae adran ganol y llyfr (penodau 40-55) yn cyfeirio at gymuned alltud Jwda yn ystod y cyfnod Babilonaidd (chweched ganrif CC). Mae'r adran olaf (penodau 56-66) yn deillio gan mwyaf o'r cyfnod Persiaidd pan oedd yr alltudion wedi dychwelyd i'w tir.

Mae'r adrannau hyn yn amrywio'n fawr yn eu cynnwys a'u goslef. Mewn cyfnodau o heddwch a ffyniant mae'r gair proffwydol yn aml yn llym. Mae Duw yn casáu balchder ac yn herio trahauster mewn pobl. Mae'n rhoi gweledigaeth ddychrynllyd o sancteiddrwydd dwyfol gerbron cynulleidfaoedd hunanfodlon a hunangyfiawn (Eseia 6). Ar adegau o gael eu gorchfygu a'u halltudio mae Duw yn dyner a gofalgar (40:1-11). Mae'n rhoi gobaith; yn addo achubiaeth; yn ceisio deffro ac ennyn ymddiriedaeth. Bydd y rhai sydd wedi eu llethu a'u dadrithio (40:27) yn adennill eu nerth ac yn magu adenydd fel eryr (40:29-31).

Mae Llyfr Eseia yn dangos fel yr oedd gair Duw yn weithredol trwy gydol hanes pobl Dduw, yn eu ceryddu, eu hannog, eu hatgyfnerthu a'u harwain.

Iesu yn yr Hen Destament

'Digwyddodd hyn fel y cyflawnid y gair a lefarwyd gan yr Arglwydd trwy'r proffwyd' meddai Mathew fwy nag unwaith yn ei Efengyl. Yn y gosodiad hwn mae'r awdur yn adleisio cred gyffredinol yn y Testament Newydd bod llawer o destunau'r Hen Destament yn cyfeirio ymlaen at y Meseia ac yn cael eu cyflawni ym mywyd, gweinidogaeth, marwolaeth ac atgyfodiad Iesu o Nasareth.

Ni ddylid meddwl am broffwydoliaethau o'r fath yn syml fel rhyw fath o ragfynegiadau cudd o ddigwyddiadau oedd i ddod gannoedd o flynyddoedd yn ddiweddarach. Yn aml mae proffwydoliaethau meseianaidd yr Hen Destament yn cyfeirio'n glir i ddechrau at ddigwyddiadau, sefydliadau neu bobl gyfoes. Y brenin yn Salm 2, 45 neu 72 yn y lle cyntaf yw'r brenin Dafyddol oedd yn teyrnasu yn Jerwsalem. Mae gwas yr Arglwydd yn Eseia y gelwir arno i ddod â goleuni i'r cenhedloedd ac i ddioddef, marw ac atgyfodi (Eseia 42:1-9; 49:1-7; 50:4-10; 52:13-53:12), yn cael ei enwi fel cenedl Israel yn Eseia 49:3.

Nid yw'r gyfeiriadaeth gyfoes yn y testunau hyn yn lleihau eu natur broffwydol. Yn eu dull dwfn ac unigryw, maent hefyd yn rhagweld person a gwaith Crist. Mae Salm 72 yn weddi dros Solomon a'i ddisgynyddion ar orsedd Jwda a hefyd yn broffwydoliaeth am y Meseia.

Yn ei rhestr achau agoriadol, mae Efengyl Mathew yn awyddus i egluro hunaniaeth Iesu yng nghyddestun ei berthynas ag Abraham (Mathew 1:1-2), Dafydd (Mathew 1:1, 6-7) a'r gaethglud i Fabilon (Mathew 1:11-12). Iesu yw uchafbwynt yr hanes, a strwythurwyd gan ddigwyddiadau allweddol – galwad Abraham, gorseddu Dafydd, a'r gorchfygu gan y Babiloniaid (Mathew 1:17). Yn ei berson a'i waith mae'n crynhoi galwad aruchel pobl Dduw i fod yn offeiriadaeth frenhinol ac yn ad-dalu methiant y gaethglud. Mae digwyddiadau'r gorffennol yn rhagweld ei genhadaeth.

Mae mwy i broffwydoliaeth feseianaidd yr Hen Destament nag a ddatgelir trwy ddarllen yr Hen Destament yn arwynebol yn ei gyd-destun hanesyddol. Roedd Duw yn ffurfio hanes a sefydliadau ei bobl gyda golwg ar uchafbwynt yr hanes hwnnw – Crist ei hun. Fodd bynnag, er mwyn deall proffwydoliaeth o'r fath mae'n rhaid i'r darllenydd edrych â llygaid ffydd, wedi eu goleuo â goleuni'r groes.

the people to commit themselves to 'justice and righteousness' or to be prepared to face the justice and judgement of God (1:17, 21, 27; 5:7; 28:17).

The Book of Isaiah is a complex composition which contains not only prophetic oracles from the Assyrian period, when Isaiah himself was active, but also material from later times. The middle section of the book (chapters 40–55) addresses the exiled Judean community during the Babylonian period (6th century BC). The last section (chapters 56–66) stems mostly from Persian times when the exiles had returned to their land.

These sections vary enormously in their content and tone. At times of peace and prosperity the prophetic word is often harsh. God abhors pride and challenges human arrogance. He places before complacent, self-righteous audiences a terrifying vision of divine holiness (Isaiah 6). At times of defeat and exile God is tender and caring (40:1–11). He gives hope; promises salvation; seeks to reawaken and inspire trust. Those who are exhausted by disillusionment (40:27) will renew their strength and soar like eagles (40:29–31).

The Book of Isaiah shows how the word of God was active throughout the history of God's people, rebuking, encouraging, strengthening, and guiding them.

Jesus in the Old Testament

'This happened to fulfil what was spoken by the Lord through the prophet' says Matthew several times in his Gospel. With this statement the author echoes a widespread New Testament belief that many Old Testament texts point forward to the Messiah and are fulfilled in the life, ministry, death, and resurrection of Jesus of Nazareth.

It is not helpful to think of such prophecies simply as coded one-dimensional predictions of events that were to take place hundreds of years later. Quite often the messianic prophecies of the OT have a clear primary reference to contemporary events, institutions, or people. The king of Psalm 2, 45 or 72 is in the first place the Davidic king reigning in Jerusalem. The servant of the Lord in Isaiah who is called to bring light to the nations, to suffer, die and come back to life (Isaiah 42:1–9; 49:1–7; 50:4–10; 52:13–53:12), is identified as the nation of Israel in Isaiah 49:3.

The contemporary references of these texts do not diminish their prophetic nature. In a profound and unique way, they also anticipate the person and work of Christ. Psalm 72 is both a prayer for Solomon and his descendants on the Judean throne, and a prophecy about the Messiah.

In its opening genealogy, the Gospel of Matthew is at pains to explain the identity of Jesus in terms of his relationship to Abraham (Matthew 1:1–2), David (Matthew 1:1, 6–7) and the Babylonian exile (Matthew 1:11–12). Jesus is the climax of a history, structured by key events – the call of Abraham, the enthronement of David, the defeat at the hands of the Babylonians (Matthew 1:17). In his person and work he sums up the high calling of the people of God to be a royal priesthood and redeems the failure of the exile. The events of the past anticipate his mission.

There is more to OT messianic prophecy than a surface level reading of the OT in its historical context reveals. God was shaping the history and institutions of his people with an eye to the climax of that history – Christ himself. However, to understand such prophecy the reader needs to look with eyes of faith, illuminated by the light of the cross.

Sut i arwain y trafodaethau

Mae gan bob myfyrdod gwestiynau, ac os ydych yn defnyddio'r cwestiynau ar gyfer dysgu fel grŵp mae'n bwysig fod un person yn cymryd cyfrifoldeb fel 'hwylusydd'. Mewn sefyllfa o addoliad, gallai'r person sy'n arwain yr addoliad wneud hyn, er ei bod yn bosibl rhoi'r cyfrifoldeb i rywun arall. Mae'r gair Saesneg am hwyluso sef 'facilitate' yn dod o'r Lladin 'facilitas' sy'n golygu 'hawdd' ac felly ystyr hwyluso yw 'gwneud yn hawdd'. Gwaith yr hwylusydd felly yw helpu i gadw'r cwestiynau ar y trywydd iawn, a sicrhau bod pawb yn cael cyfle i gyfrannu yn y ffordd sydd fwyaf cyfforddus iddynt hwy. Nid oes disgwyl i'r hwylusydd wybod popeth – yn wir, pwy sy'n arbenigwr ar y cwestiynau a godir yn y llyfr hwn? Dysgwyr ydym i gyd pan fo Duw yn y cwestiwn.

Er mwyn i bawb gael y budd mwyaf o'r cwestiynau cofiwch:

- Sicrhewch fod pawb yn cael eu gweld a'u clywed a'u bod mor gyfforddus â phosibl – mae'r lleoliad a'r agweddau ymarferol yn gwneud gwahaniaeth mawr i'r ffordd mae pawb yn teimlo y gallant gyfrannu/cymryd rhan.
- Ceisiwch wreiddio'r drafodaeth ym mywydau go iawn y rhai sy'n cymryd rhan trwy lywio'r sgwrs oddi wrth syniadau a thuag at eu bywydau bob dydd a defnyddiwch eich enghreifftiau eich hun er mwyn arddangos hyn os yw hynny'n helpu eraill i gyfrannu yn fwy ymarferol.
- Gofynnwch gwestiynau penagored.
- Byddwch yn ymwybodol o'ch ystum a'ch symudiadau. Bydd eich iaith gorfforol yn helpu pobl i gyfrannu bron cymaint ag unrhyw beth y byddwch yn ei ddweud.
- Mae rhai pobl yn dysgu'n well trwy wrando a meddwl, ac eraill trwy siarad. Ceisiwch sicrhau bod yr amser sydd ar gael yn cael ei rannu gan y gall gorfod gwrando ar un person yn siarad trwy'r amser fod yn brofiad diflas.
- Peidiwch ag ofni distawrwydd, gan y bydd hyn o gymorth i'r rhai sy'n hoffi meddwl cyn siarad. Weithiau mae'n werth dweud eich bod am dreulio ychydig amser yn myfyrio, os yw'r gynulleidfa neu'r grŵp yn anniddig mewn distawrwydd.
- Cynigiwch anogaeth pan fo angen – sylwch ar y rhai nad ydynt yn siarad a cheisiwch weld oddi wrth ystumiau eu corff a ydynt eisiau dweud rhywbeth. Os ydych yn meddwl bod arnynt eisiau siarad, ceisiwch ganfod ffyrdd iddynt gael gwneud hynny, naill ai trwy symudiadau eich corff eich hun neu trwy ofyn a oes rhywun nad ydynt hyd yma wedi dweud rhywbeth eisiau cyfrannu neu trwy ofyn yn uniongyrchol iddynt (ond dim ond os ydynt yn bendant eisiau dweud rhywbeth, e.e. os oes rhywun wedi torri ar eu traws wrth iddynt ddechrau siarad).
- Gwerthfawrogwch gyfraniad pawb – gall diolch iddynt a chyfeirio at yr hyn a ddywedwyd ganddynt fod o gymorth mawr i helpu i rywun deimlo eu bod yn cael gwrandawiad.
- Byddwch yn ofalus ynglŷn â'r wybodaeth a rennir gan bobl. Hyd yn oed os nad yw'r grŵp neu'r gynulleidfa wedi cytuno'n ffurfiol i gadw'r trafodaethau yn gyfrinachol (a allai fod yn addas mewn ambell gyd-destun ond nid mewn eraill) ni fyddant yn disgwyl i'r hyn a ddywedant fod yn destun trafod pellach na chael ei ledaenu.
- Cofiwch y gall pobl fod yn cyfrannu i'r drafodaeth mewn ffordd wahanol i'r hyn yr ydych wedi arfer â hi neu yn ei disgwyl – gallai hyn fod oherwydd nifer o resymau yn cynnwys gwahaniaethau mewn deallusrwydd a phersonoliaeth a sut yr ydym yn hoffi dysgu.
- Peidiwch â bod ofn siarad â phobl y tu allan i'r sefyllfa addoliad neu grŵp os yw eu cyfraniadau yn effeithio ar eraill. Yn aml ni fydd pobl yn sylweddoli eu bod yn anfwriadol yn rhwystro eraill rhag cymryd rhan a byddai'n well ganddynt gael gwybod hynny. Weithiau bydd pobl yn siarad gormod am eu bod yn nerfus. Efallai y bydd ar bobl eraill angen rhywfaint o anogaeth, e.e. 'Roedd yr hyn a ddywedaist heddiw o gymorth mawr, rydw i'n siŵr y byddai'r lleill yn falch o gael clywed mwy am dy brofiad!'

How to lead the discussions

Each meditation has questions, and if you are using the questions for group learning, it is important that one person has the responsibility to be the 'facilitator'. In a worship setting, this could be the person leading the worship, though it is possible to allocate the role to someone else. The word facilitate comes from the Latin 'facilitas' which means easiness and so to facilitate is 'to make easy'. The role of the facilitator therefore is to help keep the questions on track, and to ensure that everyone has the opportunity to contribute in the way they feel most comfortable. There is no expectation that the facilitator will know everything, in fact who is an expert on the questions that are raised in this book? We are all fellow learners when it comes to God.

So that everyone gets the most out of the questions remember:

- Ensure that everyone can be seen and heard and are comfortable as much as possible – the location and practicalities make a real difference in how able people feel to participate.
- Try and earth the discussion in the real lives of those participating by steering conversation away from theory towards practice and use your own examples if this helps others to contribute more practically in order to model this.
- Ask open questions.
- Be intentional about your gestures and posture. Your body language will help people contribute almost as much as anything you say.
- Some people learn best by listening and thinking, and others talking. Try and ensure that the 'airtime' is shared as it can be irritating having to listen to one person talking all the time.
- Don't be afraid of silence, as those who prefer to reflect before they speak will find this helpful. Sometimes it can be effective to say that you are going to spend a moment in silence to reflect, if the congregation or group are nervous of silences.
- Be encouraging to those who need to be drawn out – notice who is not speaking and try and discern from their body language if they want to say something. If they do, try and find ways, either through your body language, by saying, does anyone who hasn't yet said anything want to contribute or by asking them directly (but only if they definitely want to say something e.g. if they have been interrupted when they started to speak).
- Value everyone's contribution – thanking them and referring to what they have said can go a long way to help someone feel heard.
- Be sensitive about people's information. Even if the group or congregation haven't formally agreed to keep discussions confidential (which might be appropriate in some contexts but not in others) they still won't be expecting what they say to go any further and be gossiped about.
- Remember that people will contribute in a way that may be different to what you are used to or expecting – this could be because of a variety of issues including learning differences, as well as personality differences and how we prefer to learn.
- Don't be afraid of speaking to people outside of the worship or group setting if their contributions are affecting others. Often people don't realise they are unintentionally stopping others from participating and would rather know. Sometimes people can talk too much because they are nervous. Other people might need some encouragement, e.g. 'What you said today was really helpful, I'm sure the others would love to hear more about your experience!'

Sul Cyntaf yr Adfent

Marc 13:24–37

Myfyrdod 1 Jason Bray

Pa mor ddifrifol yw yr Adfent yn ein golwg? Gwyddom mai heddiw yw diwrnod cyntaf blwyddyn yr Eglwys, a bod tri Sul rhwng heddiw a'r Nadolig, ac y byddwn rhwng heddiw a hynny yn mynd i nifer o ddigwyddiadau a gwasanaethau Nadolig. Gwyddom hefyd y bydd plant ar hyd a lled y wlad yn agor y ffenestri yn eu calendrau Adfent ac yn cyfrif i lawr y dyddiau hyd at y ffenestr fawr rhif 24 ar gyfer Noswyl Nadolig. Ond a fyddwn ni byth yn aros i feddwl beth yw ystyr y cyfan?

Ystyr y gair Adfent neu Advent wrth gwrs yw 'dod' pan fyddwn yn meddwl am Iesu yn dod fel baban ar y Nadolig, ond hefyd yn yr eglwys pan fyddwn yn meddwl am ailddyfodiad Iesu ar ddiwedd amser, ac mae'n debyg ein bod yn llawer mwy cyfforddus yn meddwl am y 'baban Iesu' nag am Iesu fydd yn dod â diwedd yr oes. Ond dim ond er mwyn ein hatgoffa o Iesu'r brenin sydd yn dod, mae'r Efengyl heddiw o ran o Efengyl Sant Marc lle mae Iesu'n edrych ymlaen at ddiwedd amser. Mae'r ffaith mai dyma'r rhan fawr olaf o ddysgeidiaeth yn yr Efengyl cyn digwyddiadau olaf bywyd Iesu yn tanlinellu pa mor bwysig ydyw.

Mewn iaith sy'n gorlifo â delweddau o'r Hen Destament, mae Iesu'n disgrifio diwedd y byd, a'r ffaith y caiff ef ei ddatgelu yn derfynol pan ddigwydd hynny. Yn fwy na hynny, mae Iesu'n dweud wrth ei ddisgyblion am fod yn effro ar gyfer y digwyddiadau hyn, ond dywed nad yw ef hyd yn oed yn gwybod pa bryd y byddant yn digwydd ac mai Duw y Tad yn unig a ŵyr. Mae'n werth cofio hyn y tro nesaf y bydd rhywun yn dweud wrthych pa bryd mae'r byd yn mynd i ddod i ben. Y cyfan sydd angen i ni ei wneud yw bod yn barod ar ei gyfer pan fydd yn digwydd. Ac mae Iesu'n adrodd y ddameg am y gweision a adawyd i ofalu am y tŷ pan aeth y meistr oddi cartref a'u dyletswydd i fod yn barod ar gyfer yr amser pan ddaw adref.

Mewn byd lle nad ydym hyd yn oed yn llwyddo i fod yn hollol barod ar gyfer dathliad blynyddol y Nadolig, mae bod yn effro bob amser ar gyfer ailddyfodiad Iesu yn swnio braidd yn anodd. Ar Sul yr Adfent ar ddechrau blwyddyn yr Eglwys arhoswn am ychydig i gofio'r pethau hyn yn arbennig wrth i ni nesáu at y Nadolig: tyfodd y baban i fyny, aeth o gwmpas yn gwneud daioni, yn gwella'r cleifion ac yn cyhoeddi Teyrnas Dduw; yna fe'i lladdwyd ond cododd drachefn i fywyd newydd. Ac un dydd fe'i gwelwn fel y mae. Ond yn y cyfamser, fel y gweision yn y ddameg, arhoswn yn effro, a daliwn i'w gydnabod fel ein Duw byw, cariadlon sy'n galw arnom i'w wasanaethu, ac i wneud ei waith yn y byd, gan ddod â chariad a heddwch a chyfiawnder, ac yn ein hamser ein hunain gwyliwn am yr arwyddion fod Teyrnas Dduw yn agos.

Cwestiynau

- Petai'r byd yn dod i ben heddiw, pa mor barod ydych chi'n meddwl y byddech chi i gyfarfod Iesu?
- Beth mae 'byddwch wyliadwrus' a 'cadwch yn effro' yn ei olygu i chi?

First Sunday of Advent
Mark 13:24–37

Reflection 1 Jason Bray

How seriously do we take Advent? We know that it is the first day of the Church's year today, and that there are three Sundays between today and Christmas, and that between now and then, we will go to numerous Christmas events and services. We also know that up and down the land, children will be opening the windows in Advent calendars, counting down the days to the big number 24 window for Christmas Eve. But do we ever stop to think what it all means?

Advent is, of course, a word that means 'coming' when we think about the coming of Jesus as a baby at Christmas, but also in church when we think about the second coming of Jesus at the end of time, and I suspect we're much more comfortable with the idea of the 'little baby Jesus' than with the Jesus who will bring in the end of the age. But just to remind us of Jesus the coming king, the Gospel today is from a part of St Mark's Gospel when Jesus looks forward to the end of time. The fact that this is the last major set of teaching in the Gospel before the final events of Jesus' life highlights just how important it is.

In language brimming with images from the Old Testament, Jesus describes the end of the world, and the fact that when it ends, he will finally be revealed. But more than that, Jesus tells his disciples that they are to keep alert for these events, because not even he knows when they will happen, but, he says, the timing is known only to God the Father himself, and not even to him. This is worth remembering next time someone tells you when the world is going to end. All we need to do is be ready for it when it happens. And Jesus tells us the parable about the slaves who have been left in charge of the household while the master is away whose duty it is to be ready when he comes home.

In a world where we never seem to be quite prepared even for the annual celebration of Christmas, being constantly alert for the second coming of Jesus seems a tall order, but on the Advent Sunday at the beginning of the Church's year, we just pause for a moment to remember these things especially as we approach Christmas: the baby grew up, he went about doing good, healing the sick and bringing about the Kingdom of God; then he was killed but rose again to new life. And one day we will see him as he is. But in the meantime, like the slaves in the parable, we remain alert, and we continue to acknowledge him as our living, loving God who calls us to serve him, and to do his work in the world, bringing love and peace and justice, and in our own time watch for the signs that the Kingdom of God has come near.

Questions

- If the world ended today, how ready do you think you would be to meet Jesus?
- What does it mean to you to 'be alert' and to 'keep awake'?

Ail Sul yr Adfent
Marc 1:1–8

Myfyrdod 2 Chris Burr

Mae'r darlleniad heddiw o Efengyl Marc yn ein cyflwyno i un o'r cymeriadau Beiblaidd allweddol y byddwn yn canolbwyntio arnynt bob Adfent sef Ioan Fedyddiwr. Roedd yn gymeriad poblogaidd iawn yn ei ddydd. Yn wir, mae Marc yn dweud wrthym fod holl wlad Jwdea a holl drigolion Jerwsalem wedi mynd i wrando arno yn pregethu yn eu plith. Yn ôl Efengyl Luc, roedd y rhain yn cynnwys pobl fel milwyr a chasglwyr trethi, alltudion cymdeithas, yn ogystal â rhai o'r Phariseaid a'r Sadwceaid. Mae'n rhaid fod ei bregethu a'i addysgu yn rymus gan iddo ddenu cymaint o ddilynwyr. O ystyried nifer ei ddilynwyr, byddai rhai wedi dechrau meddwl a allai hwn fod y Meseia yr oeddent wedi bod yn disgwyl amdano.

Ond er na ellid gwadu ei boblogrwydd, mae Marc yn egluro bod Ioan yn wahanol iawn i arweinwyr crefyddol eraill ei gyfnod a'r rhai a ddymunai fod yn Feseia. Roedd yn gwisgo ac yn ymddwyn yn wahanol iddynt. Ar ben hynny, tra oedd y mwyafrif yn mwynhau sylw, roedd yn well gan Ioan ei osgoi. Dywedai Ioan wrth y rhai a ddeuai i wrando arno ac i gael eu bedyddio ganddo mai dim ond rhagflaenydd oedd ef i un a fyddai yn llawer cryfach nag y gallai ef fyth fod.

Mae'n rhaid fod hwn yn amser dryslyd a heriol i ddisgyblion Ioan ei hun. Yn wir, yn nyddiau cynnar gweinidogaeth Iesu, roedd disgblion Ioan yn bryderus fod pobl yn tueddu i droi at Iesu yn hytrach nag ato ef. Ond sylweddolai Ioan fod angen i'w waith a'i weinidogaeth ef leihau fel y gellid rhoi'r sylw i gyd i Iesu. Mae'n sicr y byddai wedi ailadrodd y geiriau a geir yn adnod 7 lawer gwaith: 'Y mae un cryfach na mi yn dod ar f'ôl i. Nid wyf fi'n deilwng i blygu a datod carrai ei sandalau ef.'

Yr hyn yr wyf yn ei hoffi'n arbennig am Ioan yw, beth bynnag oedd barn pobl eraill amdano, ei fod yn ymwybodol iawn pwy ydoedd, a hefyd pwy nad oedd. Oedd, roedd ganddo swyddogaeth bwysig fel negesydd neu ragflaenydd, ond roedd hefyd yn sylweddoli mai ei orchwyl mewn gwirionedd oedd sicrhau bod pobl yn gweld y tu draw iddo ac yn canolbwyntio ar Iesu.

Yn ystod yr wythnosau nesaf, bydd miloedd ar filoedd o bobl ledled Cymru yn ymweld â'n heglwysi ar gyfer cyngherddau carolau a pherfformiadau o ddrama'r geni. Felly, i lawer ohonom ar hyn o bryd, mae'n amser prysur wrth i ni baratoi a gwneud yn siŵr bod popeth yn barod ar gyfer y digwyddiadau hyn, yn ogystal ag ar gyfer y diwrnod mawr ei hun! Ond ynghanol y prysurdeb hwnnw, efallai y gallwn oedi a chofio'r hyn yr ydym wedi ei ddysgu gan Ioan Fedyddiwr heddiw.

Yng ngeiriau Andy Williams, 'Christmas is the most wonderful time of the year'. Fodd bynnag, nid yw ein gwasanaethau carolau a drama'r geni yn cyflawni eu bwriad oni bai eu bod yn cyflwyno pobl i'r Brenin Iesu byw yn ogystal ag i Iesu yn y preseb.

Mae'n annhebygol y gelwir ar yr un ohonom ni i fyw yn yr anialwch, gwisgo blew camel a bwyta locustiaid a mêl gwyllt(!), ond gelwir ar bob un ohonom i ddangos y ffordd tuag at Iesu yn union fel y gwnaeth Ioan.

Cwestiynau

• Mae Marc yn dechrau ei Efengyl (adnodau 2 a 3) trwy ddyfynnu'r proffwyd Eseia. Pam yn eich barn chi mae hyn yn arwyddocaol?

• Er nad ydym ni'n debygol o gael ein galw i fyw yn yr anialwch a bwyta locustiaid a mêl gwyllt, ym mha ffyrdd y gallai Duw ofyn i ni fod yn debycach i Ioan Fedyddiwr yn ein bywydau bob dydd?

Second Sunday of Advent
Mark 1:1–8

Reflection 2 Chris Burr

The passage we read today from Mark's Gospel introduces us to one of the key Biblical characters we focus on every Advent, John the Baptist. John was a very popular figure in his day. In fact, Mark tells us that just about everybody in Jerusalem and the surrounding Judean countryside went to listen to him preach amongst them. According to Luke's Gospel, these included people like soldiers and tax collectors, the outcasts of society, as well as some of the Pharisees and Sadducees. To have attracted such a following, his preaching and teaching must have been compelling. Given his following, some would have wondered whether this could be the Messiah they had been waiting for.

But whilst there was no denying his popularity, Mark makes it clear that John was very different from the other religious leaders and would-be Messiahs of his day. He neither dressed like them, nor acted like them. Furthermore, whilst most people enjoyed being in the limelight, John was quick to deflect it. He told those who came to listen and be baptised by him that he was merely the forerunner of one who would be far more powerful than John would ever be.

For John's own disciples this must have been a confusing and challenging time. Indeed, in the early days of Jesus' ministry, John's disciples were concerned that people were gravitating toward Jesus rather than him. But John recognised that his work and ministry needed to diminish so that Jesus' could take centre stage. And no doubt he would have reiterated many times those words we find in verse 7: 'After me comes the one more powerful than I, the straps of whose sandals I am not worthy to stoop down and untie.'

What I especially like about John is that whatever other people thought of him, he was very much aware of who he was, and also of who he was not. Yes, he had an important role to play as the messenger or forerunner, but he also realised that his real task was to ensure people saw past him and focused on Jesus.

Over the next few weeks, thousands and thousands of people right across Wales will visit our churches to join in with carol concerts and nativity plays. So, for many of us at the moment, it's a busy time of preparation to make sure everything is ready for those events, as well as for the big day itself! But in that busy-ness, perhaps we can pause and remember what we have learned from John the Baptist today.

In the words of Andy Williams, Christmas is the most wonderful time of the year. However, our carol services and nativity play only fulfil their purpose if they introduce people to the living King Jesus, as well as the Jesus in a manger.

It's unlikely that any one of us will ever be called upon to live in the wilderness, wear camel hair, and eat wild locusts and honey (!), but each and every one of us is called to signpost Jesus in exactly the same way that John did.

Questions

- Mark begins his Gospel (verses 2 and 3) with a quotation from the prophet Isaiah. Why do you think this is significant?
- We may not all be called to live in the wilderness and eat locusts and wild honey, but in what ways might God ask us to be more like John the Baptist in our everyday lives?

Trydydd Sul yr Adfent
Ioan 1:6–8, 19–28

Myfyrdod 3 Rosemary Rogers

Ar ddechrau'r darlleniad hwn, cyflwynir Ioan Fedyddiwr fel dyn sy'n tystiolaethu am y Goleuni oedd yn dod i'r byd. Mae Ioan, awdur yr Efengyl, yn awyddus iawn i sicrhau bod y darllenydd yn deall nad Ioan Fedyddiwr oedd y Goleuni – y Meseia. Weithiau camgymerir y negesydd am y neges.

Mae'n ymddangos bod yr arweinwyr crefyddol yn Jerwsalem yn gofyn cwestiynau am Ioan. Disgwylid Meseia; rhywun fyddai'n rhyddhau pobl Dduw oddi wrth y goresgynwyr presennol. Cafwyd tonnau o oresgynwyr; Asyriaid, Babiloniaid, Persiaid... Y Rhufeiniaid oedd y diweddaraf ohonynt. Proffwydid y byddai Elias yn dychwelyd. Efallai mai Elias neu broffwyd arall oedd Ioan? Roedd Ioan yn creu cyffro; roedd yn bedyddio pobl. Pam? Pwy oedd ef? Anfonwyd pobl i geisio canfod hynny; offeiriaid a Lefiaid.

Ni ddywedodd Ioan pwy ydoedd ond dywedodd pwy nad oedd. Nid y Meseia. Nid Elias. Nid proffwyd. Llais un yn galw yn yr anialwch wyf i, meddai; mae gen i neges, gwrandewch. Ond wnaethon nhw ddim. Nid oedd ganddynt ddiddordeb yn y neges, dim ond yn y negesydd. Yr unig beth oedd arnynt eisiau wybod oedd pwy oedd Ioan a beth oedd o'n feddwl oedd o'n wneud. Os nad ef oedd y Meseia nac Elias na hyd yn oed un o'r proffwydi, yna pam ei fod yn bedyddio pobl? Dyna oedd proffwydi yn ei wneud. Dywedodd Ioan eto; peidiwch ag edrych arnaf fi. Defnyddiwch eich llygaid i weld yr un sy'n dod ar fy ôl i. Mae'r Meseia yma ac ni fedrwch ei weld. Peidiwch â drysu rhwng y negesydd a'r neges.

Beth tybed oedd gan yr offeiriaid a'r Lefiaid i'w adrodd pan aethant yn ôl i Jerwsalem? Nid oeddent wedi canfod llawer am y negesydd ac nid oedd ganddynt ddiddordeb yn y neges.

Gelwir arnom i fod yn dystion; i rannu'r neges o Newyddion Da mai Iesu Grist yw ein gwaredwr. Nid yw'n beth hawdd i'w wneud. Mae'r neges mor bwysig a ninnau'n teimlo mor annigonol. Sut y gallwch chi gael hyd i'r geiriau i fynegi rhywbeth sy'n golygu cymaint? Nid ydym eisiau gwneud camgymeriad nac eisiau baglu dros ein geiriau – felly efallai na fyddwn yn rhoi cynnig arni. Mae arnom ofn y bydd pobl yn camgymryd y negesydd annigonol am Neges Bywyd. Gall fod o gysur i ni adlewyrchu bod Paul yn teimlo yr un fath (1 Corinthiaid 2:1–5). Ond ni rwystrodd hynny ef rhag rhannu'r Newyddion Da ac ni ddylai ein rhwystro ninnau chwaith. Roedd ei lygaid wedi'u hoelio ar Iesu, yn union fel yr oedd llygaid Ioan Fedyddiwr wedi'u hoelio ar Iesu. Gwyddai'r ddau ei bod yn bosibl y byddai pobl yn drysu rhwng y negesydd a'r neges, ond gwyddent hefyd fod y neges yn rhy bwysig i'w chadw'n dawel. Fe fyddai rhai, er nad pawb, yn clywed. Ni fydd pawb yn gwrando arnom ninnau chwaith; efallai y bydd rhai pobl yn edrych arnom ac yn barnu'r negesydd yn hytrach na gwrando ar y neges. Ond bydd rhai pobl yn gwrando ac yn clywed Neges Bywyd, cyn belled ag y byddwn yn cadw ein llygaid yn sefydlog ar Iesu ac yn rhannu'r hyn y mae wedi'i wneud drosom. A dyna sydd yn bwysig.

Cwestiynau

- Pa mor hawdd ydych chi'n ei chael i rannu'r Efengyl, neu hyd yn oed ddweud eich bod yn Gristion? (Byddwch yn onest!) Oes ambell sefyllfa yn haws na'i gilydd? Gyda phobl ydych chi'n eu hadnabod yn dda neu gyda dieithriaid?
- Ydych chi'n meddwl ei fod yn rhywbeth y dylem ni i gyd ei wneud neu yn rhywbeth y mae'n well ei adael i bobl sydd wedi'u hyfforddi i fod yn efengylwyr neu bregethwyr? Pam? Os yw'n rhywbeth anghyfarwydd i ni, pa gefnogaeth allai fod ei hangen arnom?

Third Sunday of Advent
John 1:6–8, 19–28

Reflection 3 Rosemary Rogers

At the start of this reading, John the Baptist is introduced as a man who bears witness to the Light coming into the world. John, the Gospel writer, takes pains to ensure the reader knows that John, the Baptist, was not himself the Light – the Messiah. Sometimes the messenger is mistaken for the message.

It looks as if there were questions being asked about John by the religious leaders in Jerusalem. A Messiah was expected; someone who would free God's people from the current invaders. There had been waves of invaders; Assyrians, Babylonians, Persians… The Romans were the latest of them. It was prophesied that Elijah would return. Perhaps John was Elijah or another prophet? John was making a stir; he was baptising people. Why? Who was he? So they sent people to find out; priests and Levites.

John didn't say who he was but who he was not. Not the Messiah. Not Elijah. Not a prophet. I'm a voice in the wilderness, he said; I've got a message, listen. But they didn't. They weren't interested in the message but only in the messenger. All they wanted to know was who John was and what he thought he was doing. If he wasn't the Messiah or Elijah or even a prophet, then why was he baptising people? That was what prophets did. John said again; don't look at me. Use your eyes and see the one who is coming after me. The Messiah is here and you can't see him. Don't confuse the messenger with the message.

I wonder what sort of report the priests and Levites took back to Jerusalem with them. They hadn't found out very much about the messenger and they weren't interested in the message.

We are all called to be witnesses; to share the message of the Good News that Jesus Christ is our saviour. It isn't an easy thing to do. The message is so important and we feel so inadequate. How do you find the words to express something which matters so much? We don't want to get it wrong or stumble over our words, so – perhaps – we don't try. We are afraid that people will mistake the inadequate messenger for the Message of Life. It may be comforting to reflect that Paul felt the same way (1 Corinthians 2:1–5). But that didn't stop him from sharing the Good News and neither should it stop us. He had his eyes fixed on Jesus, just as John the Baptist had his eyes fixed on Jesus. Both knew that people might confuse the messenger with the message, but both knew the message was too important to keep quiet. Not everyone would hear but some people would. Not everyone will listen to us either; some people might look at us and judge the messenger instead of listening to the message. But some people will listen and will hear the Message of Life, as long as we keep our eyes fixed on Jesus and share what he has done for us. And that is what is important.

Questions

- How easy do you find it to share the Gospel, or even say you are a Christian? (Be honest!) Is it easier in some situations than in others? With people you know well or with strangers?
- Do you think it is something we should all do or is it something best left to people who are trained as evangelists or preachers? Why? If it's something unfamiliar to us, what support might we need?

Pedwerydd Sul yr Adfent
Luc 1:26–38

Myfyrdod 4 Sally Nash

Wrth i chi ddeffro bore heddiw, beth oeddech chi'n ddisgwyl fyddai'n digwydd yn y diwrnod oedd i ddod? Hwyrach fod gennych lawer o gynlluniau, neu efallai ei fod yn un o'r dyddiau hynny oedd yn agored o'ch blaen, yn llawn posibiliadau. Digon prin eich bod wedi meddwl y byddech yn cyfarfod angel! Ni allaf ddychmygu syndod Mair pan ddywedwyd y newydd wrthi. Byddai galw'r myfyrdod hwn yn 'newyddion annisgwyl' braidd yn rhy gynnil – bron fel dweud bod Gareth Bale yn eithaf da am chwarae pêl-droed!

Sut rydym ni'n ymateb i newyddion annisgwyl? Weithiau bydd yn newyddion da, dro arall ddim cystal. Gall y ffordd yr ydym yn ymateb ddibynnu i raddau ar y negesydd hefyd. Pan fydd gennym newyddion da neu ddrwg i'w rannu, efallai y byddwn am feddwl am y cyd-destun ehangach ac am ystyried beth fyddai'r ffordd fwyaf sensitif o'i gyfleu. Fel rhywun sy'n ddi-blant ond nid o ddewis, rwyf yn gwerthfawrogi pan fydd ffrindiau yn rhannu'r newyddion eu bod yn feichiog mewn ffordd sensitif a thra wyf yn wirioneddol awyddus i lawenhau gyda hwy, bydd bob amser rywfaint o dristwch oherwydd fy sefyllfa fy hun.

Mae Gabriel yn sylweddoli bod angen paratoi Mair ar gyfer y newyddion aruthrol ei bod trwy wyrth am fod yn fam i'r Meseia. Felly mae Gabriel yn dechrau trwy roi sicrwydd a thawelwch meddwl iddi. Mae hi wedi derbyn ffafr ac mae Duw gyda hi. Rwyf yn gwybod cymaint yr wyf yn gwerthfawrogi gwybod bod Duw gyda mi ac yna mae Gabriel yn dilyn hyn trwy ddweud 'Paid ag ofni' (adnod 30). Pan oeddwn yn ifanc dywedid wrthyf yn gyson fod fersiwn o 'Paid ag ofni' yn y Beibl ar gyfer pob diwrnod o'r flwyddyn. Nid wyf yn gwybod a yw hyn yn wir, ond rwyf y hoffi'r syniad y gall pob diwrnod ddod â her i ddilyn Iesu, i wrando ar Dduw a bod yn ddewr ac nid yn ofnus, ond hefyd yn gwybod bod Duw gyda mi.

Roedd Mair yn fentrus yn ei hymateb. Efallai nad oedd yn ymwybodol o'r heriau oedd o'i blaen, gan gynnwys ymateb cyntaf Joseff ac ymhen amser gweld y mab a garai gymaint yn marw ar y groes. Pan fyddwn yn dewis dilyn Duw nid oes sicrwydd o fywyd hawdd, gall pethau fod yn anodd, ond nid yw hynny fel arfer yn golygu ein bod wedi gwneud y penderfyniad neu'r dewis anghywir.

Yn y darlleniad hwn bendithir merch ifanc gyffredin gan Dduw. Gall hynny ein helpu i weld na ddylem osod cyfyngiadau ar ddulliau Duw o ddefnyddio neu fendithio eraill. Mae darllen y Beibl yn ein helpu i weld bod Duw yn aml yn dewis pobl annhebygol i adeiladu Teyrnas Dduw ac yn herio pobl amherffaith, fel yr ydym ni yn teimlo efallai, i lenwi swyddogaethau a thymhorau newydd – meddyliwch am y disgyblion! Ar adegau o'r fath byddaf yn cofio Mair a'i hymateb, a phan fydd rhywbeth yn anodd i'w wneud byddaf yn fy nghael fy hun yn canu cân o fy mhlentyndod, 'When the road is rough and steep, fix your eyes upon Jesus'.

Cwestiynau

- Ynglŷn â beth rydych chi fel unigolyn, neu fel eglwys, angen clywed yr ymadrodd 'Paid ag ofni'?
- 'Bydded i mi yn ôl dy air di.' Oes yna rywbeth yn eich bywyd sy'n gwneud i chi fod eisiau ymateb i Dduw fel yna? Sut mae hynny'n gwneud i chi deimlo?

Fourth Sunday of Advent
Luke 1:26–38

Reflection 4 Sally Nash

When you woke up this morning, what did you expect to happen in the day ahead? Maybe you had lots of plans, or perhaps it was one of those days which lay open before you, full of potential. What I don't expect is that you thought you would encounter an angel! I cannot imagine how surprised Mary was at the news which was delivered to her. Calling this reflection 'unexpected news' would be a bit of an understatement like saying Gareth Bale was quite good at football!

How do we react to unexpected news? Sometimes that will be good news, other times not so much. How we respond may partly depend on the messenger too. When we have good or bad news to share, we may want to think about the wider issues around it and what a sensitive approach might be. As someone who is involuntarily childless, I have appreciated friends sharing news of their pregnancy in a sensitive way and while I genuinely want to rejoice with them, there will always be a tinge of lament for my own situation.

Gabriel is aware of what needs to precede delivering the monumental news that Mary is going to miraculously become the mother of the Messiah. So Gabriel begins by affirming her and reassuring her. She is both highly favoured and God is with her. I know how much I appreciate knowing that God is with me and then Gabriel follows this up with 'Do not be afraid' (verse 30). I was always told as a young person that there is a version of 'fear not' in the Bible for every day of the year. I don't know if it is true, but I like the idea that each day may present a challenge to follow Jesus, to listen to God where I need to be courageous and not afraid, but also know that God is with me.

Mary was taking a risk responding as she did. She was perhaps not aware of the challenges that were ahead, including Joseph's initial reaction and eventually seeing the son she loved so much being put to death upon a cross. When we choose to follow God, we are not guaranteed an easy life, things may be difficult, but that does not usually mean that we got the decision or choice wrong.

Here in this passage, we have an ordinary young woman blessed by God. That can help us to see how we should not put limits on how God may choose to use or bless others. Reading the Bible helps us see that God often chooses unlikely people to build the Kingdom of God and calls people who are flawed and challenged, like we may feel, into new roles or seasons – just think about the disciples! At such times I recall Mary and her response, and when it is difficult to do I find myself singing a childhood song 'When the road is rough and steep, fix your eyes upon Jesus'.

Questions

- What is it that you individually, or as a church, need to hear the phrase 'Do not be afraid' about?
- 'Let it be with me according to your word.' Is there anything in your life where you want to respond to God like that? How does that make you feel?

Dydd Nadolig
Luc 2:1–14

Myfyrdod 5 David Ball

Nadolig llawen! Mae holl hanes yn canoli ar y digwyddiad yr ydym yn ei ddathlu heddiw; 'Emanŵel', Duw gyda ni. Ond roedd y Nadolig hwnnw yn wahanol iawn; dim lle, dim addurniadau, dim gorfwyta na goryfed.

Tra bo Efengyl Mathew yn adrodd hanes ymweliad y doethion, arwydd bod y baban Iddewig hwn yn arwyddocaol i'r holl fyd, mae adroddiad Doctor Luc yn canolbwyntio ar fugeiliaid lleol.

Yn hanes Israel, roedd bugeiliaid yn aelodau hanfodol a phwysig o gymdeithas; er enghraifft, bugail oedd y Brenin Dafydd i ddechrau, a chyffelybodd ofal Duw i ofal bugail da pan oedd yn ysgrifennu Salm 23. Fodd bynnag, erbyn amser Iesu edrychid i lawr arnynt, yn rhannol oherwydd eu bod yn ei chael yn anodd cyflawni'r defodau glanhau cymhleth a gysylltid â'r ffydd Iddewig. Felly, mae'n rhyfeddol fod Duw wedi dewis cyhoeddi genedigaeth ei fab, a'n gwaredwr ni, i griw o fugeiliaid oedd yn byw yn y caeau gerllaw. Mae'r angel, sef negesydd Duw, yn cyfarch y bugeiliaid liw nos ond disgleiriodd gogoniant yr Arglwydd o'u hamgylch.

Mae'r angel yn cyhoeddi'r newyddion da fod ein gwaredwr, Iesu, wedi ei eni a rhoddodd gyfarwyddiadau iddynt sut i gael hyd iddo. Pam fod arnynt angen cyfarwyddiadau? Yn syml, oherwydd na ellid cael hyd i'r brenin hwn mewn palas ynghanol crandrwydd a chyfoeth ond yn hytrach yn y dref gerllaw, yn gorwedd mewn preseb anifeiliaid ac wedi'i rwymo mewn cadachau syml. Cyhoeddwyd y neges; yna ymunodd côr nefol â'r negesydd i ganu clodydd Duw.

Mae Efengyl Luc yn cynnwys yn fwriadol y rhai sydd ar gyrion cymdeithas, ac mewn gwrthgyferbyniad llwyr â grym, awdurdod a nerth Cesar Awgwstus cyhoeddir genedigaeth ostyngedig ein brenin mwyaf, Iesu, i fugeiliaid disylw yn y caeau lleol, a'r rhain oedd y rhai cyntaf i gael eu gwahodd i ymweld â mab Duw.

Os darllenwch ymlaen, mae'r bugeiliaid yn derbyn gwahoddiad yr angel ac yn brysio i chwilio am Iesu yn gorwedd mewn preseb gyda Mair a Joseff. Cafodd y profiad hwn gymaint o effaith arnynt fel y bu iddynt ledaenu'r gair er syndod i bawb a'u clywodd.

Weithiau, gallwn farnu pwy yn ein barn ni fydd yn ymateb i'n newyddion da. Fodd bynnag, ymatebodd y bugeiliaid hyn oedd ar gyrion cymdeithas a chrefydd a brysio i chwilio am Iesu. Wedi iddynt wneud hynny ni allent ffrwyno rhyfeddod eu profiad.

Diolch i Dduw am rannu ei newyddion da â'r bugeiliaid distadl. Diolch i Dduw am rannu ei newyddion da â ni, nad ydym yn haeddu ei rodd o ras. Diolch i Dduw am Iesu. A gadewch i ni ymuno gyda'r angylion a'r bugeiliaid i foli Duw gan ddefnyddio eu mawlgan sy'n gân o fawl gennym ninnau.

'Gogoniant yn y goruchaf i Dduw, ac ar y ddaear tangnefedd ymhlith y rhai sydd wrth ei fodd.'

Ac wedyn, awn i ddweud wrth eraill.

Cwestiynau

- Ni allai'r bugeiliaid ffrwyno rhyfeddod eu profiad a theimlent reidrwydd i'w rannu ag eraill. Â phwy y gallwn ni rannu ein newyddion da am 'Emanŵel', Duw gyda ni?
- Mae llawer o bobl dlawd ac unig ar gyrion cymdeithas sy'n teimlo bod y Nadolig yn amser llwm. Beth allwn ni wneud i'w helpu?

Christmas Day
Luke 2:1–14

Reflection 5 David Ball

Happy Christmas! All of history pivots on the event that we celebrate today; 'Emmanuel', God with us. But that Christmas was very different; no room, no decorations, no overeating or drinking.

Whilst Matthew's Gospel recounts the coming of the Magi, an indication that this Jewish baby was of significance for the whole world, Doctor Luke's account focuses on some local shepherds.

In Israel's history, shepherds had been essential, important members of society; for example, King David started out as a shepherd, and he likened God's care to that of the good shepherd when writing Psalm 23. However, by Jesus's day they were looked down upon, in part because they struggled to fulfil the complex cleansing rituals associated with the Jewish faith. So, it is wonderful that God chose to announce the birth of his son, and our saviour, to a group of shepherds who were living in the nearby fields. God's messenger, an angel, addresses the shepherds at night but they were bathed in the light of his glorious presence.

The angel proclaims the good news that our saviour, Jesus, had been born and gave them instructions as to how they would find him. Why did they need instructions? Simply, because this king wasn't to be found in a palace surrounded by the trappings of wealth but rather in the nearby town, lying in an animals' trough and wrapped in simple cloth. Message delivered; a heavenly choir joined the messenger to sing praises to God.

Luke's Gospel is especially inclusive of the marginalised and in stark contrast to the power, authority and might of Caesar Augustus, the humble birth of our greater king Jesus, is announced to disregarded shepherds in the local fields and these were the first invited to visit God's son.

If you read on, the shepherds accept the angel's invitation and hurry off to find Jesus lying in a manger with Mary and Joseph. This experience had such a profound effect on them that they spread the word to the amazement of all their hearers.

Sometimes, we can make judgements about who we think will respond to our message of good news. However, these shepherds, on the margins of society and religion, responded and hurried to seek Jesus. Having done so they couldn't contain the wonder of their experience.

Thank God that he shared his good news with those humble shepherds. Thank God that he has shared his good news with us, who don't deserve his gift of grace. Thank God for Jesus. And let us join together with the angels and shepherds, in praising God using their doxology, our song of praise.

'Glory to God in the highest heaven, and on earth peace to those on whom his favour rests.'

And after, let us go and tell others.

Questions

- The shepherds could not contain the wonder of their experience and were compelled to share it with others. With whom can we share our good news of 'Emmanuel', God with us?
- There are many poor, lonely and marginalised people that find the Christmas period a bleak time. What can we do to help them?

Nadolig 1
Luc 2:15–21

Myfyrdod 6 Becky Evans

Roedd yr angylion yn canu Gogoniant i Dduw ac yna aethant yn ôl i'r nefoedd. Mae'n rhaid fod y newid yn y sŵn yn ddramatig. Gadawyd y bugeiliaid yn pendroni tybed beth oedd wedi digwydd – rydw i'n meddwl mai dyna fyddwn innau wedi'i wneud hefyd. Roeddent yn chwilfrydig, felly maent yn mynd i weld. Maent yn mynd i chwilio am Mair a Joseff ac Iesu. Sut y byddwch chi'n gwneud pethau fel hyn tybed? Yn dawel a gofalus – neu daflu popeth i'r car am eich bod yn hwyr. Rydw i'n meddwl mai tebycach i'r math olaf oedd y bugeiliaid. Aethant ar frys. Roedd hyn yn bwysig. Roeddent yn mynd i chwilio am Grist y Plentyn.

Pan gafodd y bugeiliaid hyd i Mair, Joseff ac Iesu taenasant y newydd ar led pwy oedd y plentyn hwn. Nid oeddent am gadw'r newydd iddynt eu hunain ac roedd pawb wedi rhyfeddu!

Yna dychwelodd y bugeiliaid at waith y dydd (neu'r nos). Yn ôl at yr hyn yr oedd yn rhaid iddynt ei wneud. Dyma oedd eu bywoliaeth. Ond roeddent yn bobl oedd wedi newid. Roeddent wedi clywed y newyddion da ac wedi bod yn dystion iddo trwy weld y Meseia. Felly roeddent yn gogoneddu a moli Duw wrth ddychwelyd. Rhoddasant fawl i Dduw ac ailafael yn eu gwaith.

Mae'r bugeiliaid yn esiampl i ni i gyd. Pan ddywedwyd wrthynt am y Meseia – am enedigaeth Iesu – wnaethon nhw ddim petruso na gwneud esgusion (rhaid i ni aros i ofalu am y defaid!), aethant **ar frys** i chwilio am Iesu.

Wedi iddynt gael hyd i Iesu wnaethon nhw ddim cadw'r newyddion da iddynt eu hunain, ond yn hytrach ei **rannu** fel y gallai pobl eraill hefyd ddod i wybod am Iesu a'r newyddion da a ddaw i'w ganlyn.

Er eu bod wedi dychwelyd at yr hyn yr oedd yn rhaid iddynt ei wneud, roeddent yn bobl oedd wedi **newid** – yn moli a gogoneddu Duw am ei ddaioni.

Erbyn yr amser hwn yn nhymor y Nadolig byddaf yn sicr ar frys mawr! Boed hynny yn brynu anrhegion, pobi, digwyddiadau yn yr Eglwys, coginio prydau Nadolig, mae'r rhestr yn ddiddiwedd, ac mae'n sicr bod gennych chwithau eich rhestr eich hun...ond a yw'r pethau hyn yn ein tynnu'n nes at Iesu? Roedd y bugeiliaid yn brysio at Iesu, roedd arnynt eisiau cael hyd iddo. Mae'n hawdd i'r holl bethau eraill sydd angen eu gwneud ar yr adeg hon o'r flwyddyn dynnu ein sylw, pethau gwerthfawr a da – ond y peth pwysicaf ynglŷn â'r Nadolig yw dathlu genedigaeth Iesu Grist, y Meseia. Rhaid cofio mai ef yw'r rheswm am y cyfan.

Mae dod i gysylltiad â Iesu yn newid pobl. Newidiwyd y bugeiliaid pan welsant Iesu, nid oedd ganddynt ddewis ond newid. Achosodd y cyfarfyddiad hwnnw â Iesu iddynt ddechrau addoli. Moli a gogoneddu Duw. Nid addoli yn unig a wnaethant fodd bynnag – roeddent yn addoli ac yn moli wrth iddynt weithio a dychwelyd i'r caeau. A yw addoli a gweithio wedi eu cydblethu yn ein bywydau ni? Nid oes rhaid i'r ddau fod ar wahân, yn wir y drefn a fwriadwyd yw i'r naill hyrwyddo'r llall. Mae ein haddoliad yn ein hannog i fynd allan a rhannu'r newyddion da, ac yna rydym yn addoli unwaith eto. Gadewch i ni barhau i foli a gogoneddu Duw y tymor Nadolig hwn.

Cwestiynau

- Ar yr adeg hon o'r flwyddyn, ydych chi'n teimlo eich bod yn brysio tuag at Iesu? Os nad ydych chi, beth allech chi ei wneud a fyddai'n helpu i'ch ailgyfeirio tuag ato? Os ydych chi, efallai y gallwch rannu gyda'r rhai sydd o'ch cwmpas.
- Beth mae rhannu'r newyddion da am Iesu yn ei olygu i chi? Os yw hyn yn teimlo'n newydd, efallai y gallech feddwl am un ffordd gyraeddadwy o fynd i'r Flwyddyn Newydd y gallech ei defnyddio yn rheolaidd i rannu'r newyddion da am Iesu gyda'r rhai sydd o'ch cwmpas.

Christmas 1
Luke 2:15–21

Reflection 6 Becky Evans

The angels were singing Glory to God and then they went back to heaven. The change in sound must have been dramatic. The shepherds were left wondering what had happened – I think I would have too. They were curious, so they go and see. They go to find Mary and Joseph and Jesus. I wonder how you go about things? Calmly and carefully – or chuck everything in the car, we're late… mode. I think the shepherds were more of the latter. They hurried. This was important. They were going to find the Christ Child.

When the shepherds had found Mary, Joseph and Jesus they spread the good news about who this child was. They didn't keep it to themselves and people were amazed by the news!

Then the shepherds returned, back to the day (or night) job. Back to do what they needed to do. It was their livelihood. But they were changed people. They'd heard the good news and experienced it in seeing the Messiah. So they gave glory and praise to God as they were returning. They praised God and got on with the job they were meant to do.

The shepherds are an example for us all. When they were told about the Messiah, about Jesus' birth – they didn't dither, they didn't make excuses (we must stay and tend the sheep!), they **hurried** to find Jesus.

Once they had found Jesus, they didn't keep the good news to themselves, rather they **shared** it so other people could encounter Jesus and the good news he brings, too.

They returned to what they needed to do, but as **changed** people – praising and glorifying God for his goodness.

By this point in the Christmas season, I will no doubt have done a fair amount of hurrying! Whether it's buying presents, baking, Church events, cooking Christmas meals, the list goes on, no doubt you've got your own list…but do these things draw us closer to Jesus? The shepherds were hurrying towards Jesus, they wanted to find him. It's easy to get distracted by all the things there are to do at this time of year, good, precious things – but the most important thing about Christmas is celebrating the birth of Jesus Christ, the Messiah. He is The Reason for the Season as the saying goes.

Encountering Jesus changes people. The shepherds were changed by seeing Jesus, they couldn't help but be changed. That encounter, that meeting with Jesus moved them to worship. To praise and glorify God. They didn't just worship though – they worshiped and praised as they worked, they returned to the fields. Is worship and work entwined in our lives? The two don't have to be separate, in fact the intended order is that one should fuel the other. Our worship fuels us to go and share the good news, and then we worship once again. Let's continue to praise and glorify God this Christmas season.

Questions

- At this time of year, do you feel as if you are hurrying towards Jesus? If not, what could you do that would help reorientate yourself towards him? If you are, perhaps you can share with those around you.
- What does sharing the good news of Jesus look like for you? If this feels new, perhaps think of one achievable way going into the New Year that you could regularly share the good news of Jesus with those around you.

Nadolig 2
Effesiaid 1:3–14

Myfyrdod 7 Mark Thomas

Os ydych wedi gweld ffilm glasurol Disney, *Aladdin*, byddwch yn gyfarwydd â'r olygfa agoriadol fythgofiadwy yn yr anialwch wrth i Jafar a'i griw o ladron agosáu at Ogof y Rhyfeddodau. Mae yno drysorau anhygoel. Ond wrth i Gazeem gychwyn i mewn i'r ogof, mae'n derbyn y rhybudd hwn: 'Cofia hyn. Dim ond un all ddod i mewn yma. Un y mae ei werth ymhell y tu mewn. Deimwnt garw.' Oedd, roedd Ogof y Rhyfeddodau yn bod. Ond dim ond un person ar y ddaear oedd yn deilwng i dderbyn ei thrysorau. Ac nid Gazeem oedd hwnnw!

I lawer o sylwebyddion, Llyfr yr Effesiaid yw Ogof Rhyfeddodau y Beibl. Yn wir, roedd y pregethwr enwog, y Parchedig Martyn Lloyd Jones, wedi'i gyfareddu i'r fath raddau gan yr Effesiaid fel y bu iddo bregethu cymaint â 232 pregeth ar y llyfr – bron i bum mlynedd o bregethu'r Sul!

Pam? Y gwir yw fod Effesiaid yn llawn i'r ymylon o newyddion da. Nid oes unrhyw ymdriniaeth ymarferol, heblaw llawenhau, hyd at bennod 4! Mae darlleniad heddiw yn agor â bonllef o fawl ac yn dechrau ar restr wefreiddiol tair pennod o hyd o'r bendithion a ddaw i ni trwy Iesu Grist. 'Bendigedig fyddo Duw a Thad ein Harglwydd Iesu Grist! Y mae wedi'n bendithio ni yng Nghrist â phob bendith ysbrydol yn y nefolion leoedd' (adnod 3). Sylwch ar y manylyn yna. Beth mae pobl yn ei dderbyn wrth ymddiried a gobeithio yng Nghrist? POB BENDITH YSBRYDOL. Y bendithion mwyaf ac uchaf y mae'n bosibl gwybod amdanynt. Efallai nad ydych ar restr cyfoethogion papur newydd The Times. Efallai mai ychydig o eiddo bydol sydd gennych. Ond os ydych yn perthyn i Grist, mae'r Beibl yn dweud eich bod yn biliwnydd ysbrydol! Ac er nad yw cyfoeth biliwnyddion daearol yn para, bydd eich biliynau chi yn para am byth.

Beth yw rhai o'r bendithion hyn felly? Wel, er mwyn iddynt dreiddio i'ch ymwybod, awgrymaf eich bod yn myfyrio arnynt gyda chymorth cerddoriaeth hyfryd. Ond dyma ragflas. Mae bod yn Gristion yn golygu eich bod wedi cael eich dewis gan Dduw cyn seilio'r byd (adnod 4). Wedi cael eich mabwysiadu gan Dduw ei hun fel ei blentyn annwyl (adnod 5). Eich calon wedi ei gwneud yn fyw ac wedi derbyn sêl yr Ysbryd Glân (adnod 13). Cael meddiannu'n llawn fywyd tragwyddol yn nheyrnas ogoneddus Duw (adnod 14) – sef ystyr 'etifeddiaeth' yn yr Ysgrythur.

Ac eto mae cwestiwn amlwg yn codi. Sut y gallai pechaduriaid fel ni fyth haeddu'r fath fendithion? Nid ydym yn fwy teilwng na Gazeem i fynd i'r fath Ogof o Ryfeddodau. Ond yna cofiwn eiriau Iesu yn Marc 2:17: 'I alw pechaduriaid, nid rhai cyfiawn, yr wyf fi wedi dod.' Nid yw'r Efengyl ynglŷn â Iesu yn gwobrwyo'r cyfiawn neu'r crefyddol, ond yn achub pechaduriaid trwy ei farwolaeth ar y groes. Dyna pam fod Paul hefyd yn cynnwys hyn yn ei restr o fendithion: 'Yng Nghrist y mae i ni brynedigaeth trwy ei waed, sef maddeuant ein camweddau.' Prynedigaeth berffaith. Maddeuant llwyr. A dyna sy'n gwneud hyn yn newyddion da i bwy bynnag sy'n credu, beth bynnag eu pechodau, beth bynnag eu gorffennol.

Dim ond Iesu allai *haeddu'r* bendithion hyn. Ond trwy ei gariad rhyfeddol, ei haelioni a'i aberth, mae'n rhannu pob bendith ysbrydol â'r rhai sy'n credu ac yn gobeithio ynddo ef.

Cwestiynau

- Pa fendithion daearol (sy'n eiddo i eraill) ydych chi weithiau'n cael eich temtio i deimlo'n genfigennus ynglŷn â hwy? Sut y gallwch chi sicrhau nad yw cyfoeth daearol yn dod yn bwysig i chi?
- Pam fod bendithion Effesiaid 1 cymaint mwy?

Christmas 2
Ephesians 1:3–14

Reflection 7 Mark Thomas

If you have ever seen the classic Disney film, *Aladdin,* you'll recall that unforgettable opening scene in the desert, as Jafar and his band of thieves approach the Cave of Wonders. It holds treasures beyond their wildest dreams. But as Gazeem moves to enter the cave, he receives this warning: 'Know this. Only one may enter here. One who's worth lies far within. A diamond in the rough.' Yes, the Cave of Wonders did exist. But only one person on earth was worthy to receive its treasures. And it wasn't Gazeem!

For many commentators, the Book of Ephesians is the Bible's own Cave of Wonders. In fact, the great Welsh preacher, Revd Martyn Lloyd Jones, was so captivated by Ephesians that he preached no less than 232 sermons on it – nearly five years of Sunday preaching!

Why? The fact is that Ephesians is packed to the brim with good news. In fact, there are no practical applications, besides rejoicing, until chapter 4! Today's passage opens with an explosion of praise, and begins a mind-blowing, three-chapter-long list of the blessings that come to us through Jesus Christ. 'Praise be to the God and Father of our Lord Jesus Christ, who has blessed us in the heavenly realms with every spiritual blessing in Christ' (verse 3). Notice that detail. What do people receive when they put their trust and hope in Christ? EVERY SPIRITUAL BLESSING. The greatest and highest blessings it is possible to know. You may not be on the Times Rich List. You may have very few worldly possessions. But if you belong to Christ, the Bible says you are a spiritual billionaire! And while the riches of earthly billionaires don't last, your billions will last forever.

So what are some of these blessings? Well, for them to properly sink in, I suggest you meditate on them with the help of beautiful music. But here's a taster. To be a Christian is to have been chosen by God before the creation of the world (verse 4). To be adopted by God himself as his beloved child (verse 5). To have your heart made alive and sealed by the Holy Spirit of God (verse 13). To be guaranteed eternal life in the glorious kingdom of God (verse 14) – which is what Scripture means by 'inheritance'.

Yet an obvious question arises. How could sinners like us ever deserve such blessings? We are no more worthy than Gazeem to enter such a Cave of Wonders. But then we remember Jesus' words in Mark 2:17: 'I did not come to call the righteous but sinners.' The Gospel is not about Jesus rewarding the good or the religious, but saving sinners through his death on the cross. That's why Paul also includes this in the list of blessings: 'In Christ we have redemption through his blood, the forgiveness of sins.' Perfect redemption. Total forgiveness. And that's what makes this good news for anyone who believes, whatever their sins, whatever their past.

Only Jesus could ever *deserve* these blessings. But through his amazing love, generosity and sacrifice, he shares every spiritual blessing with those who believe and hope in him.

Questions

- What earthly blessings (that others have) are you sometimes tempted to envy? How can you ensure that earthly riches don't have a hold on you?
- Why are the blessings of Ephesians 1 so much greater?

Yr Ystwyll
Eseia 60:1–6

(Gweler Eglwys y Bobl Blwyddyn A am fyfyrdod ar Mathew 2:1–12)

Myfyrdod 8 Dyfrig Lloyd

Yn Gymraeg Gŵyl y Seren yw Gŵyl yr Ystwyll. Daw'r gair Ystwyll o'r Lladin *stella* sy'n golygu 'seren'. Cofiwn yn ystod yr ŵyl hon y seren anghyffredin o lachar a disglair a ymddangosodd yn yr wybren i arwain y sêr-ddewiniaid ar eu dieithr hynt, heibio palas crand y Brenin Herod yn Jerwsalem i dŷ cyffredin ym Methlehem lle preswylia y 'plentyn Iesu gyda Mair ei fam'. Mae'r sêr-ddewiniaid yn cynrychioli'r cenhedloedd; pobl ddieithr eu gwisg, eu hiaith, eu crefydd a'u diwylliant yn dod at y plentyn Iesu, yn syrthio ar eu gliniau o'i flaen, yn ei addoli ac yn offrymu iddo o'u trysorau tair anrheg tra gwerthfawr – aur, thus a myrr (Mathew 2:1-11). Diolch i lewyrch y seren, seren Bethlehem, y mae gennym yr ŵyl arbennig hon sy'n ein hatgoffa bod croeso i bawb ddod at Iesu a'i addoli ef. Fel yr oedd llewyrch y seren anghyffredin wedi denu sylw'r sêr-ddewiniaid i'w dilyn, felly yn yr un modd y mae disgleirdeb a chynhesrwydd personoliaeth a natur ddwyfol Iesu yn ein denu i'w addoli a'i ganlyn ef.

Yn ystod yr Adfent bu'r darlleniadau o'r proffwyd Eseia yn canolbwyntio ar y tywyllwch cynyddol: y fagddu a'r caddug a oedd yn gorchuddio'r bobl, a'r proffwyd yn edrych ymlaen at y dydd hwnnw pan fyddai pelydrau llachar y goleuni, goleuni presenoldeb Duw yn dod ac yn gwasgaru'r tew cymylau. Meddyliwn am yr adnod, 'Y bobl oedd yn rhodio mewn tywyllwch a welodd oleuni mawr; y rhai a fu'n byw mewn gwlad o gaddug dudew a gafodd lewyrch golau' (Eseia 9:2) fel un enghraifft. Erbyn inni gyrraedd ein darlleniad o'r proffwyd Eseia heddiw ar Ŵyl yr Ystwyll y mae'r cywair yn newid. Nid gobeithio y mae'r proffwyd mwyach: mae'r goleuni wedi cyrraedd. 'Cod, llewyrcha,' meddai Eseia, 'oherwydd daeth dy oleuni; llewyrchodd gogoniant yr Arglwydd arnat' (Eseia 60:1).

Yn ei gyd-destun hanesyddol, y mae Eseia yn creu yn ein meddyliau olygfa drawiadol o ddinas Jerwsalem, wedi'i hadeiladu ar ben bryn a'i muriau gwynion yn adlewyrchu llewyrch yr haul, a'r ddinas yn disgleirio'n llachar ac yn ogoneddus. Arwydd yw hwn i Eseia o bresenoldeb Duw yn preswylio yn Jerwsalem ac yn adfer ei llwyddiant. Presenoldeb Duw sy'n peri i'r cenhedloedd ymgasglu o'i hamgylch. Mae'n hawdd gweld pam y dewiswyd y darn hwn o Eseia ar gyfer Gŵyl yr Ystwyll, gyda'i bwyslais ar y cenhedloedd yn ymgasglu ynghyd, y camelod yn dod o wledydd pell â'r rhoddion gwerthfawr o aur a thus yn adleisio'n brydferth ymweliad y sêr-ddewiniaid â'r plentyn Iesu.

Yn Eseia disgleirdeb presenoldeb Duw yn Jerwsalem a fyddai'n denu'r cenhedloedd iddi, ac yn Efengyl Mathew goleuni Seren Bethlehem a arweiniodd y sêr-ddewiniaid i'r man lle roedd y plentyn Iesu. Er mor llachar, disglair a deniadol oedd eu goleuni, eto tystio roeddynt i oleuni mwy – sef goleuni a gogoniant Duw a welwn ni yn wyneb y plentyn Iesu. Y mae Gŵyl y Seren yn ein hatgoffa mai Iesu yw'r Seren Fore sydd â'r gallu i wasgaru'r tywyllwch yn ein byd, ac wrth ymgasglu o'i amgylch, ei addoli ef a byw ein bywydau yn ei oleuni y gloywir ein hwynebau a 'bydd dy galon yn llawn cyffro a llawenydd' (Eseia 60:5). Yng ngeiriau un emyn ar gyfer yr ŵyl hon:

> Mae cariad yn ei wedd
> At wael golledig fyd;
> Cyfiawnder llym a hedd
> Yn ymgusanu 'nghyd.
>
> (T. Jones, Dinbych, Rhif 45 yn *Emynau'r Eglwys* 1951)

Cwestiynau

- Pa agweddau o bersonoliaeth a natur Iesu sydd yn eich denu fwyaf i'w ganlyn ef?
- Ym mha ffyrdd yr ydych yn ymwybodol fod goleuni Iesu yn llewyrchu ar ein bywydau ni?

Epiphany
Isaiah 60:1–6

(See The People's Church Year A for a reflection on Matthew 2:1–12)

Reflection 8 Dyfrig Lloyd

Epiphany is sometimes called Gŵyl y Seren in Welsh which can be translated as Festival of the Star. The Welsh name for Epiphany is Ystwyll which comes from the Latin *stella*, meaning 'star'. During this festival we remember the unusually bright and dazzling star that appeared in the sky to lead the wise men on their strange journey, past the grand palace of King Herod in Jerusalem to an ordinary house in Bethlehem where they found 'the child with his mother Mary'. The wise men represent the nations; people with different clothes, language, religion and culture coming to the child Jesus, falling to their knees in front of him, worshipping him and offering him three extremely valuable gifts – gold, frankincense and myrrh (Matthew 2:1-11). Thanks to the star of Bethlehem, we have this special festival to remind us that everyone is welcome to come to Jesus and worship him. Just as the brightness of the unusual star drew the attention of the wise men to follow it, in the same way the radiance and warmth of Jesus' personality and his divine nature attract us to worship and follow him.

During Advent the readings from the prophet Isaiah concentrated on the growing darkness: the utter darkness and gloom that had overcome the people, and the prophet anticipating the day when the bright rays of light, the light of God's presence would come and disperse the dense clouds. We think of 'The people walking in darkness have seen a great light; on those living in the land of deep darkness a light has dawned' (Isaiah 9:2) as one example. By the time we reach our reading from the prophet Isaiah for today on Epiphany the tone has changed. The prophet is not merely hoping now: the light has arrived. 'Arise, shine, for your light has come, and the glory of the Lord rises upon you' (Isaiah 60:1).

In its historic context, Isaiah creates in our minds a striking view of the city of Jerusalem, built on a hilltop and its white walls reflecting the brightness of the sun, and the city shining brightly and gloriously. For Isaiah this is a sign of God's presence residing in Jerusalem and restoring its prosperity. It is God's presence that causes the nations to assemble there. It is not difficult to see why this passage in Isaiah was chosen for Epiphany, with its emphasis on the nations coming together, the camels coming from faraway countries and the valuable gifts of gold and frankincense resonating perfectly with the visit of the wise men to the child Jesus.

In Isaiah it is the brightness of God's presence in Jerusalem that would attract the nations there, and in the Gospel of Matthew it is the light of the Star of Bethlehem that led the wise men to the child Jesus. Although their light was bright, shiny and attractive, it was a greater light that they were testifying to – the light and glory of God that we see in the face of the child Jesus. The Festival of the Star reminds us that Jesus is the Morning Star who has the power to disperse the darkness in our world, and as we gather around him, worship him and live our lives in his light our faces will glow and 'your heart will swell and throb with joy' (Isaiah 60:5). The following words are based on the image in Psalm 85:10b and are my translation of a Welsh hymn by T. Jones, Denbigh:

> There is love in his countenance
> Towards a lost and broken world:
> An ardent righteousness and peace
> Join in a wonderful embrace.

Questions

- Which aspects of Jesus' personality and nature attract you the most to follow him?
- In which ways are you aware that Jesus' light is shining on our lives?

Yr Ystwyll 1

Marc 1:4–11

Myfyrdod 9 David Dobbs

Efallai eich bod yn meddwl pam fod angen i Grist, yr un perffaith, yr un a anfonwyd i'n hachub ni i gyd, gael ei fedyddio? Roedd Ioan yn brysur yn bedyddio pobl yn afon Iorddonen, yn pregethu am ddyfodiad y gwaredwr, ac yna safodd Iesu o'i flaen. Byddai Ioan wedi meddwl tybed pam fod unig Fab Duw yn gofyn am iddo weinidogaethu iddo, ac yn arbennig yn gofyn am faddeuant? Mae'n rhaid ei fod wedi teimlo bod y sefyllfa braidd yn ddryslyd. Teimlai'n hynod annheilwng ond er gwaethaf hynny bedyddiodd Iesu ac agorodd y nefoedd, clywyd llais Duw, a chadarnhawyd dwyfoldeb Iesu. Fodd bynnag, nid ydym yn siŵr a welodd ac a brofodd pawb hyn, neu dim ond y rhai oedd yn agored i weld a chlywed Duw.

Mae llawer o symboliaeth mewn bedydd. Mae bedydd mewn dŵr yn cynrychioli aileni, o ddilyw Noa i Moses yn gwahanu'r Môr Coch (wrth i'r bobl ddianc rhag caethiwed yr Aifft) a chyfle Jona i edifarhau ac wynebu ei ddemoniaid ei hun a gweithio ar ran Duw wedi iddo gael ei gaethiwo ym mol y morfil. Mae dŵr yn hanfodol i fywyd a hefyd yn arwydd o fywyd tragwyddol. Trwy ddŵr y bedydd cawn i gyd ein croesawu fel rhai sydd wedi eu haileni, i gorff yr eglwys, ein hen fywydau wedi eu gadael ar ôl a ninnau yn ymddangos yn newydd ac yn lân ar gyfer bywyd newydd.

Nid oedd angen i Iesu gael ei fedyddio er mwyn cael ei lanhau o bechod. Felly pam fod ar Iesu eisiau cael ei fedyddio gan Ioan? Trwy iddo ef ei hun gael ei fedyddio, mae Iesu yn dangos ei fod yn sefyll gyda Ioan yn ei symudiad dros adnewyddu, yn ei alwad am edifeirwch ac wrth iddo gyhoeddi teyrnas Dduw. Fodd bynnag, mae'r holl ddigwyddiad yn dynodi pwysigrwydd Iesu. Ef yw'r un y mae Ioan yn cyfeirio ato fel yr un a all fedyddio â'r Ysbryd Glân. Yn wir, mae'r Ysbryd yn disgyn arno fel colomen, ac rydym yn clywed llais yn cyhoeddi Iesu fel Mab (i Dduw), ffordd draddodiadol o ddisgrifio brenin mawr (gweler 2 Samuel 7:12–14).

Mae hwn yn ddarlleniad o'r efengyl y byddwn yn ei glywed yn aml yn ystod tymor yr Ystwyll, ac mae pob darlleniad o'r efengyl yn ystod y tymor hwn yn datgelu Crist yn ei ogoniant, fel y mae mewn gwirionedd. Yn aml yn yr efengylau cuddir gwir hunaniaeth Iesu – yma cyhoeddir mai Mab Duw ydyw, ac awgrymir trwy hynny ei fod yn frenin newydd ar gyfer teyrnas newydd. Ac eto, fe'i hanfonir yn syth wedyn i'r anialwch i gael ei demtio, ac yna mae'n dechrau galw'r disgyblion ar gyfer y gwaith pwysig o gyhoeddi'r deyrnas mewn geiriau a gweithredoedd. I Iesu mae'r foment o ogoniant yn cilio yn fuan ac yn cael ei dilyn gan y temtiad a cherdded ffordd y groes.

Cwestiynau

- Sut y gall dŵr gynrychioli aileni yn y bedydd? Myfyriwch ar bwysigrwydd dŵr.
- Pam yr aeth Iesu yn syth i'r anialwch wedi iddo gael ei gyhoeddi'n Fab Duw? A yw hyn yn dweud rhywbeth wrthym am natur ei weinidogaeth?

Epiphany 1
Mark 1:4–11

Reflection 9 David Dobbs

You might think, why would Christ need to be baptised, the perfect one, he who was sent to save us all? John was busily baptising people in the Jordan, preaching the coming of the saviour, and then Jesus stood before him. John would have thought, why was God's only Son asking to be ministered to, and especially asking for forgiveness? He must have found the situation somewhat unsettling. He felt deeply unworthy but despite this, he baptised Jesus and the heavens opened, God was heard, and Jesus' divinity confirmed. However, we're not sure whether everyone saw and experienced this, or just those who were open to seeing and hearing God.

There is great symbolism in baptism. Baptism in water represents rebirth, from Noah's flood to Moses parting the Red Sea (as the people escaped from slavery in Egypt) and Jonah's opportunity to repent and face his own demons and carry out God's work after being trapped in the belly of a whale. Water is essential to life and is also a symbol of eternal life. Through the waters of baptism we are all welcomed as reborn, into the body of the church, our old lives are left behind and we emerge new and clean into a new life.

Jesus didn't need to be baptised to be cleansed from sin. So why did Jesus want to be baptised by John? By being baptised himself, Jesus shows that he stands with John in his renewal movement, in his call for repentance and of the proclamation of the kingdom of God. However, the whole event signifies Jesus' importance. He is the one that John is pointing to as the one who can baptise with the Holy Spirit. In fact, the Spirit descends on him like a dove, and we hear a voice proclaiming Jesus as a Son (of God), a traditional way of describing a great king (see 2 Samuel 7:12–14).

This is a gospel reading we hear often during the Epiphany season, and each gospel reading during this season reveals Christ in his glory, as he really is. Often in the gospels Jesus' true identity is hidden – here we hear him proclaimed as God's Son, and by implication the new king for a new kingdom. And yet, he is then sent into the wilderness straight away to be tempted, and then begins to call the disciples for the important work of proclaiming the kingdom in words and actions. For Jesus a moment of glory soon gives way to temptation and walking the way of the cross.

Questions

- How does water represent rebirth in baptism? Reflect on the importance of water.
- Why did Jesus go straight into the wilderness after being proclaimed God's Son? Does this tell us something about the nature of his ministry?

Yr Ystwyll 2

Ioan 1:43–51

Myfyrdod 10 Alun Evans

Er gwell neu er gwaeth, mae gan lefydd yn aml enw da neu enw drwg. Yn aml mae gan bobl farn am wahanol lefydd. Ac mae'n digwydd yn aml fod gan bobl sy'n byw mewn cymuned neilltuol farn wahanol amdani i bobl sy'n byw y tu allan iddi.

Efallai fod gennym syniad yn ein pennau sut le sydd yn ein dinasoedd mwyaf (naill ai trwy glywed amdanynt neu trwy ymweld â hwy). Neu efallai y byddwn wedi clywed am leoedd enwog yng nghefn gwlad o ble mae rhywun enwog yn dod neu ble mae rhywbeth enwog wedi digwydd, neu wedi ymweld â hwy. Ac yna mae llawer o leoedd nad ydym erioed wedi clywed amdanynt neu byth yn meddwl amdanynt. Ac mae lleoedd eraill wedyn nad oes ganddynt enw da.

Yn ein darlleniad clywn Nathanael yn gofyn cwestiwn plaen, 'A all dim da ddod o Nasareth?' (adnod 46). Roedd Philip newydd ddweud wrth Nathanael ei fod ef, Pedr ac Andreas wedi cael hyd i'r un 'yr ysgrifennodd Moses yn y Gyfraith amdano, a'r proffwydi hefyd, Iesu fab Joseff o Nasareth' (adnod 45). Nid oedd Nathanael am ystyried y gallai unrhyw beth da ddod o Nasareth, am nad dyna a ddisgwyliai mae'n debyg. Nid oedd gan Nasareth enw da iawn. Nid oedd yn ddinas fawr ac nid oedd unrhyw beth pwysig ynglŷn â'r lle. Nid oedd cyfeiriad ato yn yr Hen Destament nac mewn unrhyw weithiau ysgrifenedig cyfoes. Pam ar y ddaear y dylai'r Meseia ddod o Nasareth, o bob man?

Ond bu'n rhaid i Nathanael ailystyried ei ragbdybiaethau! Fel ymateb i Nathanael am fod mor anystyriol o Nasareth, gwahoddodd Philip ef, 'Tyrd i weld' (adnod 46), i ddod i gyfarfod Iesu drosto'i hun. Ac yn y cyfarfod hwnnw ysgubwyd holl ragdybiaethau Nathanael o'r neilltu. Wrth i Nathanael ddod at Iesu, mae Iesu'n ei ganmol, 'Dyma Israeliad gwerth yr enw, heb ddim twyll ynddo' (adnod 47). Gellid dychmygu bod Nathanael wedi synnu pan glywodd hyn. 'Sut yr wyt yn f'adnabod i?' (adnod 48), gofynnodd i Iesu.

Ac y mae Iesu'n ymateb mewn ffordd sy'n datgelu pwy ydyw. Dywed Iesu wrth Nathanael, 'Gwelais di cyn i Philip alw arnat, pan oeddit dan y ffigysbren' (adnod 48). Roedd Iesu'n gwybod ble roedd Philip a Nathanael wedi cael eu sgwrs flaenorol. Ac roedd hynny'n ddigon fel rhan o'r cyfarfod hwn â Iesu i Nathanael newid ei feddwl. Gall pethau da ddod o Nasareth hyd yn oed! Dyna syndod i Nathanael.

Mae'r hanes yn cyfleu syndod Nathanael wrth iddo ryfeddu, 'Rabbi, ti yw Mab Duw, ti yw Brenin Israel' (adnod 49). Mewn dau osodiad, mae'n gwneud dau ddatganiad diwinyddol arwyddocaol pwy yw Iesu. Dyma gymeriad arall o Efengyl Ioan yn cynnig ei dystiolaeth i ni am Iesu. Ond wrth weld ymateb Nathanael dywed Iesu wrtho fod llawer mwy i ddod a fydd yn ei synnu, ac mae'n datgelu pwy ydyw: 'A wyt yn credu oherwydd i mi ddweud wrthyt fy mod wedi dy weld dan y ffigysbren? Cei weld pethau mwy na hyn' (adnod 50).

Cwestiynau

- Pa bryd y bu'n rhaid i chi newid eich meddwl ynglŷn â rhywbeth yr oeddech cyn hynny wedi meddwl ei fod yn wir?
- Ydych chi erioed wedi cael eich synnu gan Dduw mewn unrhyw ffordd? Os ydych chi, sut?

Epiphany 2
John 1:43–51

Reflection 10 Alun Evans

For good or for bad, places often have reputations. People often have opinions about different places. And it is often the case that people who live in a particular community have a different opinion about it than others who live elsewhere.

We might have an idea in our heads about what some of our largest cities are like (either through hearsay or through visiting them ourselves). Or we might have heard about or visited famous places in the countryside, perhaps where a famous person comes from, or a famous thing has happened. Then there are lots of places that we have never heard of or never think about. And there are other places too that do not have the best reputations.

In our reading we hear Nathanael ask a stark question, 'Can anything good come out of Nazareth?' (verse 46). Nathanael had just been told by Philip that him, Peter and Andrew had found the one 'whom Moses in the law and also the prophets wrote, Jesus son of Joseph from Nazareth' (verse 45). Nathanael was dismissive about anything good coming from Nazareth, probably because it was not what he expected. Nazareth had no great reputation. It was not a great city or had nothing important about it. It was not mentioned in the Old Testament or any other contemporary writings. Why on earth should the Messiah come from Nazareth, of all places?

But Nathanael was made to rethink his preconceptions! In response to Nathanael's dismissal of Nazareth, Philip invited him to 'come and see' (verse 46), to come and meet Jesus for himself. And it is in that meeting that all of Nathanael's preconceptions were swept away. As Nathanael approached Jesus, Jesus compliments him, 'Here is truly an Israelite in who there is no deceit!' (verse 47). One imagines at this point that Nathanael was taken aback. 'Where did you get to know me?' (verse 48), he asks Jesus.

And Jesus responds in a way that reveals his identity. Jesus says that he had seen Nathanael 'under the fig tree before Philip called' (verse 48) him. Jesus had correctly identified where Philip and Nathanael had their previous conversation. And that was enough as part of this encounter with Jesus for Nathanael to change his mind. Good things can even come from Nazareth! What a surprise for Nathanael.

The narrative portrays Nathanael exclaiming in wonder, 'Rabbi, you are the Son of God! You are the King of Israel!' (verse 49). In two sentences, he makes two significant theological claims about who Jesus is. He is another character in John's Gospel giving us his testimony about Jesus. But to Nathanael's reaction, Jesus tells him that there are many more surprises to come, revealing who he is: 'Do you believe because I told you that I saw you under the fig tree? You will see greater things than these' (verse 50).

Questions

- When have you had to change your mind about something that you previously held to be true?
- Have you ever been surprised by God in any way? If so, how?

Yr Ystwyll 3
Ioan 2:1–11

Myfyrdod 11 Manon Ceridwen James

Mae darlleniad heddiw am y Briodas yng Nghana yn stori adnabyddus iawn, ac fe'i clywn yn aml ar y Sul hwn yn yr Ystwyll gan mai dyma oedd gwyrth gyntaf Iesu, yn datgelu ei ogoniant sydd yn thema addas ar gyfer yr Ystwyll. Fodd bynnag, nid yw'r stori hon yn nodweddiadol iawn o wyrthiau Iesu. Fel arfer mae iddynt hefyd arwyddocâd cymdeithasol o ryw fath, fel iacháu'r wraig ac arni waedlif neu'r dyn gwahanglwyfus. Yn y digwyddiadau hynny mae Iesu'n troi confensiynau crefyddol y cyfnod wyneb i waered, gan ddod ag iachâd a derbyniad i bobl oedd am ryw reswm neu'i gilydd yn wrthodedig gan gymdeithas. Mae her yn rhai o'r gwyrthiau eraill fel cerdded ar y dŵr neu dawelu'r storm, pan mae Iesu'n herio'r disgyblion i ddangos ffydd; ffydd a all yn llythrennol symud mynyddoedd a gwrthdroi rheolau natur.

Yn y wyrth hon, nid yw rhai o reolau natur yn cael eu gwrthdroi hyd yn oed. Mae dŵr yn un o gydrannau gwin. Os ceir y cynhwysion priodol eraill a'r amgylchiadau cywir fe all dŵr droi yn win. Yr hyn sy'n gwneud y digwyddiad hwn yn wyrth yw bod rhai pobl wedi ei weld fel gwyrth. I'r mwyafrif o'r bobl yn y wledd briodas nid oedd unrhyw beth arbennig wedi digwydd, dim ond bod y gwin gorau wedi ei gadw hyd y diwedd am ryw reswm. Dim ond y bobl oedd yn gwylio â llygaid ffydd welodd beth ddigwyddodd. Y wyrth debycaf i hon yw bwydo'r pum mil, lle dangosir haelioni eithriadol Duw nid yn unig o ran bod pawb wedi cael eu bwydo ond hefyd bod basgedeidiau dros ben. Nid darparu ar gyfer ein hanghenion yn unig y mae Duw; mae ei haelioni yn gorlifo'n ddiddiwedd. Ond nid oedd pawb yn sylweddoli beth oedd yn digwydd, byddent wedi bodloni ar fod yn ddiolchgar am fwyd yn eu stumogau!

Pan oeddwn yn offeiriad plwyf, byddwn yn treulio cryn dipyn o amser gyda pharau yn paratoi ar gyfer priodi a hefyd mewn priodasau. Mae pob achlysur a phob pâr yn wahanol. Mae teimlad ac awyrgylch gwahanol ym mhob gwasanaeth ac yn yr ymarfer ei hun. Teimlaf mai'r mathau gorau o berthynas yw'r rhai lle mae'r cariad sydd rhwng pâr yn llifo allan tuag at eu teuluoedd, eu ffrindiau a'u cymdogion. Ac yn y priodasau lle bydd hynny'n digwydd, mae'r seremoni yn datgelu hynny. Mae pawb yn hapus ac wedi ymlacio, ac mae haelioni a chariad yn treiddio trwy'r holl achlysur.

Gall priodasau fodd bynnag fod yn anodd ac yn achlysuron llawn pryder am eu bod yn canolbwyntio ar fanylion ffrogiau, blodau a theisennau ac nid ar y rhesymau dros briodi yn y lle cyntaf. Mae'n bwysig iawn fod priodas yn mynd yn hwylus. Nid yw priodas lle mae'r gwin yn gorffen yn argoeli'n dda ar gyfer y pâr priod eu hunain. Byddai i briodas weini dim byd ond gwin sâl hefyd yn arwydd o gywilydd. Felly mae gweithred Iesu yn arbed y pâr rhag cywilydd ac yn sicrhau eu bod hwy a phawb arall yn mwynhau amser da, a hefyd yn dangos haelioni eithafol sydd yn nodweddiadol o Deyrnas Dduw.

Mewn llawer ffordd mae'r wyrth hon yn ymddangos allan o le ac yn ddiarwyddocâd. Mae iachâd yn newid bywyd rhywun, mae cerdded ar y dŵr yn destun rhyfeddod. Nid yw ymddangosiad mwy o win yn y gornel mewn priodas mor ddramatig â hynny mewn gwirionedd ond mae'n dweud y cyfan am y Duw yr ydym yn ei addoli – un sydd am i ni gael y bywyd gorau bosibl a'i fwynhau i'r eithaf, a Duw sy'n rhoi gwerth ar berthynas ac ar ddathlu perthynas. Yn fwy na dim mae'n dangos i ni Dduw sy'n eithriadol o hael ac sydd am i ninnau fod yr un mor eithriadol o hael tuag at eraill.

Cwestiynau

• Sut y mae'r wyrth hon yn ein herio o ran unrhyw ragdybiaethau a allai fod gennym ynglŷn â bod yn Gristion, yn enwedig mewn agweddau tuag at alcohol, partïon a mwynhau ein hunain?
• Sut y gallwn ni ddangos yr agwedd hael ac agored hon yn ein bywydau, yn arbennig ar adegau pan mae llawer yn wynebu tlodi a'r rhan fwyaf ohonom yn profi cyni ariannol?

Epiphany 3
John 2:1–11

Reflection 11 Manon Ceridwen James

Today's reading about the Wedding in Cana is a very famous story, and we often hear it this Sunday in Epiphany as it was Jesus' first miracle, revealing his glory which is very much an epiphany theme. However, this story is not really very characteristic of Jesus' miracles. Usually, they also have some social significance, like the healings of the woman with the haemorrhage or the leper. In those events Jesus turns the religious conventions of the day on its head, bringing physical healing and acceptance to people who were for one reason or another outcasts. Other miracles have a challenge like the walking on the water or the calming of the storm, when Jesus dares the disciples to have faith; faith that can literally move mountains and overturn the laws of nature.

In this miracle, some of the laws of nature aren't even overturned. Water is one of the components of wine. Given the right other ingredients and circumstances water can turn into wine. What makes this a miracle is that some people saw it as one. For most people at the wedding feast nothing special happened, just that curiously the best wine was served last. It was only people who looked at the event with the eyes of faith that saw it for what it was. The nearest miracle in type to this one is the feeding of the five thousand, where God's overflowing generosity is shown in that not just everyone was fed, but that there were baskets left over. God doesn't simply provide for our needs; he is overflowing and extravagant in his generosity. But not everyone would have realised what was going on, they would have just been grateful for some food in their stomachs!

When I was a parish priest, I used to spend quite a bit of my time with couples preparing for marriage and at weddings themselves. Each occasion and each couple is different. There is a different feel and atmosphere at each service and at the rehearsal itself. I guess the best types of relationships are the ones in which the love a couple have for one another flows out into their families, friends and neighbours. And in those marriages where that will happen, the ceremony reveals that. People are relaxed and happy, and there is a generosity and love that permeates the whole occasion.

However weddings can also be ungenerous and occasions that are fraught and fixated on the details of dresses, flowers and cakes and not on the reasons why they are getting married in the first place. It's very important that a wedding goes well. For one to run out of wine bodes very badly for the couple themselves. For a wedding to serve poor wine too throughout would be a mark of shame. So for Jesus to step in and save a couple from disgrace and give them a good time, and everyone else, shows a generosity and extravagance that is the mark of God's Kingdom.

In many ways this miracle seems a bit out of place and insignificant. A healing changes someone's life, walking on water has a huge wow factor. For some more wine to appear in the corner in a wedding isn't all that dramatic really but it says everything about the God we worship – one who wants us to have the very best out of life, and to enjoy it to the full, and a God who values relationships and celebrating relationships. Above all it shows us a God who is extravagant and generous, and who wants us to have an extravagant and generous attitude towards others.

Questions

- How does this miracle challenge us about preconceptions we may have about being a Christian, especially in attitudes towards alcohol, parties and enjoying ourselves?
- How can we show this generous and extravagant attitude in our lives, especially in times when many face poverty and most of us are stretched financially?

Yr Ystwyll 4
Marc 1:21–28

Myfyrdod 12 Manon Ceridwen James

Mae'r darlleniad o'r efengyl heddiw yn cadw'n agos iawn at themâu'r Ystwyll o Iesu yn dangos ei ogoniant. Yr wythnos diwethaf clywsom am wyrth gyntaf Iesu. Heddiw rydym yn clywed am un o bregethau cyntaf Iesu. Gallai unrhyw un oedd yn meddu gwybodaeth o'r Ysgrythurau bregethu yn y synagog yn nyddiau Iesu. Nid oedd yn anghyffredin i Iesu godi a darllen a siarad. Fodd bynnag, dyma'r cofnod cyntaf a gawn o ymddangosiad cyhoeddus a phregeth gan Iesu yn Marc. Yn wahanol i'r fersiwn o'r stori hon yn Luc ni chawn glywed neges Iesu, ond mae yn cyflawni iachâd, gan ddangos bod teyrnas Dduw yn weithredoedd yn ogystal â geiriau, ac yn fwy na dim yn rhyddid rhag popeth sy'n ein caethiwo.

Yn adroddiad Marc clywn fod pregethu Iesu wedi cael derbyniad cadarnhaol iawn gan bawb. Roedd wedi llwyddo i ysbrydoli a gwneud argraff ar bawb â'i 'awdurdod' anghyffredin, (gall y gair Groeg hefyd olygu nerth). Er hynny, gwyddom fod pregethu Iesu yn ddiweddarach wedi ennyn drwgdeimlad a gwrthwynebiad ac wedi arwain yn y diwedd at ei farwolaeth. Roedd yr awdurdod a'r nerth yn ormod o her i'r rhai oedd â grymoedd daearol.

Fel ar adeg ei fedydd, efengyl arall ar gyfer yr Ystwyll, rydym yn clywed llais yn dweud mai 'Sanct Duw' yw Iesu, ond y tro hwn llais maleisus ydyw, llais yr ysbryd aflan. Ond mae'r geiriau hyn ynghyd â'r wyrth yn dangos gogoniant Iesu ac yn ein hatgoffa pwy ydyw mewn gwirionedd. Erbyn hyn mae barn Cristnogion yn rhanedig ynglŷn â dal i gredu mewn bodolaeth demoniaid. Rydym fodd bynnag yn gwybod bod yna ddrygioni yn y byd, a gallwn deimlo grym drygioni ar adegau yn ein bywydau. Er hynny, mae gan Iesu awdurdod a nerth yn ein dyddiau ni fel yr oedd ganddo pan iachaodd y dyn ag ysbryd aflan ynddo, a gallwn droi ato pryd bynnag y byddwn yn teimlo'n ofnus neu wedi'n caethiwo mewn unrhyw ffordd.

Yn fersiwn Luc o'r stori hon (4:16–21) cawn glywed Iesu'n dweud ei fod wedi dod â newyddion da i'r tlodion ac mae'n ei gysylltu ei hun â'r gwas dioddefus o Eseia. Mae'r iacháu yn digwydd ar achlysur diweddarach. Efallai mai disgrifio un digwyddiad mewn synagog y mae Marc tra bo Luc yn disgrifio dau. Gallwn deimlo'n rhwystredig nad ydym yn cael ein gwahodd yn y darlleniad hwn i ystyried beth mae bod yn newyddion da i'r tlodion yn ei olygu. Fe fyddwn i'n dadlau bod yr iacháu cyn bwysiced â'r geiriau eu hunain er mwyn cyfleu newyddion da i'r tlodion.

Mae arnom i gyd angen clywed y geiriau hyn o ryddid a newyddion da, ond dim ond y cam cyntaf yw clywed – mae arnom hefyd angen adnabod y rhyddid hwn ym mhob rhan o'n bywydau. Fel eglwysi mae angen i ni arddangos yn ein bywydau cyffredin y rhyddid a'r gobaith a ddaw gan Iesu, a bod yn gymunedau sy'n amlygu ac yn arddangos y newyddion da hynny. A yw ein heglwysi yn teimlo'n rhydd ac yn hael fel cymunedau? Cawn ein herio hefyd yn y darlleniad hwn i ddarparu ffyrdd ymarferol o helpu pobl i brofi rhyddid, boed hynny oddi wrth orddibyniaeth, perthynas wael ag eraill neu iechyd meddyliol a chorfforol gwael.

Cwestiynau

- Gyda phwy y gallwn gydweithio er mwyn mynd i'r afael â materion fel gorddibyniaeth a phroblemau iechyd meddwl yn ein cymuned?
- Gallwn siarad am ryddid yng Nghrist, ond oes yna bethau y dylem ymdrin â hwy er mwyn bod yn rhydd mewn gwirionedd, fel unigolion ac fel eglwys?

Epiphany 4

Mark 1:21–28

Reflection 12 Manon Ceridwen James

The gospel reading today is one very much in keeping with the Epiphany themes of Jesus showing his glory. Last week we heard about Jesus' first miracle. Today we hear about one of Jesus' first sermons. Anyone with a knowledge of the Scriptures could preach at the synagogue in Jesus' day. There was nothing unusual in Jesus getting up and reading and speaking. However, this is the first record we get of a public appearance, and of a sermon from Jesus in Mark. Unlike the version of this story in Luke we don't hear Jesus' message, but he does perform a healing, showing that the kingdom of God is actions as well as words, and above all freedom from all that enslaves us.

In Mark's account we hear that everyone was very positive about Jesus' preaching. He had managed to inspire and impress everyone with his unusual 'authority', (the Greek word can also mean power). However, we know that Jesus' preaching later inspired animosity and opposition and finally led to his death. This authority and power were too much of a challenge to those with earthly powers.

As at his baptism, another epiphany gospel, we hear a voice saying that Jesus is the 'Holy One of God' but this time it is a malevolent voice, that of the unclean spirit. But these words along with the miracle demonstrate Jesus' glory and remind us of who he really is. These days Christians are divided as to whether we still believe in actual demons; however we do know there is evil in the world, and we can sense the power of evil at times in our lives. However, Jesus has authority and power in our day as much as when he healed the man with the unclean spirit, and we can turn to him whenever we feel afraid or enslaved in any way.

In Luke's version of this story (4:16–21) we hear Jesus say he has brought good news to the poor and identifies himself with the suffering servant from Isaiah. The healing happens at a later occasion. Maybe Mark is only describing one event in a synagogue when Luke is describing two. We may feel frustrated that we are not invited in this reading to ponder on what being good news to the poor means. I would argue that this healing demonstrated good news to the poor as much as the actual words.

We all need to hear these words of freedom and good news, but hearing is just a first step, we also need to know this freedom in every area of our lives. As churches we need to show in our common life the freedom and hope that Jesus brings, and be communities which demonstrate and exemplify this good news. Do our churches feel free and generous as communities? We are also challenged in this reading to provide practical ways of helping people experience freedom, whether from addictions, poor relationships or poor mental and physical health.

Questions

- Who can we partner with in order to address issues such as addictions and poor mental health in our community?
- We may speak about freedom in Christ, but are there things we need to address in order to be truly free, as individuals and as a church?

Gŵyl Fair y Canhwyllau
Malachi 3:1-5

(Gweler Eglwys y Bobl Blwyddyn A am fyfyrdod ar Luc 2:22-40)

Myfyrdod 13 Mairwen Large

Bydd y rhai ohonoch sy'n gyfarwydd â *Meseia* Handel yn gwybod mai detholiad yw geiriau'r caneuon wedi eu gwau'n grefftus o ysgrythurau sy'n cyfuno darlleniadau o'r Hen Destament a'r Testament Newydd i ddweud stori Iesu, gan ddechrau â phroffwydoliaeth Eseia a gorffen â'r fawlgan 'Teilwng yw yr Oen gadd Ei ladd' o'r Datguddiad. I gyd-fynd â'r darlleniad heddiw, efallai yr hoffech wrando ar y ffordd mae Handel wedi gosod yr adnodau. Mae penillion agoriadol yr unawd, 'Ond pwy sydd a oddef ddydd Ei ddyfodiad?' yn addfwyn a melodaidd, gan newid yn sydyn i'r corwynt cerddorfaol cythryblus sy'n gyfeiliant i 'Cans mae Efe megis tân y toddydd', sy'n tarfu ar y tangnefedd. Yna mae'r corws yn canu 'Ac Ef a bura'n lân' cyn i'r stori droi at y bugeiliaid ym Methlehem.

Mae'r newidiadau hyn yn yr awyrgylch yn adlewyrchu geiriau'r broffwydoliaeth. Mae gan Dduw neges i'w rhoi i'w bobl. Mae Malachi 2:17 yn dweud wrthym bod Duw wedi cael ei flino gan ei bobl Israel a'i fod yn mynd i anfon cennad i baratoi'r ffordd ar gyfer dyfodiad Duw. Nid cennad y byddant yn ymhyfrydu ynddo fydd hwn, nid cennad fydd yn dweud wrthynt bod Duw wedi ei fodloni ynddynt; ni fydd clod a chanmoliaeth. Ymddengys na all y bobl wahaniaethu rhwng da a drwg ac, fel y bydd cwyn Duw yn aml, anghyfiawnderau Israel a'u hesgeulustod o'r tlawd a'r gorthrymedig sydd wedi ennyn cynddaredd Duw (Malachi 3:5).

Paratowch eich hunain! Pan ddaw y cennad, bydd fel sebon y golchydd yn sgwrio ymaith pob staen ac yn gwneud y lliain yn wyn ac yn ddifrycheulyd. Bydd y tân yn toddi'r arian a'r aur, ac fe waredir yr amhuredd gan adael metalau pur. Ym mhroffwydoliaeth Malachi, y Lefiaid, yr urdd offeiriadol, yw testun dicter Duw. Hwy sydd wedi halogi addoliad y deml ac wedi arwain y bobl oddi wrth addoli'r gwir Dduw. Bydd dyfodiad Duw yn puro'r rhai sydd wedi bod yn ffyddlon yn eu haddoliad a'u gwasanaeth ac yn bwrw o'r neilltu y rhai nad ydynt wedi dwyn tystiolaeth ffyddlon. Yna bydd Duw yn fodlon â'i bobl. Mae'r ymddygiad pechadurus yn adleisio themâu cyfarwydd yr efengyl: dewiniaeth, cyflogau annheg i'r gweithwyr, a gorthrwm y tlawd a'r diamddiffyn mewn cymdeithas.

Pwy oedd Malachi felly? Nid yw'r broffwydoliaeth yn rhoi unrhyw awgrym i ni pwy yw'r awdur. Ystyr ei enw yn llythrennol yw *fy nghennad* ac nid ydym hyd yn oed yn gwybod ai ffugenw neu enw cywir y proffwyd oedd hwn. Credir bod y llyfr wedi ei ysgrifennu ar ôl llyfr Esra a'r dychwelyd i Jerwsalem, o bosibl yn y bumed ganrif CC. Malachi yw llyfr olaf yr Hen Destament ac mae'n pontio â'r Testament Newydd, ac adleisir geiriau Malachi 3:1 yn Mathew 11:10 gan gyfeirio at Ioan Fedyddiwr, yr olaf o'r proffwydi cyn gweinidogaeth Iesu. Adleisir her Malachi gan Iesu ei hun (Mathew 25:35-40) a dyma yw her Iesu i ni heddiw: bod yn llais dros y di-lais a mynegi barn yn erbyn anghyfiawnder er mwyn y Deyrnas.

Cwestiynau

- Pa enghreifftiau penodol o anghyfiawnder cymdeithasol y tynnir sylw atynt yn Malachi 3:5? Pa faterion eraill y byddai *Fy Nghennad* yn eu hychwanegu at y rhestr heddiw?
- Pwy yw'r di-lais yn eich cymuned? Ystyriwch sut mae ffyddlondeb i alwad Duw ac i'w her yn cael eu dangos yn eich cymuned. Gweddïwch dros y cenhadon sy'n cefnogi'r gorthrymedig.

Candlemas

Malachi 3:1–5

(See The People's Church Year A for a reflection on Luke 2:22–40)

Reflection 13 Mairwen Large

Those of you who are familiar with Handel's *Messiah* will know that the libretto (the words sung) is a beautifully crafted selection from scriptures which combine Old Testament and New Testament readings to tell the story of Jesus, beginning with the prophecy of Isaiah and ending with the great paean of praise, Revelation's 'Worthy is the lamb who was Slain'. As you read today's passage, you may like to listen to Handel's setting of the verses. The opening verses of the solo, 'Who may abide the day of his coming?' are gentle and lilting, changing abruptly to the tumultuous orchestral whirlwind which accompanies 'For he is like a refiner's fire', which disturbs the tranquillity. Then the chorus sings 'And He shall Purify' before the narrative turns to the shepherds at Bethlehem.

These changes of mood reflect the words of the prophecy. God has a message to give to his people. Malachi 2:17 tells us that God is weary of his people Israel, and he is going to send a messenger to prepare the way for God's coming. This is not a messenger they will delight in, a messenger who tells them that God is pleased with them; there will not be praise and affirmation. The people seem unable to distinguish between good and evil and, as is often God's complaint, it is the injustices of Israel and their neglect of the poor and oppressed which has incurred God's wrath (Malachi 3:5).

Prepare yourselves! When the messenger comes, they will be like the launderer's soap which scrubs away all the stains and makes the linen white and spotless. The fire will melt down the silver and gold, and the dross will be cleared away leaving pure metals. In Malachi's prophecy it is the Levites, the priestly order, who are subject to God's wrath. It is they who have desecrated the temple worship, leading the people away from worshipping the true God. The coming of God will purify those who have been faithful in their worship and service and will clear away, will discard, those who have not borne faithful witness. Then God will be pleased with his people. The sinful behaviour echoes familiar gospel themes: sorcery, unjust wages for the labourers, and the oppression of the poor and unprotected in society.

So, who was Malachi? The prophecy gives us no indication as to the identity of the writer. His name means literally *my messenger* and we do not even know whether this was in effect an alias or the prophet's real name. The book is thought to have been written after the book of Ezra and the return to Jerusalem, possibly in the 5th century BC. His is the last book of the Old Testament which bridges the gap between the Old and the New, and his words in 3:1 are echoed in Matthew 11:10 referring to John the Baptist, the last of the prophets before Jesus' ministry. Malachi's challenge is echoed by Jesus himself (Matthew 25:35-40) and is Jesus' challenge to us today: to be a voice for the voiceless and to speak out against injustice for the sake of the Kingdom.

Questions

- Which particular issues of social injustice are highlighted in Malachi 3:5 here? Which other issues would *My Messenger* add to this list today?
- Who are the voiceless in your community? Consider how faithfulness to God's call and to his challenge is demonstrated in your community. Pray for the messengers who support the oppressed.

Priod 1
1 Corinthiaid 9:16–23

Sul rhwng 3 a 9 Chwefror yn gynwysedig (os yn gynt na'r Ail Sul cyn y Grawys)

Myfyrdod 14 Alyson Goldstein

Tybed am beth y byddwch chi'n meddwl pan fyddwch yn clywed y gair 'Efengyl'? Mae'n debyg fod y mwyafrif yn dechrau meddwl am Mathew, Marc, Luc ac Ioan ac eto, wrth gwrs, nid oedd y pedair Efengyl yn bodoli pan oedd Paul yn ysgrifennu ei lythyrau – yn sicr nid yn y ffurf y gwyddom ni amdanynt. Ar y gorau byddai rhywfaint o adroddiadau llygad-dystion i'w trafod, ond dim byd y gallech eistedd i lawr a'i ddarllen, ac yn sicr dim llyfr rhwymedig hardd o'r enw Y Testament Newydd. Felly pan ddywed Paul ei fod yn teimlo nad oes ganddo ddewis ond cyhoeddi'r Efengyl – sylwer ar y ffurf unigol – beth sydd ganddo dan sylw?

Wel, yn llythrennol, mae'n cyhoeddi newyddion da; y newyddion da fod Duw yn ein caru, bob un ohonom, a'i fod yn barod i faddau i ni. Er mwyn i ni gael ein hachub, yr hyn sy'n rhaid i ni ei wneud yw credu. Ni allai fod yn symlach ac felly mae Paul yn awyddus iawn i bawb wybod hyn, a dyna pam ei fod 'wedi mynd yn bob peth i bawb'. Rydym i gyd yn gwybod ein bod yn defnyddio strategaethau gwahanol i egluro pethau i wahanol bobl. Fe fyddem yn defnyddio geiriau gwahanol i'r rhai y byddem yn eu defnyddio ar gyfer oedolion er mwyn egluro i blentyn sut mae car yn gweithio. A dyna beth yr oedd Paul yn ceisio'i wneud – mae'r newyddion da mor rhyfeddol fel nad oes ganddo ddewis ond bod eisiau ei rannu ac, er mwyn gwneud hynny, mae'n rhaid iddo ganfod ffyrdd gwahanol o'i egluro i bobl o wahanol gefndiroedd a gwahanol ddiwylliannau. Nid yw newyddion da Duw ar gyfer y rhai dethol mwyach, meddai Paul, ond mae ar gyfer pawb, yr Iddew a'r Cenedl-ddyn, y gwan a'r cryf, ac felly, er mwyn gwasanaethu Duw trwy gyhoeddi'r newyddion da, rhaid i Paul ganfod ffordd o fod yn atyniadol i bawb.

Rhaid i hyn wneud i ni feddwl pa mor dda ydym **ni** am gyhoeddi newyddion da Duw i bobl y tu allan i'n cymuned fach ein hunain, y tu allan i'n heglwys ein hunain, hyd yn oed. Ein dyletswydd ni fel Cristnogion yw gwneud hynny, ond mae'n debyg fod llawer ohonom yn ei chael yn anodd addasu ar gyfer gwahanol gynulleidfaoedd, derbyn o ble mae pobl eraill yn dod a cheisio eu cyfarfod yn y fan ble maent, yn hytrach na ble rydym ni. Ond mae'r newyddion mor dda fel na ddylem geisio'i gadw i ni ein hunain – dyna'n bendant yr hyn nad yw Duw am i ni ei wneud. Ac felly ein gwaith yn yr wythnos sydd i ddod, ac yn wir bob wythnos, yw ceisio bod yn debycach i Paul a'n gwneud ein hunain yn gaethweision i bawb a chanolbwyntio ar rannu'r Efengyl â phob math o bobl ac mewn pob math o ffyrdd.

Nid yw'n hawdd meddwl y tu allan i'r bocs, ond weithiau byddwn yn canfod ein bod wedi gwneud y bocs yn rhy gyfforddus. Mae angen i ni fod yn ddewr fel yr oedd Paul, mae angen i ni ddefnyddio ein dychymyg fel y gwnaeth Paul, mae angen i ni fod yn benderfynol fel yr oedd Paul, ac yn fwy na dim mae angen i ni fod allan yna fel yr oedd Paul. Teithiodd ar hyd ac ar led er mwyn cyrraedd pob math o bobl ac felly fe ddylem ninnau hefyd fod yn barod i fentro allan o adeilad ein heglwys weithiau er mwyn pregethu'r newyddion da. Roedd yn ddyletswydd ar Paul. Ydym ni yn ei weld fel dyletswydd arnom ninnau hefyd?

Cwestiynau

- Fedrwch chi ddychmygu peidio â gwybod yr Efengylau? Fedrwch chi hyd yn oed gofio amser pan nad oeddech yn eu gwybod?
- Pa fath o deimlad ydych chi'n meddwl yw bod yn berson sydd heb glywed y newyddion da? Beth allem ni ei wneud i'w helpu i ddeall?

Proper 1
1 Corinthians 9:16–23

Sunday between 3 and 9 February inclusive (if earlier than the Second Sunday before Lent)

Reflection 14 Alyson Goldstein

I wonder what you think of when you hear the word 'Gospel'. I daresay most people start thinking of Matthew, Mark, Luke and John – yet, of course, when Paul was writing his letters, those four Gospels didn't exist – certainly not in the form in which we know them. At best there would have been some eyewitness accounts being discussed, but nothing that you could sit down and read, certainly no lovely bound book called The New Testament. So when Paul says that he feels he has no choice but to proclaim the Gospel – note the singular – what does he mean?

Well, literally, he's proclaiming good news; the good news that God loves us, all of us, and is ready to forgive us. In order to be saved, we just have to believe. It couldn't be simpler and so Paul is desperate for everyone to know this, which is why he has 'become all things to all people'. We all know that we use different strategies to explain something to different people. We would use different words to explain to a child how a car works than we would if explaining to an adult. And this is what Paul was trying to do – the good news is so wonderful that he can't help but want to share it and, in order to do so, he needs to find different ways of explaining it to people from different backgrounds and different cultures. God's good news is no longer just for a chosen few, says Paul, it's for everyone, for Jew and Gentile, for weak and strong, and so, in order to serve God by proclaiming the good news, Paul has to find a way of appealing to everyone.

This has to make us wonder just how good **we** are at proclaiming God's good news to people outside of our own little community, outside of our own church, even. It's our duty as Christians to do so, but I suspect many of us find it difficult to adapt to different audiences, to accept where other people are coming from and to try to meet them where they are, as opposed to where we are. But the news is so good that we really shouldn't try to keep it to ourselves – that's definitely not what God wants us to do. And so our task in the week ahead, and, in fact, every week, is to try to be more like Paul and make ourselves slaves to all, to concentrate on sharing the Gospel with all sorts of people and in all sorts of ways.

It's not easy to think outside the box, but sometimes we find that we've made the box too comfortable. We need to be brave, as Paul was, we need to be imaginative, as Paul was, we need to be determined, as Paul was, and, most of all, we need to be out there, as Paul was. He travelled all over the place in order to reach all sorts of people and so surely we should be willing to venture outside of our church building sometimes in order to preach the good news too. It was an obligation for Paul. Do we see it as an obligation for us, too?

Questions

- Can you imagine not knowing the Gospels? Can you even remember a time when you didn't know them?
- How do you think it feels to be a person who has not heard the good news? What could we do to help them understand?

Priod 2
1 Corinthiaid 9:24–27

Sul rhwng 10 a 16 Chwefror yn gynwysedig (os yn gynt na'r Ail Sul cyn y Grawys)

Myfyrdod 15 Ruth Rowan

Yn ein darlleniad heddiw mae Paul yn cyflwyno bywyd Cristnogol fel ras, neu ornest baffio; tybed sut yr ydych chi'n ymateb i'r trosiadau hyn o gystadleuaeth a mabolgampau? Fel unrhyw drosiad, mae'n dweud rhywbeth gwir am ein profiad, ond ni fwriadwyd iddo gael ei gymryd yn rhy llythrennol. Nid ydym yn cystadlu yn erbyn ein gilydd, nac yn erbyn Cristnogion sy'n addoli mewn lleoedd gwahanol ac mewn ffyrdd gwahanol; mae gras Duw yn helaeth, mae mwy na digon ar gyfer pawb heb i ni orfod ymladd yn ein plith ein hunain. Nid yw 'gwobr' achubiaeth a bywyd tragwyddol yng Nghrist yn un yr ydym yn ei hennill trwy ein haeddiant ein hunain, ond yn hytrach yn rhodd o ras helaeth Duw a roddir yn rhad ac yn hael.

Fodd bynnag, mae gwirionedd dwfn yn y syniad bod y bywyd Cristnogol yn fywyd o ddisgyblaeth, ffocws a chysondeb. Nid yw athletwyr yn rhedeg yn ddiamcan, ond maent yn hyfforddi eu cyrff i redeg yn yr union ffordd sy'n angenrheidiol ar gyfer eu ras, boed hynny'n gyflymder ffrwydrol sbrintiwr neu'n ddyfalbarhad rhedwr marathon. Yn yr un ffordd, awgryma Paul na ddylem fyw yn ddiamcan ond yn hytrach hyfforddi ein hunain yn yr arferion fydd yn ein helpu i ddal i ddilyn ôl troed Crist. Hwyrach y byddwch am feddwl gyda'ch gilydd pa arferion sydd wedi bod yn arbennig o ddefnyddiol wrth i chi fyw y bywyd Cristnogol; dulliau o weddïo efallai, neu batrymau addoli, darllen llyfrau penodol, gwrando ar gerddoriaeth neu ymdeimlo â chelf sy'n datgelu Duw i chi. Gall yn hawdd fod ffyrdd eraill nad wyf wedi meddwl amdanynt; yn union fel y bydd gan yr athletwr gynllun hyfforddi unigol, bydd yr hyn sy'n eich cynnal yn eich bywyd Cristnogol yn unigryw i chi, ond y mae llawer y gallwn ei ddysgu oddi wrth ein gilydd.

Byddwn yn meddwl yn aml am athletwyr fel pobl sy'n ysbrydoli. Nid oes raid i ni wneud dim ond gwrando ar y sylwebaeth ar y Gemau Olympaidd er mwyn clywed y sylwebyddion yn trafod ymrwymiad ac ymroddiad yr athletwyr, a gwyddom fod gwahaniaeth amlwg yn y nifer o bobl sy'n cymryd rhan mewn chwaraeon yn dilyn y Gemau Olympaidd bob tro. Mae Paul yn awyddus i'n hatgoffa bod athletwyr yn rhoi'r holl ymroddiad ac ymdrech er mwyn ennill gwobrau fydd yn rhydu, llawryfau fydd yn pydru, a gogoniant fydd yn pylu. Pan fyddwn ni'n ymroi i fyw bywyd Cristnogol, bydd y dorch a dderbyniwn gan Dduw yn anllygradwy, yn parhau i fywyd tragwyddol, ac ni fydd y gogoniant yr awn iddo yn llai na gogoniant Duw. Mae'r gwahaniaeth yn ein cymell i ofyn y cwestiwn: os yw gogoniant ac anrhydedd dros dro yn werth cymaint o ymroddiad, faint yn fwy gwerthfawr yw ymroddiad i'r bywyd Cristnogol? Efallai y dylem fod yn meddwl am Gristnogion fel pobl sy'n ysbrydoli, pobl sy'n dangos ymrwymiad ac ymroddiad, pobl a allai ddenu eraill i gymryd rhan yn y bywyd Cristnogol. Hwyrach ein bod yn debycach i athletwyr nag oeddem wedi sylweddoli!

Cwestiynau

- Pa arferion sydd wedi bod yn arbennig o werthfawr i chi wrth i chi fyw y bywyd Cristnogol?
- Meddyliwch am Gristion sydd wedi eich ysbrydoli chi trwy eu hymrwymiad a'u hymroddiad i'w ffydd; sut y bu i'r ysbrydoliaeth honno eich helpu yn eich bywyd Cristnogol?

Proper 2
1 Corinthians 9:24–27

Sunday between 10 and 16 February inclusive (if earlier than the Second Sunday before Lent)

Reflection 15 Ruth Rowan

In our reading today Paul presents the Christian life as a race, or as a boxing match; I wonder how you respond to these metaphors of competition and athleticism? Like any metaphor, it says something true about our experience, but isn't meant to be taken too literally. We aren't in competition with one another, or with Christians who worship in different places and in different ways; the grace of God is abundant, there is more than enough to go around without us needing to fight amongst ourselves. The 'prize' of salvation and eternal life in Christ isn't one that we win by our own merits, but rather a gift of that abundant grace of God; freely and generously given.

However, there is deep truth in the idea that the Christian life is one of discipline, focus, and constancy. An athlete doesn't run aimlessly, but trains their body to run in exactly the way that their race requires, whether that's the explosive speed of a sprinter, or the stamina of a marathon runner. In the same way, Paul suggests, we shouldn't live aimlessly, but train ourselves in the habits that will help us to continue to follow in the footsteps of Christ. You might want to think together about what habits have been particularly helpful for you as you have lived the Christian life; it could be ways of praying, it could be the rhythm of worship, perhaps reading particular books, listening to music or engaging with art that reveals God to you. There may well be ways that I haven't thought of; just as the athlete will have an individual training plan, what sustains you in your Christian life will be unique to you, but there is much that we can learn from one another.

We often think of athletes as inspiring people. We only need to listen to the commentary on the Olympics to hear the commentators taking about the athletes' commitment and dedication, and we know that after each Olympic Games we see a noticeable difference in the number of people taking part in sport. Paul is keen to remind us that these athletes are putting all that dedication and effort in to gain prizes that will tarnish, laurels that will perish, and glory that will fade. When we put our dedication into living a Christian life, the garland that we receive from God will be imperishable, lasting into eternal life, and the glory into which we enter will be nothing less than the glory of God. The contrast prompts us to ask the question: if temporary glory and honour are worth such dedication, how much more worthwhile is dedication to the Christian life? I wonder whether we think of Christians as inspiring people, people of commitment and dedication, people who might bring others to take part in the Christian life. Perhaps we are more like athletes than we thought!

Questions

- What habits have been particularly helpful for you as you have lived the Christian life?
- Think of a Christian who has inspired you with their commitment and dedication to their faith; how did that inspiration help you in your Christian life?

Priod 3
2 Corinthiaid 1:18–22

Sul rhwng 17 a 23 Chwefror yn gynwysedig (os yn gynt na'r Ail Sul cyn y Grawys)

Myfyrdod 16 Andrew Long

Onid yw addewidion yn bethau rhyfedd? Mae'n hawdd i ni addo i deulu a ffrindiau y gwnawn eu helpu mewn rhyw ffordd, mynd â hwy i ble bynnag mae angen iddynt fod, ymweld â hwy pan fydd ein hangen arnynt, neu ddathlu achlysur arbennig gyda hwy. Mae amgylchiadau yn aml yn cynllwynio yn ein herbyn ac yn ei gwneud yn anodd neu hyd yn oed yn amhosibl i ni gadw'r addewidion hynny. Efallai na fydd bai arnom, ond gall y geiriau syml 'Rydw i'n addo' achosi cynnen a drwgdeimlad a all lusgo ymlaen am beth amser.

Yma, yn y darlleniad hwn, ymddengys fod Paul yn siarad â'r eglwys yng Nghorinth ynglŷn â sefyllfa o'r fath. Nid oes modd i ni wybod beth yn union oedd yr amgylchiadau, ond mae'n ymddangos o ddarllen y testun bod Paul wedi bwriadu ymweld â hwy ddwywaith ac wedi methu. Ymddengys fod Cristnogion Corinth wedi bod yn cwyno am yr hyn a ystyrient hwy fel torri addewid a'u bod yn cyhuddo Paul o fod yn wamal. Maent wedi eu siomi am fod Paul wedi methu ymddangos ac am ei fod yn ôl pob golwg yn anwadal. Eto, ni wyddom beth achosodd i Paul newid ei gynlluniau, ond roedd wedi clywed am anfodlonrwydd y Corinthiaid ac mae'n awyddus i drafod hynny.

Yn gyntaf, mae Paul yn ei ddull nodweddiadol yn atgoffa'i ddarllenwyr o'i awdurdod fel apostol. Yn ôl ym mhennod 1, adnod 12, mae'n dechrau egluro trwy ddweud 'bod ein hymddygiad yn y byd, a mwy byth tuag atoch chwi, wedi ei lywio gan unplygrwydd a didwylledd duwiol, nid gan ddoethineb ddynol ond gan ras Duw'. Mae am atgoffa ei gynulleidfa bod ei weithredoedd fel apostol yn cael eu rheoli gan Dduw, nid gan syniadau dynol. Dadl Paul felly yw, gan fod ei weithredoedd yn cael eu harwain gan Dduw, nad oes sail i'r cyhuddiad ei fod yn wamal. A bod yn onest, nid wyf yn siŵr sut y byddai'r darllenwyr wedi cymryd y cerydd bach hwn, ond yn ddiweddarach mae Paul yn eu sicrhau bod y newid yn y cynlluniau er eu lles hwy. Yma mae Paul yn ddeheuig yn symud y sylw tuag at addewidion Duw wrth iddo ysgrifennu yn adnod 20, 'Ynddo ef [Crist] y mae'r 'Ie' i holl addewidion Duw.' Mae wedi defnyddio'r profiad hwn o siom yn yr hyn a welir fel addewidion wedi'u torri i ofyn i'w ddarllenwyr feddwl am addewidion Duw.

Daw Paul â'r adran hon i ben trwy atgoffa'r Corinthiaid o'r sêl o fedydd a dderbyniodd yr apostolion i ddechrau ac yna gweddill y credinwyr fel yr hyn a elwir ganddo yn 'ernes'. Defnyddir y gair Groeg 'Arrabon' yma, sy'n deillio o'r byd masnachol ac yn golygu ernes na ellir ei had-dalu, ond defnyddir y gair yma ac mewn lleoedd eraill yn y Testament Newydd i sôn am addewidion sicr Duw i gredinwyr, addewid o'r Ysbryd Glân ac o ddyfodol y credinwyr yn Nheyrnas Dduw.

Gall ein haddewidion ni ein hunain fod yn anwadal neu yn rhagrithiol weithiau, ac ar adegau eraill cânt eu torri oherwydd amgylchiadau na ellir eu rhagweld, a gall hyn achosi gofid ac edifeirwch i ni. Weithiau mae'n anodd i ni fynd heibio'r adegau hynny pan dorrwyd addewidion. Ond atgoffir ni gan Paul bod addewidion Duw yn sefyll bob amser ac na thorrir hwy byth. Hyd yn oed yn ein horiau tywyllaf mae addewidion Duw yn sefyll. Hyd yn oed pan nad ydym yn credu o ddifrif a phan na allwn weld sut y gallai fod, mae addewidion Duw yn dal i sefyll. Yn Datguddiad 21:4 cawn yr addewid, 'Fe sych bob deigryn o'u llygaid hwy.' Er bod hynny'n anodd weithiau, ac weithiau bron yn amhosibl, gadewch i ni geisio cofio'r sicrwydd sydd gennym yn addewidion perffaith Duw.

Cwestiynau

• A fu yna amser yn eich bywyd chi pan dorrwyd addewid bwysig oedd wedi ei gwneud i chi? Sut y gwnaeth hyn i chi deimlo ar y pryd?
• Pa rai o addewidion Duw ydych chi'n eu cael yn fwyaf cysurlon? Sut y gallech chi rannu'r addewidion hyn ag eraill?

Proper 3
2 Corinthians 1:18–22

Sunday between 17 and 23 February inclusive (if earlier than the Second Sunday before Lent)

Reflection 16 Andrew Long

Promises are strange things, aren't they? It's easy for us to make a promise to family and friends that we will help them out in some way, take them somewhere they need to be, visit them when they need us, or celebrate a special occasion with them. Circumstances often conspire against us, making it difficult or even impossible to keep those promises. It may not have been our own fault, but those two simple words 'I promise' can end up being the root of a disagreement and a resentment that can linger for some time.

Here, in this passage, it appears that Paul is speaking to the church in Corinth about a situation just like this. We can't know exactly what the circumstances were but, from the text, it appears that Paul had planned to visit them twice and had been unable to do so. The Corinthian Christians, it seems, have been grumbling about what they perceive to be a broken promise, accusing Paul of vacillation. They are disappointed and feel let down by Paul's non-appearance and his apparent wavering. Again, we don't know what caused Paul to change his plans, but word has reached him of the Corinthians' disapproval, and he wants to address this.

Firstly Paul, in typical fashion, reminds his readers of his authority as an apostle. Back in chapter one, verse 12, he began his explanation this way: 'We have behaved in the world with frankness and godly sincerity, not by earthly wisdom but by the grace of God.' He wants to remind his audience here that his actions as an apostle are directed by God, not by human initiatives. Paul's argument then is that, because his actions are God-led, the accusation of vacillation cannot stand. I'm not sure how the readers would have taken this little reprimand to be honest, but later Paul assures them that this change of plans was for their own benefit. It is here that Paul neatly switches the focus to the promises of God when he writes in verse 20, 'For in him [Christ] every one of God's promises is a "yes".' He has used this human experience of disappointment in perceived broken promises to ask his readers to think about the promises of God.

Paul winds up this section by reminding the Corinthians of the seal of baptism that firstly the apostles and then the rest of the believers have received as what he calls the 'first instalment'. There is a Greek word used here, 'Arrabon', which has its origin in the commercial world as a non-refundable deposit, but the word is used here, and elsewhere in the New Testament, to speak about God's assured promises to believers, the promise of the Holy Spirit and of the believers' future in the Kingdom of God.

Our own promises can sometimes be fickle or insincere, other times they may be broken by unforeseen circumstances, and this can cause us hurt and regret. It is sometimes hard for us to get past those times when promises have been broken. But Paul reminds us that God's promises always stand, they are never broken. Even in our darkest times God's promises stand. Even when we don't really believe it and can't see how it can possibly be, God's promises still stand. In Revelation 21:4 we are promised that 'he will wipe away every tear'. Although it is sometimes difficult, sometimes almost impossible, let's try to remember the assurance we have in God's perfect promises.

Questions

- Was there a time in your own life when an important promise that had been made to you was broken? How did this make you feel at the time?
- What promises of God do you find most reassuring? How could you share these promises with others?

Yr Ail Sul cyn y Grawys Sul y Greadigaeth
Colosiaid 1:15–20

(Gweler Eglwys y Bobl Blwyddyn A am fyfyrdod ar Genesis 1:1-2:3)

Myfyrdod 17 Emma Dale

Mae'r byd heddiw yn llawn delweddau, sydd wedi arwain rhai i ddweud ein bod yn byw ar doriad gwawr cymdeithas weledol. Yn ôl y BBC, mae'r person cyffredin yn treulio tair awr y dydd yn gwylio'r teledu, ac nid yw hyn yn syndod gan fod gennym ddewis o dros 480 sianel a mwy nag ugain gwasanaeth ffrydio.

Fodd bynnag, y ffonau yn ein pocedi sydd wedi achosi'r chwyldro gwirioneddol. Mae apiau fel Instagram wedi newid y ffordd y mae popeth yn cael ei gyflwyno ar y rhyngrwyd, ac yn ein bywydau. Bob dydd mae ei 1.35 biliwn o ddefnyddwyr yn ceisio dal y ddelwedd berffaith. Byddant yn defnyddio goleuadau, hidlyddion ac onglau dyfeisgar ar gamerâu er mwyn cyflwyno delwedd sy'n gwneud i'w bywydau edrych yn fwy arbennig na'ch bywyd chi.

Yn 2023 disgwylid i'r ddynoliaeth dynnu 1.81 triliwn o luniau, ac eto, waeth pa mor fedrus na hardd ydyw, bydd y ddelwedd yn y llun yn pylu o'i chymharu â'r gwirionedd. Ni allwn wir adnabod person na lle trwy ddelwedd, boed wedi ei rhoi ar y rhyngrwyd neu yn ein llaw. Ni allwn weld dim ond llewyrch, cysgod difywyd ohonynt wedi ei liwio.

Pan ysgrifennodd Paul fod Iesu yn ddelwedd o Dduw anweledig, nid ystyr hynny yw dweud ei fod yn atgynhyrchiad gwael o'n Creawdwr. Mae Iesu yn cynrychioli ac yn ymgorffori y cyfan yw Duw yn union ac yn llwyr. Os ydych yn ceisio Duw, os ydych eisiau gwybod mwy am y Tad, mae'r emyn Cristolegol hwn yn glir – edrychwch ar Iesu.

Mae'n llawn o fywyd a phosibiliadau. Mae popeth sy'n bod wedi'i greu ganddo ef. Pan fyddwn yn ymgynnull ar gyfer llun teuluol, neu yn ceisio rhoi machlud hardd ar gof a chadw, pa mor aml y byddwn ni'n oedi i ystyried yr un a wnaeth y foment hon yn bosibl? Ein Creawdwr hardd llawn dychymyg a roddodd fod i holnodau, protonau, niwtronau ac electronau ac a wnaeth iddynt weithio mewn ffordd a roddodd i ni 118 elfen, 8.7 miliwn o anifeiliaid a 382,000 rhywogaeth o blanhigion. Ef hefyd a greodd y 7.888 biliwn o bobl sy'n fyw heddiw.

Nid yn unig mae'n creu popeth mewn cariad a chyda cariad, mae hefyd yn dal y cyfan gyda'i gilydd. Iesu yw pen yr holl greadigaeth, ac un dydd bydd yn teyrnasu dros y greadigaeth newydd, adbrynedig. Dim ond oherwydd ei gariad mawr tuag atom y mae'r ddau beth yn bosibl, ac eto ymddengys ein bod yn aml yn anghofio'r ddau wirionedd mawr hwn.

Wrth i ni dreulio mwy o'n bywydau wedi ymgolli mewn delweddau, credaf fod perygl i ni fethu gweld, gwybod a phrofi popeth y mae Duw wedi ei greu. Rydym yn methu gweld ein cydgysylltiad â Duw, â'n gilydd ac â'r blaned hynod hon a elwir gennym yn gartref. Pan dynnwn ein llygaid oddi ar y cyfan mae Duw wedi'i wneud, ac yn ei wneud, a bodloni dro ar ôl tro ar ddynwarediad gwael, rydym mewn perygl o fethu yn ein dyletswydd tuag at ein Creawdwr a'i greadigaeth.

Rydym wedi cael nifer o synhwyrau a all ein helpu i ddathlu'r cyfan y mae ef wedi'i wneud. Defnyddiwn hwy i helpu i ofalu am y cyfan a greodd ef.

Cwestiynau

- Pa bryd oedd y tro diwethaf i chi dreulio amser yn rhyfeddu at y cyfan y mae Duw wedi'i greu?
- Sut y gallwn ni helpu eraill i werthfawrogi'r cyfan y mae ef wedi'i wneud?

Second Sunday before Lent Creation Sunday
Colossians 1:15–20

(See The People's Church Year A for a reflection on Genesis 1:1-2:3)

Reflection 17 Emma Dale

Today's world is rich in images, which has led some to say that we are living in the dawn of a visual society. According to the BBC, the average person spends three hours a day watching TV, which is unsurprising given that we have a choice of over 480 channels, and more than twenty streaming services.

However, it is the smartphone in our pockets which has caused the real revolution. Apps like Instagram have changed the way everything is framed on the internet, and in our lives. Every day its 1.35 billion users try to capture the perfect image. They will use lights, filters and ingenious camera angles to portray an image which makes their lives look more special than yours.

In 2023 humanity was expected to take 1.81 trillion photographs, and yet, no matter how clever or beautiful, the image in the photograph will pale when held against reality. We can never truly know someone, or a place, through an image, whether it is posted on the internet or held in our hand. We can only catch a glimmer of them, a colour filled lifeless shadow of their being.

When Paul wrote that Jesus is the image of an invisible God, he does not mean that he is a poor replica of our Creator. Jesus exactly and completely represents and embodies all that God is. If you seek God, if you want to know more about the Father, this Christological hymn is clear, look to Jesus.

He is filled with life and with possibilities. Everything that is, was created by him. When we gather for a family photograph, or try to capture a beautiful sunset, how often do we pause to consider the one who made this moment possible? Our beautiful imaginative Creator who brought forth quarks, protons, neutrons and electrons. Who made them work in such a way that we have 118 elements, 8.7 million animals and 382,000 species of plant. It is he who created the 7.888 billion people who are alive today.

Not only does he create everything in, and with love, he holds it all together. Jesus is the head of the entirety of creation, and one day he will reign over the new, redeemed creation. Both are only possible because of his great love for us and yet, it seems that often we forget to remember these truths.

As we spend more of our lives engrossed in images, there is, I think, a danger that we stop being able to see, know and experience all that God has created. We stop seeing our interconnectedness to God, one another and this remarkable planet which we call home. When we take our eyes off all that God has, and is doing, and repeatedly settle for a poor fake imitation, we are in danger of failing our Creator and his creation.

We have been given a multitude of senses that can help us to celebrate all that he has done. Let us use them to help care for all that he has created.

Questions

- When was the last time you took the time to wonder at all God has created?
- How can we help others to appreciate all that he has done?

Sul cyn y Grawys Sul y Gweddnewidiad
Marc 9:2–9

Myfyrdod 18 Wendy Shillito

Ffordd dda o ddeall Efengyl Marc yw meddwl amdani fel sgript ar gyfer ffilm llawn antur. Caiff y darllenydd ei dynnu i mewn i'r stori ddramatig am y ffordd y mae dilynwyr Iesu yn dechrau sylweddoli yn araf pwy yw Iesu, a hynny ar ôl sawl enghraifft o gamgychwyn a chamddealltwriaeth.

Ym myd Marc, mae Iesu yn arweinydd egnïol, awdurdodol a thrugarog ond sy'n dioddef o ddiffyg cwsg, ac sydd weithiau yn gorfod ymdopi â diffyg deall ei ddisgyblion. Rhywbeth yn debyg i feddyg ifanc sydd wedi cael y baich a'r cyfrifoldeb o hyfforddi criw o fyfyrwyr meddygol di-glem.

Mae Marc yn ysgrifennu ar frys gwyllt. Yn y bennod flaenorol, mae Iesu wedi porthi pedair mil o bobl ac wedi iacháu dyn dall, wedi dadlau â mwy o Phariseaid, ac wedi gwangalonni oherwydd diffyg dealltwriaeth y disgyblion. Yn enwedig Pedr. Hyd yn oed pan oedd yn datgan mai Iesu oedd y Meseia, nid oedd Pedr wedi deall y byddai'r Meseia hwn yn achub pobl Dduw trwy ddioddefaint ac aberth, ac nid trwy nerth daearol a thrais wedi'i ysbrydoli gan ddwyfoldeb.

Yn y darlleniad o'r Efengyl heddiw cawn ein cludo, ynghyd â dilynwyr agosaf Iesu, i fyny i ben mynydd uchel ble, yn rhyfeddol, y caiff Iesu ei weddnewid o flaen ein llygaid. Byddai Pedr, Iago ac Ioan wedi adnabod y ddau oedd yn sefyll gydag ef yn syth. Roedd Elias, y proffwyd mawr oedd wedi trechu grymoedd drwg a Moses, yr arweinydd oedd wedi rhoi cyfraith Dduw i bobl Israel, ill dau yng ngwaith eu bywyd wedi bod yn paratoi'r ffordd ar gyfer y foment hon. Y foment pan oedd Iesu, athro a chydymaith y disgyblion, yn sefyll rhwng y patriarchiaid hyn mewn gogoniant disglair a dychrynllyd. Ymhell y tu hwnt i ddychymyg y disgyblion o sut y gallai Meseia fyth fod.

Gallwch ddibynnu ar Pedr i ddweud y peth cyntaf sy'n dod i'w ben, hyd yn oed pan fydd wedi dychryn. Efallai ei fod yn ceisio gwneud i'r foment ogoneddus hon bara ychydig yn hwy, ac efallai ei fod yn ceisio gwneud synnwyr o'r digwyddiad yn ei ffordd ei hun. Arbedir unrhyw chwithdod pellach i Pedr pan dorrir ar ei draws gan lais Duw, yn cadarnhau'r hyn yr oedd y disgyblion wedi dechrau ei gredu yng ngwraidd eu bod, sef mai Iesu yn wir yw annwyl Fab Duw. Ac fe ddylent wrando arno. Yn hytrach na gwyntyllu eu syniadau eu hunain am yr hwn yr hoffent hwy iddo fod, rhaid iddynt ddechrau sylweddoli bod gwirionedd y dyn y maent yn ei ddilyn yn anhraethol fwy ac yn fwy gogoneddus nag y gallent fyth ddychmygu.

Ac yna, yr un mor sydyn ag y dechreuodd, mae'n amser mynd i lawr y mynydd.

Pan fyddwch wedi bod yn gwylio ffilm sydd wedi dal eich dychymyg, gall fod yn anodd weithiau addasu i fywyd go iawn wedi i lenni'r sinema gau. Efallai fod Pedr, Iago ac Ioan yn teimlo felly wrth iddynt ymlwybro'r ffordd i lawr. I lawr i wynebu blerwch a phoen dynoliaeth, eu gwir eiddilwch a'u methiannau, a dechrau sylweddoli beth fyddai'r llwybr o gariad costus y byddai Iesu yn ei droedio'n fuan tua'r groes. Llwybr y byddent hwythau hefyd yn ei ddilyn.

Cwestiynau

- Beth fu eich 'munudau pen y mynydd' chi? Ydyn nhw wedi helpu ar adegau anodd? Neu ydych chi wedi gorfod wynebu'r gwirionedd na all Cristnogion fod 'ar ben y byd' trwy'r amser?
- Wrth i ni symud o'r Ystwyll i'r Grawys beth a ddylai gwrando o ddifrif ar eiriau annwyl Fab Duw ei olygu i ni?

Sunday before Lent Transfiguration Sunday
Mark 9:2–9

Reflection 18 Wendy Shillito

A good way of understanding Mark's Gospel is to think of it as like a screenplay for an action-packed motion picture. The reader is drawn into the dramatic story of how the followers of Jesus, with many false starts and misunderstandings, slowly begin to realise just who this Jesus really is.

In Mark's world, Jesus is a driven, authoritative, compassionate but sleep deprived leader, occasionally exasperated by the befuddlement of his disciples. A bit like a junior doctor who has been saddled with the responsibility of training a bunch of particularly dim-witted medical students.

Mark writes at a cracking pace. In the previous chapter, Jesus has fed four thousand people and healed a blind man, argued with more Pharisees, and despaired of the disciples' complete lack of understanding. Especially Peter. Even when he was declaring that Jesus was the Messiah, Peter still failed to grasp that this Messiah would redeem God's people through suffering and sacrifice, not through earthly power and divinely inspired aggression.

In today's Gospel reading, we are transported, together with Jesus' closest followers, up to a high mountain top where, astonishingly, Jesus is transfigured before our very eyes. Peter, James and John would instantly have recognised the figures standing with him. Elijah, the great prophet who had defeated the powers of evil and Moses, the leader who had given Law of God to the people of Israel, had both in their life's work been preparing the way for this moment. The moment when Jesus, the disciples' teacher and companion, stood between these patriarchs in transcendent, terrifying glory. Way above and beyond the disciples' wildest imaginings of what a Messiah could ever be.

You can always trust Peter to say the first thing that comes into his head, even when he is terrified. Perhaps he is trying to make this glorious moment last a bit longer, perhaps trying to make sense of it in his own way. Peter is spared any further embarrassment when the voice of God interrupts him, confirming just what the disciples had begun to believe in their innermost core, that Jesus really is the beloved Son of God. And they should listen to him. Instead of projecting their own ideas of who they would like him to be, they must begin to realise that the truth of the man they are following is infinitely greater and more glorious than their wildest imaginings.

And then, as suddenly as it began, it's time to go down from the mountain.

When you have been watching a particularly absorbing film, it can sometimes be difficult to adjust to real life after the curtains of the cinema close. Perhaps Peter, James and John felt the same as they trudged down the path. Down to face the mess and the pain of humanity, the reality of their frailty and failings, the dawning realisation of the path of costly love that Jesus would soon be following to the cross. A path they would follow for themselves.

Questions

• What have been your 'mountain top' moments? Have they helped when times get difficult? Or have you struggled with the reality that Christians can't be 'on top of the world' all the time?
• As we move from Epiphany into Lent what should it mean for us truly to listen to the words of the beloved Son of God?

Dydd Mercher Lludw
Mathew 6:1–6, 16–21

Myfyrdod 19 Corey Hampton

'Felly boed i'ch goleuni chwithau lewyrchu gerbron eraill, er mwyn iddynt weld eich gweithredoedd da chwi a gogoneddu eich Tad, yr hwn sydd yn y nefoedd...Cymerwch ofal i beidio â chyflawni eich dyletswyddau crefyddol o flaen eraill, er mwyn cael eich gweld ganddynt; os gwnewch, nid oes gwobr i chwi gan eich Tad, yr hwn sydd yn y nefoedd.'

Ar yr olwg gyntaf, ymddengys fod y ddau osodiad hwn gan Iesu a geir yn ei 'Bregeth ar y Mynydd' enwog fel y'i cofnodir yn Efengyl Sant Mathew yn gwrth-ddweud ei gilydd yn llwyr. Yn y cyntaf, mae Iesu'n siarad am ddisgyblaeth *weledol*, ac yn yr ail mae'n siarad am ddisgyblaeth *guddiedig*. Yn y cyntaf, mae'n rhoi cyfarwyddiadau i'w ddisgyblion, 'Boed i'ch goleuni chwithau lewyrchu gerbron eraill'; yn yr ail, mae'n dweud wrthynt, 'Cymerwch ofal i beidio â chyflawni eich dyletswyddau crefyddol o flaen eraill'. Mae'n debyg mai cwestiwn amlwg i glustiau ein dyddiau ni fyddai, sut na sylwodd Mathew ar yr anghysondeb sylfaenol hwn a defnyddio ei sgiliau golygyddol wrth lunio ei efengyl?

Yn ei lyfr adnabyddus ar fod yn ddisgybl, mae Dietrich Bonhoeffer yn dadlau y gallwn sylweddoli nad gwrthddywediadau syml yw'r gosodiadau hyn pan ddeallwn *oddi wrth bwy* y dylid cuddio disgyblaeth. 'Nid oddi wrth y bobl eraill,' meddai, 'oherwydd maent hwy i fod i weld goleuni disgyblion Iesu yn disgleirio. Yn hytrach, dylid ei guddio rhag y rhai sy'n *gwneud* y weithred weladwy o fod yn ddisgybl. Dylent barhau i ddilyn Iesu a dylent ddal i edrych ymlaen tuag at yr hwn sy'n mynd o'u blaenau, ond nid arnynt hwy eu hunain a'r hyn y maent yn ei wneud.'[1] Ar Ddydd Mercher Lludw, mae'n bwysig iawn ystyried hyn, oherwydd mae'n demtasiwn gyson i ni, fel pobl ffydd, i gyfeirio eraill atom *ein* hunain, *ein* daioni, *ein* traddodiadau, *ein* ffyddlondeb, *ein* tegwch a'n cyfiawnder. Rydym *ni* am gael ein gweld gan eraill fel pobl dda, perthnasol, pwysig. Yn wir, mae hyn wedi bod yn demtasiwn trwy gydol hanes yr Eglwys, ond mae'n swnio'n arbennig o ddeniadol gan nad yw traddodiadau'r Eglwys yn ymddangos mor berthnasol ag yr oeddent unwaith yn ein diwylliant. Ond mae'r Efengyl yn ein hatgoffa mai *rhoddion* gan Dduw yw ein gweithredoedd da o degwch a chyfiawnder ac nid amcanion ynddynt eu hunain. Yn wir, mae'n ein hatgoffa nad yw'r *Eglwys* yn bod er ei mwyn ei hun ond yn bod yn gyfan gwbl er gogoniant yr un sy'n iacháu ac yn cymodi popeth fel Tad, Mab ac Ysbryd Glân. Ac felly, i *Grist* yr ydym yn cael ein ffurfio gan yr Ysbryd fel cymuned o *dystion*, ac nid ydym yn tystio i *ni ein hunain* ond i Grist *ynom* ni ac ef yn unig sy'n dod â gobaith ac iachâd i'r byd.

Ar Ddydd Mercher Lludw, fe'n hatgoffir nad oes gennym gyfiawnder ein hunain, ond mae'r cyfan o Grist ac i Grist. Ar y diwrnod hwn, fe'n gwahoddir i dymor o weddi ac ympryd, nid er mwyn i *ni* gael ein gweld, ond fel y gwelir *Crist* ynom ni. Felly gadewch i ni fynd i mewn i'r tymor hwn trwy droi o'r newydd at Dduw yr Efengyl. Boed i ni golli golwg arnom ein hunain fel y gallwn weld Crist, ac yn ei enw ef y gweddïwn. Amen.

Cwestiynau

- Ym mha ffyrdd y mae angen i ni edifarhau am ddangos ein cyfiawnder er mwyn cael ein gweld gan eraill?
- Sut y gallem ddysgu tystio'n well i Dduw yr Efengyl yn ein harferion fel Eglwys?

---

1. Dietrich Bonhoeffer, Discipleship (Minneapolis, MI: Fortress Press, 2001), 149. Fy mhwyslais i.

Ash Wednesday
Matthew 6:1–6, 16–21

Reflection 19 Corey Hampton

'Let your light shine before others, so that they may see your good works and give glory to your Father in heaven…Beware of practising your righteousness before others in order to be seen by them, for then you have no reward from your Father in heaven.'

At first glance, there seems to be a glaring contradiction between these two statements of Jesus, both of which are found in his famous 'Sermon on the Mount' as recorded in St Matthew's Gospel. In the first, Jesus speaks about the *visibility* of discipleship, whilst in the second, he speaks about the *hiddenness* of discipleship. In the first, he instructs his disciples to 'let [their] light shine before others'; in the second, he tells them to 'beware of practising [their] righteousness before others.' An obvious question for modern ears might be, how did Matthew not notice this clear inconsistency and employ his editorial skillset when compiling his gospel?

In Dietrich Bonhoeffer's well-known book on discipleship, he argues that we can recognise that these statements are not simple contradictions when we understand *from whom* the visibility of discipleship should be hidden. For it is 'not from the other people,' he says, 'for they are to see the light of Jesus' disciples shining. Rather, it should be hidden to those *doing* the visible deed of discipleship. They should keep on following Jesus and should keep looking forward to him who is going before them, but not at themselves and what they are doing.'[1] On Ash Wednesday, this is a deeply important insight to consider, for it is a constant temptation for us, as people of faith, to point others to *ourselves*, to *our* goodness, to *our* traditions, to *our* piety, to *our* justice and righteousness. *We* want to be seen by others as good, as relevant, as important. Indeed, this has been a temptation throughout the Church's history, but it feels particularly attractive as the traditions of the Church seem to be losing the deep relevance they once had in our culture. But the Gospel reminds us that our good works of justice and righteousness are *gifts* from God and are not ends in themselves. Indeed, it reminds us that the *Church* is not an end in itself but exists solely for the glory of the one who heals and reconciles all things as Father, Son, and Holy Spirit. And thus, it is to *Christ* that we are formed by the Spirit into a community of *witness*, and we do not witness to *ourselves* but to Christ *in us* who alone brings hope and healing to the world.

On Ash Wednesday, we are reminded that we possess no righteousness of our own, but all is from Christ and to Christ. On this day, we are invited into a season of prayer and fasting, not so that *we* might be seen, but so that *Christ* might be seen in us. So let us enter into this season by turning afresh to the God of the Gospel. Let us lose sight of ourselves so that we might see Christ, in whose name we pray. Amen.

Questions

- In what ways do we need to repent from practising our righteousness in order to be seen by others?
- How might we better learn to bear witness to the God of the Gospel in our practices as Church?

---

1. Dietrich Bonhoeffer, Discipleship (Minneapolis, MI: Fortress Press, 2001), 149. Emphasis mine.

Y Grawys 1
Marc 1:9–15

Myfyrdod 20 Paula Yates

Rwyf wedi cael fy nghyfareddu erioed gan y dirgelwch fod Iesu yn Dduw ac yn ddyn, yn hollol ddwyfol ac yn hollol ddynol. Rwyf wedi gofyn i mi fy hun beth oedd yn digwydd yn ei ben? Felly mae hwn yn ddarlleniad pwysig i mi.

Mae Efengyl Marc yn mynd â ni ar frys trwy fywyd a marwolaeth Iesu heb lawer o gyfle i aros i gael ein hanadl. Ni wastraffir geiriau. Nid yw Marc yn dweud dim wrthym am fywyd Iesu hyd at y foment hon ond, wedi iddo gyfeirio'n fyr at Ioan Fedyddiwr a phroffwydoliaeth Eseia, mae'n dewis dechrau ei Efengyl â'r darlleniad hwn. Oherwydd dyma pryd y newidiodd bywyd Iesu am byth. Dyma pryd y bu i Iesu mab y saer sylweddoli mai ef oedd y Crist, y Meseia, oedd wedi ei dynghedu i achub pobl etholedig Duw. Fe'i llethwyd pan sylweddolodd hynny a dyna a'i hanfonodd i'r anialwch.

Gall diwinyddion ddadlau ynglŷn â faint o wybodaeth a roddai ei ddwyfoldeb i Iesu am yr hyn y cafodd ei alw i'w wneud ac i fod. Mae lluniau canoloesol hardd o Iesu'r plentyn yn edrych yn hŷn na'i oed ar lin ei fam ag un llaw wedi ei chodi i roi bendith. Maent yn adlewyrchu'r gred ei fod hyd yn oed fel baban yn gwybod mai ef oedd Duw. Ond, os felly, pam na ddechreuodd ei weinidogaeth hyd y foment hon, pan oedd Iesu yn ei dridegau? Pam na ddechreuodd ar y gwaith y rhoddwyd ef ar y ddaear i'w wneud cyn gynted ag yr oedd yn ddigon hen?

I mi, stori yw hon am ddyn ifanc duwiol a chrefyddol, a chyffredin yn ôl pob golwg, yn dod i gael ei fedyddio gan Ioan, y pregethwr chwyldroadol, gan obeithio newid ei fywyd a dod yn ddyn gwell. Ond ar foment y bedydd, mae'n sylweddoli ei fod wedi cymryd mwy arno'i hun nag y mae'n meddwl y gall ei gyflawni. Caiff ei alw i fod nid yn unig yn ddyn gwell ond yn fab annwyl Duw, a'r cyfan a olygai hynny yn neilltwriaeth Iddew defosiynol. Mae'n gadael ei deulu a'i ffrindiau ac yn mynd i'r anialwch i ymgodymu â'r syniad newydd brawychus hwn.

Mae Marc yn cyflwyno'r foment hon fel un pan ddatgelir statws ddwyfol Iesu yn eglur ond teimlaf fod ei ymadawiad sydyn i'r anialwch i ymgodymu â themtasiwn hefyd yn datgelu'n eglur ei ddynoliaeth hanfodol. Teimlad dynol iawn yw sylweddoli ein bod yn ein hamau ein hunain pan gawn ein hwynebu â chyfrifoldeb gwirioneddol yr ydym yn meddwl ein bod wedi dymuno ei gael. Efallai mai ar ddiwrnod ein priodas y bydd hynny'n digwydd, neu pan fydd cwpl oedd yn dymuno cael plentyn yn cael eu gadael ar eu pennau eu hunain am y tro cyntaf gyda bod dynol bach sy'n dibynnu'n llwyr arnynt. Faint bynnag y byddwn yn caru ein partneriaid neu ein plant nid yw ond yn ddynol ein bod weithiau'n meddwl 'Dydw i ddim yn siŵr fedra i wneud hyn'.

Mae'r darlleniad yn gorffen wrth i Iesu ymddangos o'r anialwch i ddechrau ei weinidogaeth – i 'godi ei groes'. Ac felly y mae i ninnau hefyd. Nid oes (yn arferol) galw arnom i wynebu marwolaeth waradwyddus, ond fe'n gelwir i neilltuo amser ac i wrando'n astud ar yr Ysbryd, i ganfod ein galwad ac i godi ein croes, beth bynnag fo ein hamheuon a'n hofnau.

Cwestiynau

- Oes yna unrhyw ddarlleniadau o'r Efengylau sy'n siarad â chi yn benodol am ddynoliaeth Iesu ac oes yna rai sy'n siarad â chi yn benodol am ei ddwyfoldeb?
- Ydych chi erioed wedi cael teimlad eich bod yn cael eich galw i wneud rhywbeth yr ydych yn ofni fydd yn ormod i chi? Sut y gwnaethoch chi ymateb?

Lent 1

Mark 1:9–15

Reflection 20 Paula Yates

All my life I have been fascinated by the mystery that Jesus was both God and man, fully divine and fully human. I've asked myself what must have been going on in his head? So this is an important passage for me.

Mark's Gospel takes us racing through the life and death of Jesus with barely a pause for breath. No words are wasted. Mark tells us nothing about Jesus's life up to this moment but, after a quick reference to John the Baptist and Isaiah's prophecy, he chooses to begin his Gospel with this passage. Because this is when Jesus's life changed forever. This is the moment when Jesus the carpenter's son knew himself to be the Christ, the Messiah, destined to save God's chosen people. And the realisation overwhelmed him and drove him into the wilderness.

Theologians may argue over what knowledge Jesus's divinity gave him about what he was called to do and be. There are lovely medieval pictures of a very adult looking Christ-child sitting on his mother's knee with one hand raised in blessing. They reflect the belief that even as a baby he knew himself to be God. But, if so, why did his ministry not begin until this moment, when Jesus was in his thirties? Why did he not begin the work he was put on earth to do as soon as he was old enough?

For me, this is the story of an apparently ordinary young man, devout, religious, coming to be baptised by the radical preacher, John, in the hope of changing his life and becoming a better man. But at the moment of baptism, he finds that he's bitten off more than he thinks he can chew. He is called to be not just a better man but the beloved son of God, with all that that would entail in the understanding of a devout Jew. He leaves his family and friends and takes himself off into the wilderness to wrestle with this terrifying new understanding.

Mark presents this moment as one where Jesus's divine status is most clearly revealed but I feel that his immediate escape to the wilderness, to struggle with temptation, also reveals most clearly his essential humanity. How human it is, when confronted with the reality of some responsibility we think we've wanted, to find ourselves full of self-doubt. It may be on our wedding day, or when a couple who wanted a child are left alone for the first time with this tiny, helpless, demanding human being. However much we love our partners or children it is only human sometimes to think 'I'm not sure I can do this'.

The passage ends with Jesus emerging from the wilderness to begin his ministry – to 'take up his cross'. And so, it is for us. We are not (usually) called to die an ignominious death, but we are all called to make time and take trouble to listen to the Spirit, to discover our calling and to take up our cross, whatever our doubts and fears.

Questions

● Are there any passages in the Gospels which speak to you particularly about Jesus's humanity and are there any which speak to you particularly about his divinity?
● Have you ever had a moment when you felt called to take on something you feared might be beyond you? How did you respond?

Y Grawys 2
Marc 8:31–38

Myfyrdod 21 John Meredith

Rydym i gyd yn dioddef yn ystod ein bywydau, a gall hynny fod yn anodd i'w dderbyn a'i ddeall gan na allwn ragweld beth sy'n mynd i ddigwydd mewn bywyd. Mae newid yn anorfod, ac nid ydym yn medru rheoli pethau, ond mae'n rhaid ac yn angenrheidiol i ni ymddiried yn Iesu. Cafodd ef ei wrthod ac fe ddioddefodd drosom ni, gan ddangos y gall dioddefaint fod yn allweddol yn achubiaeth y byd oherwydd fod meddwl Duw ganddo ef a gallwn ymlawenhau yn hynny.

Er mwyn dathlu a rhannu ym mawrhydi a gras Iesu mae angen i ni fod yn ddisgybl, i ymwadu â ni ein hunain. Yn ein hymwadiad mae angen i ni ddilyn y neges a ddysgodd Iesu trwy ei weinidogaeth, lle roedd lles, gofal a chariad tuag at bawb yn ganolog, a dyma ddylai ein delfryd fod yn fugeiliol.

Mae a wnelo hyn â datblygu perthynas. Mae perthynas yn allweddol; rhoi lle i gariad rhyngom ni a Duw a rhwng unigolyn ac unigolion, lle rydym yn dod yn ddisgyblion aberthol ac nid yn syml yn ddilynwyr a achubwyd. Gellir adeiladu gwir berthynas oherwydd rhyddid a lefel o gyfrifoldeb, lle mae Duw yn dymuno cael perthynas o gariad a fydd yn caniatáu i ni ddod yn ddisgyblion da.

Mae bod yn ddisgybl yn ymwneud ag aeddfedu mewn ffydd, rhoi ein holl fywyd yn nwylo Duw a dilyn ffordd y groes, bod yn barod ac yn awyddus i weithredu a chodi ein croesau. Mae bod yn ddisgybl yn golygu tyfu a chyfranogi yn neges gadarnhaol Crist i gysylltu â phobl gan greu cymunedau.

Gallwn ddysgu gan ysgrythurau, yn arbennig am symboliaeth yr hyn y mae Iesu'n ei ddysgu i ni. Mae ynglŷn â gweithredu a pheidio â bod yn oddefol gan fod rhai croesau yn feichiau trwm ac yn galw arnom i beidio â bod yn flinedig ac yn wangalon ond i ymddiried yn Nuw, 'Gwneler dy ewyllys'. Nid yw'r atebion i gyd gennym, ond gallwn dyfu bob dydd i ddod yn ddisgyblion da.

Mae cael agwedd ac ymateb wedi'u canoli ar Iesu yn cynnig ymateb adeiladol i fod yn ddisgybl da. Mae'n bwysig dymchwel muriau fel y gallwn gerdded yn rhydd gyda Iesu, gan godi ein croesau a gweithredu dros gyfiawnder yn ein byd.

Mae ysbrydolrwydd yn elfen allweddol o hyn, wedi'i sylfaenu ar ystyr creiddiol a dilyniant mewn bywyd. Mae a wnelo â chwilio am bwrpas mewn bywyd ac ar y sail honno ymateb i sefyllfaoedd bywyd. Mae ynglŷn â gobaith a chredoau; ystyr a phwrpas bywyd; a'r berthynas rhwng person a Duw. Dyma yw ein ffordd o ddarganfod Duw y Creawdwr, o'n 'bod mewnol' ac o ryfeddod yr amgylchfyd a natur.

Gellir dadlau mai argyfwng yr amgylchedd/hinsawdd yw ein croes fwyaf i'w chodi, ac i fod yn ddisgybl da mae angen i ni ofalu'n gyfrifol am y greadigaeth. Mae disgyblaeth Gristnogol yn golygu teithio gyda'n gilydd tuag at Sero Net, gan ymgorffori ac ymsefydlu gofal am y greadigaeth i bob agwedd o fywyd yr eglwys trwy ein gwasanaethau, ein haddoliad a'n haddysgu. Mae gennym i gyd gyfrifoldeb personol ac mae angen i ni ystyried ein dyletswydd fel unigolion a sut y gallwn newid a chyfranogi mewn gweithredoedd sy'n diogelu'r greadigaeth ac yn cynnal ac adnewyddu bywyd ar y ddaear er mwyn dathlu harddwch creadigaeth Duw.

Cyhoeddwch y newyddion da i'r holl greadigaeth a chodwch eich croes gan nad yw'r Efengyl byth yn newid, ond mae'n rhaid i ni ddatgelu'r neges hon i'r byd yr ydym yn byw ynddo heddiw, gan ddangos ein ffydd trwy ein gweithredoedd.

Cwestiynau

- Sut y gallwn ni ymwadu â ni ein hunain a chodi ein croesau a bod yn ddisgyblion da?
- Sut y gallwn ni ymgorffori gofal am y greadigaeth a'r symudiad tuag at garbon sero net fel rhan o fod yn ddisgybl?

Lent 2
Mark 8:31–38

Reflection 21 John Meredith

We all suffer in our lives, it can be difficult to bear and understand because life is unpredictable, where change is inevitable, where we are not in control, but we must and need to put our trust in Jesus. He was rejected and suffered for us, showing that suffering can become instrumental in the world's redemption because he has the mind of God and we can rejoice in this.

In order to rejoice and share in the majesty and grace of Jesus we need to be a disciple, to deny ourselves. In our denial we need to follow the message that Jesus taught through his ministry, the focus on wellbeing, with the care and love of all and this should be our model pastorally.

It is about developing relationship. Relationships are key; allowing love between us and God and individual and individuals, where we become sacrificial disciples and not simply saved followers. Genuine relationship can be built because of freedom and a level of responsibility, where God wants a relationship of love which will allow us to become good disciples.

To be a disciple is about maturing in faith, laying our life, our whole life in God's hands and following the way of the cross, being ready and willing to act and take up our crosses. Discipleship is about growing and sharing in the positive message of Christ to engage with people, creating communities.

We can learn from scriptures, especially the symbolism of what Jesus is teaching us. It is about action and not being passive as some crosses require heavy burden, they require us not to be weary and down heartened but to put our trust in God, 'Thy will be done'. We don't have all the answers, but we can grow daily to become good disciples.

Having a Jesus centred approach and response is to put forward a constructive response to be a good disciple. It is important to knock down walls so we can walk freely with Jesus, taking up our crosses and acting for justice in our world.

Spirituality is a key component of this, a foundation with the core meaning and connectedness in life. It has to do with seeking purpose in life and from that basis responding to life situations. It is about hope and beliefs; meaning and purpose of life; and the relationship between a person and God. It is our discovery of God the creator, of our 'inmost being' and of the wonder of the environment and nature.

The environmental/climate crisis can be argued is our biggest cross to take up and to be a good disciple we need to exercise responsible stewardship of creation. Christian discipleship is about journeying together towards Net Zero, integrating and embedding creation care into all aspects of church life through our liturgy, worship, and teaching. We each have personal responsibility and need to consider our individual obligations and how we may change and engage in actions that safeguard the integrity of creation and sustain and renew the life of the earth to celebrate the beauty of God's creation.

Proclaim the good news to the whole of creation and take up your cross as the Gospel never changes, but we must reveal this message to the world we are living in today, showing our faith by our deeds.

Questions

- How can we deny ourselves and take up our crosses and be good disciples?
- How can we integrate creation care and the move to net carbon zero as part of our discipleship?

Y Grawys 3
Ioan 2:13–22

Myfyrdod 22 Ainsley Griffiths

Un o brif ddigwyddiadau'r Hen Destament yw cysegru teml ysblennydd Solomon yn dilyn cyfnod hir o gynllunio ac adeiladu (1 Brenhinoedd 8; 2 Cronicl 7). I'r Iddewon y deml oedd trigfan ddaearol Duw, yr Arglwydd a oedd wedi rhyddhau'r bobl o gaethiwed yr Aifft, eu tywys drwy'r anialwch a'u setlo yn y wlad a addawyd ganrifoedd yn gynt i Abraham a'i ddisgynyddion. Roedd y deml felly yn rhoi sicrwydd am bresenoldeb Duw ymysg ei bobl, nid fel yr Arglwydd symudol a fu'n gydymaith ar eu pererindod ffydd ond fel yr un holl-sanctaidd, wedi ei orseddu yn eu mysg. Trasiedi o'r mwyaf oedd dinistrio'r deml adeg y gaethglud ganrifoedd wedyn a'r proffwyd Eseciel (10:18–19) yn sôn am ogoniant yr Arglwydd yn ymadael â'r cysegr: dyma golli'r deml, colli Duw.

Mae'r deml yn thema bwysig yn Efengyl Ioan ond mae'r efengylydd yn herio ein syniad o beth – neu bwy – yw'r deml. Yn Llyfr Exodus roedd Moses a'r bobl yn medru cwrdd â Duw ym mhabell y cyfarfod ac mae'r syniad hwn ar waith yn rhagymadrodd yr Efengyl: 'A daeth y Gair yn gnawd a phreswylio yn ein plith, yn llawn gras a gwirionedd' (Ioan 1:14). Tra bod y Gymraeg yn sôn am y Gair a ddaeth yn gnawd yn 'preswylio' yn ein plith, mae'r Roeg wreiddiol yn cyfleu'r syniad o 'wersyllu' yn ein plith. Hynny yw, yn Iesu Grist rydym yn cyfarfod Duw Israel – nid mewn adeilad o gerrig, pren ac aur ond mewn bywyd dynol.

Mae'r pedair Efengyl yn disgrifio Iesu, yn llawn angerdd, yn mynd i mewn i'r deml i buro tŷ Dduw o'r masnach mewn arian ac anifeiliaid. Fodd bynnag, mae Ioan yn ychwanegu dehongliad pwysig na cheir yn yr Efengylau eraill. Wrth i'r Iddewon ei herio ynglŷn â'r awdurdod sydd ganddo dros weithredu mewn ffordd mor syfrdanol dywed Iesu, 'Dinistriwch y deml hon, ac mewn tridiau fe'i codaf hi' (Ioan 2.19). Tra bod holwyr Iesu'n ei ddeall mewn ffordd lythrennol, esbonia Ioan mai 'sôn yr oedd ef am deml ei gorff' (2:21). I'r rhai sydd wedi darllen a derbyn honiadau rhagymadrodd yr Efengyl am Iesu fel pabell y cyfarfod mae ei eiriau dirgel yn ddadlennol.

Ond nid cwrdd â Duw Israel ym mherson Iesu o Nasareth yw unig bwyslais Ioan ond y disgwyliad y bydd y deml hon – sef ei gorff – yn cael ei ddinistrio – a hynny drwy groeshoeliad. Penllanw newydd da yr Efengyl yw'r cyhoeddiad na fydd modd difa Duw bywyd a amlygir yn Iesu. Hanes marwolaeth ac atgyfodiad Iesu yw uchafbwynt datguddiad, yr hyn sy'n rhoi gobaith i ni sy'n clywed yn aml am 'demlau' y byd hwn yn cael eu dymchwel a grym dynol yn crebachu: 'Y mae'r goleuni yn llewyrchu yn y tywyllwch, ac nid yw'r tywyllwch wedi ei drechu ef' (Ioan 1:5).

Cwestiynau

- Ledled Cymru gwelwn adeiladau eglwysig a chapeli sydd wedi cau. Gan feddwl am sut mae Ioan yn ailddehongli ystyr teml Jerwsalem, a yw colli'r fath 'demlau' yn drasiedi llwyr?
- Pa newydd da sydd gan Ioan 2:13–22 i'w gynnig i gymunedau felly?

Lent 3
John 2:13–22

Reflection 22 Ainsley Griffiths

One of the main events of the Old Testament is the consecrating of Solomon's splendid temple following a long time of planning and building (1 Kings 8; 2 Chronicles 7). To the Jews the temple was the earthly residence of God, the Lord who had set the people free from captivity in Egypt and who had led them through the wilderness and settled them in the country that was promised centuries earlier to Abraham and his descendants. The temple therefore gave security that God was present among his people, not like the mobile Lord who had been their companion on their pilgrimage of faith but like the all-holy one who was enthroned in their midst. It was a great tragedy when the temple was destroyed at the time of the exile centuries later when the prophet Ezekiel (10:18–19) refers to the glory of the Lord leaving the sanctuary: this was losing the temple, losing God.

The temple is an important theme in John's Gospel but the evangelist challenges our idea of what – or who – the temple is. In the Book of Exodus Moses and the people were able to meet God in the tent of meeting and this idea is present in the introduction to the Gospel: 'The Word became flesh and made his dwelling among us, full of grace and truth' (John 1:14). While the Welsh and English refer to the Word becoming flesh 'dwelling' among us, the original Greek conveys the idea of 'camping' among us. That is, in Jesus Christ we meet the God of Israel – not in a building of stone, wood and gold but in human life.

The four Gospels describe Jesus, full of passion, going into the temple to purify God's house from the trade in money and animals. However, John adds an important interpretation that is not present in the other Gospels. When the Jews challenge Jesus about the authority he has to act in such an astonishing manner he says, 'Destroy this temple, and I will raise it again in three days' (John 2:19). While those questioning Jesus understood him literally, John explains that 'the temple he had spoken of was his body' (2:21). To those who have read and accepted the ideas in the introduction to the Gospel about Jesus as the tent of meeting his mysterious words are revealing.

Meeting the God of Israel in the person of Jesus of Nazareth is not John's only emphasis but the expectation that this temple – his body – will be destroyed through crucifixion. The ultimate good news of the Gospel is the announcement that it will not be possible to destroy the God of life that is revealed in Jesus. The story of the death and resurrection of Jesus is the highlight of revelation, that which offers hope to us who often hear of the 'temples' of this world being demolished and human power shrinking: 'The light shines in the darkness, and the darkness has not overcome it' (John 1:5).

Questions

- Throughout Wales we see church buildings and chapels that have closed. Bearing in mind how John interprets the meaning of the temple in Jerusalem, is losing such 'temples' a complete tragedy?
- What is the good news that John 2:13-22 has to offer such communities?

Y Grawys 4
Effesiaid 2:1–10

Myfyrdod 23 James Frazer

Cyfeirir weithiau at heddiw fel 'Sul Laetare'. Hen air Lladin sy'n golygu 'llawenhau' yw *Laetare* ac mae Sul Laetare yn ddiwrnod pan anogir ni i fynd yn ôl i'n mam eglwys lle cawn gofio ein bedydd.

Ni all y mwyafrif ohonom gofio ein bedydd na'n bywydau cyn ein bedydd. Cawsom ein bedyddio i'n cymunedau pan oeddem yn ifanc iawn. Ac eto dylai heddiw ein hatgoffa, er mai dechreuad yw ein bedydd, y dylid ei osod ger ein bron yn gyson wrth i ni barhau ar ein teithiau ysbrydol. Dyma yw ein cof gweledol o groesi drosodd o dywyllwch i oleuni. Ac mae'r darlleniad hwn o'r Effesiaid yn crynhoi'r symud hwnnw ac yn ei osod mewn lle o lawenhau. Mae'r Apostol Paul yn y darlleniad hwn yn ein symud trwy dair nodwedd wahanol: rydym yn farw i'n pechodau; cawn ein bywhau gyda'n gilydd yng Nghrist; a thrwy ras y cawsom ein hachub. Mae'n ein hatgoffa o'r cyfnod cyn a'r cyfnod ar ôl ein symudiad tuag at Grist. Roedd amser pan fu i ni newid o'n hen fywyd i fywyd newydd. Roeddem unwaith mewn tywyllwch. Roeddem yn gaeth i'n hangerdd a'n synhwyrau ac yn methu nesáu at Dduw. Ond mae Duw yn ei drugaredd yn nesáu atom ni ac rydym yn llawenhau oherwydd dangoswyd i ni gyfoeth difesur ei ras mewn caredigrwydd! Mae gennym faddeuant pechodau. Mae gennym fywyd newydd.

Ac eto daliwn i fyw yn y byd, ymhlith pobl nad ydynt yn gweld pethau fel yr ydym ni yn eu gweld yn awr. Mae gwahaniaeth rhwng yr eglwys fel corff sy'n credu, a'r byd nad yw yn credu. Felly mae Duw yn ein hanfon i'r byd er mwyn y byd. Ni yw corff Crist yn y byd. Nid yw ein bedydd yn gosod terfyn sy'n ein rhoi yn erbyn y byd ond yn hytrach mae'n rhoi terfyn i ni i'w groesi. Nid ein derbyn i'r ffydd yn unig a wna'r bedydd, ond mae'n ein galluogi i gyfranogi yng ngras achubol iachawdwriaeth Duw a'n hunaniaeth newydd yng nghymuned yr eglwys. Gelwir arnom ni fel eglwys i fod yn oleuni ar fryn, yn halen y ddaear, fel yr awgryma Mathew 5. Halen, arwydd cyfamod Duw (gweler Lefiticus 2:13) a goleuni, i ddatgelu a hefyd i ddileu'r tywyllwch ac i ddangos y ffordd. Trwom ni, 'yn yr oesoedd sy'n dod', y bydd ef yn dangos cyfoeth anfesuradwy gras Duw mewn caredigrwydd!

Ac yn symudiad olaf y darlleniad, yr uchafbwynt, fe'n hatgoffir bod ein hachubiaeth yn gyfan gwbl trwy ras. Mae ein gweithredoedd da wedi eu paratoi ymlaen llaw. Llawenhawn oherwydd fod popeth yn rhodd gan Dduw. Llawenhawn oherwydd nad ein gwaith ni yw hyn. Llawenhawn, oherwydd nid yw wedi ei sicrhau oherwydd ein gweithredoedd da ni, ond er mwyn i ni arddangos gweithredoedd da.

Felly heddiw, cofiwn ein bedydd a llawenhawn!

Cwestiynau

• Beth ydych chi'n ei gofio am eich bedydd eich hun? Os na allwch gofio, pa mor bwysig yw eich bedydd yn eich golwg?
• Ydych chi'n medru llawenhau wrth i chi gyfranogi yn y gweithredoedd y mae Duw yn eich galw i'w gwneud?

Lent 4
Ephesians 2:1–10

Reflection 23 James Frazer

Today is sometimes referred to as 'Laetare Sunday'. *Laetare* is an old Latin word meaning 'rejoice' and Laetare Sunday is a day in which we are encouraged to go back to our mother church where we can remember our baptisms.

Many of us have no memories of either our baptism or our lives before baptism. We have been baptised into our communities at a very young age. Yet today should remind us that our baptism, while an initiation, should be regularly set before us as we continue on our spiritual journeys. It is our visual memory of crossing over from darkness to light. And this passage in Ephesians encapsulates that movement, setting it within a place of rejoicing. The Apostle Paul, in this passage, moves us through three distinct motifs: we are dead to our sins; we are made alive together in Christ; and it is by grace that we have been saved. He reminds us of the before and after of our movement towards Christ. There was a time when we changed from our old life to a new. We were once in darkness. We were slaves to our passions and our senses and unable to approach God. But God in his mercy approaches us and we rejoice because we have been shown the immeasurable riches of his grace in kindness! We have forgiveness of sins. We have new life.

Yet we continue to live in the world, among people who do not see things the way we now do. There is a difference between the church as a believing body, and the world, which does not believe. So God sends us into the world for the sake of the world. We are the body of Christ in the world. Our baptism does not mark out a boundary that sets us over against the world but instead gives us a boundary to cross. Our baptism is not just our initiation into the faith, but begins our participation in the saving grace of God's salvation, and our new identity in the community of the church. We, as a church, are called to be the light on a hill, the salt of the earth, as Matthew 5 proposes. Salt, the sign of God's covenant (see Leviticus 2:13) and light, to both expose/eliminate the darkness and to show the way. It is through us, 'in the ages to come', that he will show the immeasurable riches of God's grace in kindness!

And in the last movement of the passage, the climax, we are reminded that our salvation is all by grace. Our good works have been prepared beforehand. We rejoice because everything is a gift from God. We rejoice because it is not of our own doing. We rejoice, because it is not secured because of our good works, but for us to demonstrate good works.

So today, let us remember our baptisms and rejoice!

Questions

- What do you remember about your own baptism? If you can't, how do you view the importance of your baptism?
- Are you able to rejoice as your participate in the works God is calling you to do?

Y Grawys 4 fel Sul y Mamau
Colosiaid 3:12–17

Myfyrdod 24 Heather Temple-Williams

Mae Paul yn ysgrifennu'r llythyr hwn o'i gaethiwed at y saint yng Ngholosae a Laodicea nad yw hyd yma wedi eu cyfarfod. Mae'n ysgrifennu i gywiro camgymeriadau y clywodd amdanynt wrth iddynt ddehongli'r ffydd ac i'w helpu i fyw bywydau teilwng o'r Arglwydd.

Mae heddiw yn Sul y Mamau, traddodiad sy'n dyddio'n ôl i'r Oesoedd Canol pan oedd pobl yn ymweld â'u 'mam' eglwys, fel arfer y lle y cawsant eu bedyddio. Yn y cyfnod diweddar wrth gwrs disodlwyd hyn i raddau helaeth gan yr arferiad seciwlar o anrhydeddu mamau daearol. Pam felly fod yr eglwys yn dal i nodi Sul y Mamau a beth all ei ddweud wrthym?

Ar yr olwg gyntaf, nid yw darlleniad heddiw o'r Ysgrythur yn ymddangos yn arbennig o berthnasol i Sul y Mamau. Mae Paul yn dweud sut y dylai'r Colosiaid ymddwyn – yn wir, sut y dylent fod. Dywed wrthynt:

> 'Am hynny, fel etholedigion Duw, sanctaidd ac annwyl, gwisgwch amdanoch dynerwch calon, caredigrwydd, gostyngeiddrwydd, addfwynder ac amynedd. Goddefwch eich gilydd, a maddeuwch i'ch gilydd os bydd gan rywun gŵyn yn erbyn rhywun arall; fel y maddeuodd yr Arglwydd i chwi, felly gwnewch chwithau. Tros y rhain i gyd gwisgwch gariad, sy'n rhwymyn perffeithrwydd.' (adnodau 12–14)

Mae'n debyg fod y darlleniad hwn wedi cael ei ddefnyddio heddiw oherwydd fod tynerwch calon, caredigrwydd, gostyngeiddrwydd, addfwynder ac amynedd yn cael eu hystyried fel priodoleddau benywaidd neu famol. Ond fe ysgrifennwyd llythyr Paul at ddynion a merched, ac yn benodol at ddynion a merched o Gristnogion. Pa un ai a ydym yn credu bod y rhain yn briodoleddau hanfodol fenywaidd neu ddim, maent yn briodoleddau Cristnogol ac felly yn rhai y dylai pob Cristion anelu at eu harddangos, beth bynnag fo ein rhywedd.

Dywed Paul ein bod i wisgo'r rhinweddau hyn. Eu gwisgo amdanom bob dydd, fel yr ydym yn gwisgo ein dillad arferol. Mae'n ein hatgoffa i fod yn garedig tuag at ein gilydd, ac i faddau, yn union fel y mae'r Arglwydd wedi maddau i ni. Pan fyddwn yn maddau, rydym yn efelychu Crist, ond rydym hefyd yn gollwng ymaith chwerwder a drwgdeimlad a all grynhoi a'n gwneud yn ddigalon. Ac mae maddeuant yn llifo allan o gariad sydd hefyd yn ôl Paul yn rhywbeth y dylem ei wisgo. Yn wir, mae cariad yn codi uwchben popeth arall. Dylai cariad fod fel y gôt yr ydym yn ei gwisgo dros ein dillad eraill; heb ei chuddio ond wedi ei harddangos i'r byd.

Nid yw hyn yn hawdd, ond fel Cristnogion dyma ddylem ni fod yn ceisio'i wneud ac yn ceisio'i fod. Ac mae Paul yn awgrymu sut y gellir gwneud hyn: 'Bydded i air Crist breswylio ynoch yn ei gyfoeth' (adnod 16). Pan fyddwn yn darllen y Beibl, pan fyddwn yn gweddïo a phan fyddwn yn addoli, rydym yn gadael i air Duw a'r Ysbryd Glân ein ffurfio ni a'n harwain ni, gweddnewid ein meddyliau a'n tynnu'n nes at Grist.

Bydd pobl sy'n dyner eu calon, yn garedig, yn ostyngedig, yn addfwyn, yn amyneddgar ac yn gariadlon yn tynnu eraill atynt eu hunain. Dyma sut yr ydym am i famau fod. Dyma sut y dylai pob Cristion fod – neu o leiaf sut y dylent geisio bod. Bydd rhai ohonom yn edrych ar y rhestr yna ac yn adnabod ein mamau; fydd rhai ohonom ddim. Beth bynnag yw ein teimladau ynglŷn â'n mamau ac ynglŷn â heddiw, mae gennym i gyd Waredwr cariadlon a gallwn i gyd ddysgu rhywbeth o'r darlleniad hwn.

Felly heddiw, os ydych yn anrhydeddu eich mam eich hun, neu yn cael eich anrhydeddu, neu os nad ydych yn nodi'r achlysur, gallwn i gyd fyfyrio ar y darlleniad hwn a gofyn i Dduw ein helpu i wisgo'r nodweddion hyn bob dydd.

Cwestiynau

- Sut y gallaf garu eraill fel y mae Iesu yn fy ngharu i?
- Fedra i ofyn i Dduw ddangos i mi pa un o'r nodweddion y dylwn weithio arni a sut y gallaf wneud hynny?

Lent 4 as Mothering Sunday
Colossians 3:12–17

Reflection 24 Heather Temple-Williams

Paul is writing this letter from captivity to the saints in Colossae and Laodicea whom he has not met. He writes to correct errors in interpretation of faith which he has heard about and to help them lead lives worthy of the Lord.

Today is Mothering Sunday, a tradition that dates back to the Middle Ages when people visited their 'mother' church, usually the place where they were baptised. In modern times of course it has largely been replaced by the secular tradition of honouring earthly mothers. Why then does the church still mark Mothering Sunday and what can it say to us?

At first glance, today's Scripture reading doesn't seem particularly relevant for Mothering Sunday. Paul is setting out how the Colossians should behave – actually, how they should be. He tells them:

> 'As God's chosen ones, holy and beloved, clothe yourselves with compassion, kindness, humility, meekness, and patience. Bear with one another and, if anyone has a complaint against another, forgive each other; just as the Lord has forgiven you, so you also must forgive. Above all, clothe yourselves with love, which binds everything together in perfect harmony.' (verses 12–14)

I imagine it has been used today because compassion, kindness, humility, meekness, and patience are considered to be feminine or maternal qualities. But Paul's letter was written to men and women, and specifically, Christian men and women. Whether or not we believe that these are inherently feminine qualities, they are Christian qualities and, therefore, ones all Christians should aim to display, whatever our gender identity.

Paul says we are to clothe ourselves with these attributes. To put them on every day, as we put on our actual clothes. He reminds us to be kind to each other, and to forgive, just as the Lord has forgiven us. When we forgive, we are modelling Christ, but we are also letting go of bitterness and resentment which can fester and make us miserable. And forgiveness flows from love which Paul also says we should clothe ourselves with. In fact, love goes above everything else. Love should be like the coat we wear on top of our other clothes; not hidden but displayed to the world.

This isn't easy but, as Christians it is what we should strive to do and be. And Paul gives us a clue as to how it can be done: 'Let the word of Christ dwell in you richly' (verse 16). When we read the Bible, when we pray and when we worship, we are allowing God's word and the Holy Spirit to shape us and guide us, to transform our minds, and draw us closer to Christ.

People who are compassionate, kind, humble, meek, patient and loving will draw others to themselves. It is how we want mothers to be. It is how all Christians should be – or at the very least should aspire to be. Some of us will look at that list and recognise our mothers; some of us won't. Whatever our feelings about our mothers and about today, we do all have a loving Saviour and we can all learn something from this reading.

So today, whether you are honouring your own mother, or being honoured, or if you aren't marking today, we can all meditate on this passage and ask God to help us to clothe ourselves daily with these characteristics.

Questions

- How can I love others in the way that Jesus loves me?
- Can I ask God to show me which characteristic I need to work on and how I can do that?

Y Grawys 5 Sul y Dioddefaint
Ioan 12:20–33

Myfyrdod 25 Peta Maidman

Nid yw'n hawdd iawn siarad am farwolaeth, naill ai marwolaeth pobl eraill neu eich marwolaeth eich hun. Mae rhai pobl yn well na'i gilydd am drafod eu dymuniadau ar gyfer eu hangladd neu gynlluniau ar gyfer etifeddu er enghraifft, ond mae llawer yn cael y cyfan yn rhy ofnadwy i feddwl amdano heb sôn am gael sgwrs am y pwnc.

Siaradodd Iesu am ei farwolaeth yn weddol aml ond mewn ffyrdd nad oedd ei ddisgyblion fel arfer yn eu sylweddoli. Yn rhyfedd, yma ar ddechrau'r darlleniad, pan ddywedir wrtho bod rhyw Roegiaid eisiau siarad ag ef, mae Iesu'n dechrau siarad am ronyn gwenith yn marw yn y ddaear. Mae bron fel petai ymddangosiad y bobl hyn, yn cynrychioli byd lletach y Cenhedloedd, yn annog Iesu i egluro sut y daw ei farwolaeth ef â'r holl bobl at Dduw trwyddo ef, nid yr Iddewon yn unig. Mae'r synfyfyrdod bach hwn yn rhagflas o'r hyn sydd i ddilyn pan fydd Iesu'n disgrifio'r hyn sydd ar fin digwydd iddo.

Rhaid i Iesu farw. Nid oes ffordd arall i gyflawni'r broffwydoliaeth, nid oes ffordd arall o ailgymodi Duw a'i bobl â'i gilydd. Trwy siarad am y gronyn gwenith, roedd Iesu'n ceisio egluro y gallai barhau i iacháu'r cleifion, dysgu pobl am Dduw a gwneud yr hyn yr oedd eisoes wedi'i wneud am tua tair blynedd ond na fyddai hynny'n cyflawni pwrpas Duw. Yn union fel yr oedd yn rhaid i'r gronyn farw er mwyn bod yn ffrwythlon, felly hefyd y bydd yn rhaid i Iesu farw er mwyn i'w fywyd daearol ddwyn ffrwyth bywyd tragwyddol yn Nuw.

Yn deimladwy, mae Iesu'n cydnabod bod llwybr anodd o'i flaen. 'Yn awr y mae fy enaid mewn cynnwrf,' meddai, ac y mae hyn yn ein hatgoffa o'i ddynoliaeth ac yn cysylltu â'r un teimladau o ofn, pryder a gofid y gallwn ninnau eu hwynebu yn ein bywydau. Gwelwn hyn eto yn y weddi dorcalonnus yng Ngethsemane wrth iddo ofyn am i'r 'cwpan' gael ei gymryd oddi wrtho ac eto mae'n derbyn gerbron Duw, 'Ond gwneler dy ewyllys di, nid fy ewyllys i.' Yma yn Ioan 12.28, yn y foment hon o onestrwydd ynglŷn â'i deimladau, mae Iesu'n ein cyfeirio i ffwrdd oddi wrtho'i hun yn ôl at Dduw gan ddweud, 'O Dad, gogonedda dy enw.'

Mae Duw yn ateb ac yn siarad fel y gall pawb sy'n bresennol glywed; 'Yr wyf wedi ei ogoneddu, ac fe'i gogoneddaf eto.' Mae hwn yn arwydd clir, fel yr oedd ar adeg ei Fedydd a'r Gweddnewidiad, fod Iesu yn fwy na dyn cyffredin ac yn gadarnhad mai trwyddo ef a'i farwolaeth y gogoneddir Duw.

Mae 'A minnau, os caf fy nyrchafu oddi ar y ddaear, fe dynnaf bawb ataf fy hun' yn amlwg i ni yn ddelwedd o Grist wedi ei godi ar y groes, ond wrth gwrs ni fyddai'r rhai oedd yn gwrando ar y pryd wedi deall. Y ddelwedd hon o Iesu ar y groes a'i freichiau ar led yn cofleidio dynoliaeth i fynwes gariadlon Duw sy'n siarad fwyaf wrthym am ddyfnder anfeidrol cariad Duw tuag atom a pham mai dim ond y dechrau yw marwolaeth.

Cwestiynau

- A yw delwedd y gronyn gwenith o gymorth i chi wrth i chi feddwl am farwolaeth ac atgyfodiad Iesu?
- Sut y gallwn ni siarad yn gadarnhaol ag eraill am y safbwynt Cristnogol ar farwolaeth?

Lent 5 Passion Sunday

John 12:20–33

Reflection 25 Peta Maidman

It's not very easy to talk about death, either that of others or one's own. Some people are better than others about discussing funeral wishes or plans for inheritance for example, but many find it all too awful to think about let alone have a conversation on the subject.

Jesus spoke about his death quite often but in ways that his disciples usually failed to realize. Curiously, here at the start of this passage, when told that some Greeks wanted to speak to him, Jesus starts to talk about a grain of wheat dying in the earth. It's almost as if the arrival of these people, representative of the wider, Gentile, world prompts Jesus to explain how his death will bring all people to God through him, not just Jews. This little reverie is the precursor to what follows as Jesus describes what is about to happen to him.

Jesus must die. There is no other way to fulfil the prophecy, there is no other way for God and his people to be reconciled to each other. In speaking of the grain of wheat, Jesus was trying to explain that he could continue healing the sick, teaching people about God and doing what he had been doing for the previous three years or so but that would not achieve God's purpose. Just as the seed has to die to be fruitful, so Jesus has to die in order that his earthly life may bear the fruit of eternal life in God.

Touchingly, Jesus acknowledges the difficult path he is about to follow. 'Now my soul is troubled,' he says, and it is a reminder of his humanity, connecting with the same emotions of fear, anxiety and worry that we may face in our lives. We see this again in the heart wrenching prayer in Gethsemane as he asks for 'the cup' to be removed from him yet submits to God '...not my will but yours be done'. Here in John 12.28, in this moment of honesty about his own feelings, Jesus points us away from himself back to God saying, 'Father, glorify your name.'

In response, God speaks so all present can hear, 'I have glorified it, and I will glorify it again.' This is a clear sign, just as at his Baptism and the Transfiguration, that Jesus is more than an ordinary man and confirmation that it is through him, his death, that God will be glorified.

'I, when I am lifted up from the earth, will draw all people to myself' is clearly for us the image of Christ raised on the cross, but of course not understood by those listening at the time. It is this image, Jesus on the cross, arms outstretched, hugging humanity into God's loving embrace that speaks to us most of the infinite depth of God's love for us and why death is just the beginning.

Questions

- Is the image of the grain of wheat a helpful one for you in thinking about Jesus' death and resurrection?
- How can we speak positively about the Christian perspective on death to others?

Y Grawys 6 Sul y Blodau
Marc 11:1–11

Myfyrdod 26 Dawn Wolstenholme

Ar Ŵyl y Bara Croyw y bu'r digwyddiadau hyn, gŵyl sy'n cofio rhyddhau pobl Israel o'r Aifft. I'r disgyblion, roedd yn amser Teyrnas newydd. Cawsant brawf o hyn pan anfonodd Iesu hwy i bentref i nôl ebol oedd wedi ei rwymo ar y stryd. Gwyddom fod yr ebol hwn wedi ei rwymo gyda'i fam, ac arweiniwyd ef i ffwrdd at Iesu. Roedd hyn er mwyn cyflawni proffwydoliaeth Sechareia a ddywedodd y byddai'r brenin yn dod yn marchogaeth ar asyn. Pan welodd y rhai oedd yn sefyll ar y stryd yr asyn yn cael ei ollwng a holi pam, dywedwyd wrthynt, 'Y mae ar y Meistr ei angen, a bydd yn ei anfon yn ôl yma yn union deg.'

Y mae ar y Meistr ei angen! Byddai'r rhai oedd yn gwylio yn sicr wedi gwybod beth oedd ystyr hynny, a byddai'r si wedi mynd ar led fod Iesu'n dod. Yn fuan byddai tyrfa yn ymgynnull ac yn amgylchynu'r ebol ifanc. A pham asyn? Roedd ar Iesu eisiau dangos nad brenin rhyfelgar ydoedd, roedd arno eisiau dangos mai dyn heddychlon, addfwyn a gwylaidd ydoedd.

Aeth yr asyn bychan nad oedd neb cyn hynny wedi'i farchogaeth gyda hwy. Ac yntau wedi cael ei rwymo ar y stryd, efallai ei fod wedi arfer â golygfeydd a synau pentref a phobl yn mynd heibio, efallai hyd yn oed yn cyffwrdd ychydig arno. Ond cafodd ei arwain gan ddieithriaid i ffwrdd o'i gartref ac i ffwrdd o'i bentref ac i'r ddinas. Yn llawn pobl, yn llawn sŵn. Dillad yn cael eu taflu arno ac o dan ei garnau, canghennau yn cael eu chwifio o'i gwmpas. Ac yna eisteddodd Iesu ar ei gefn. Sut y bu iddo aros yn dawel? Rydw i'n gwybod bod ei fam efo fo ond hyd yn oed wedyn, roedd yn rhyfedd na cheisiodd ddianc. Efallai ei fod wedi aros yn dawel am ei fod yn ymddiried yn Iesu, Iesu yr un sy'n rheoli'r holl greadigaeth ac a all dawelu'r moroedd.

A'r gweiddi, 'Hosanna! Bendigedig yw'r un sy'n dod yn enw'r Arglwydd'. Clod i Dduw a galwad am help a rhyddid. 'Bendigedig yw'r deyrnas sy'n dod, teyrnas ein tad Dafydd', croeso i'r brenin newydd!

Mae Iesu'n ymweld â'r deml yn Jerwsalem, ac yna'n dychwelyd i Bethania i aros hyd Ŵyl y Bara Croyw gyda'r disgyblion. Dyma'r tawelwch cyn y storm, dechrau'r diwedd. Ymhen ychydig ddyddiau bydd Iesu'n cael ei arestio ac ymhen ychydig ddyddiau wedyn, bydd yn marw. Ar ei atgyfodiad bydd teyrnas newydd yn dechrau, mor newydd ag ebol ifanc. Dechrau ein bywydau gyda Duw am byth.

Cwestiynau

- A ydym ni'n dymuno weithiau i Iesu fod yn frenin, fel yr ydym am iddo fod, sy'n dod atom mewn awdurdod a grym ac nid gwendid a gwyleidd-dra? Pa wahaniaeth mae'n ei wneud i ni fod Iesu yn fath gwahanol o frenin?
- Sut mae esiampl Iesu yn ein herio yn ein defnydd ni o awdurdod?

Lent 6 Palm Sunday

Mark 11:1–11

Reflection 26 Dawn Wolstenholme

These events took place at the time of Passover, a festival that speaks of the freeing of the people of Israel from Egypt. To the disciples, it was the time of a new Kingdom. This was proven to them when Jesus sent them to a village to collect a colt tied up on the street. We know this colt was tied with his mother, and it was led off to Jesus. This was to fulfil the prophesy of Zechariah who stated that the king would come riding on a donkey. When the onlookers in the street saw the donkey being untied and questioned it, they were told 'The Lord needs it and will send it back here immediately.'

The Lord needs it! I have no doubt the onlookers knew what that meant, and word would spread that Jesus was coming. Soon a crowd would gather and surround the young colt. And why a donkey? Jesus wanted to show he was not a warrior king, he wanted to show he was a man of peace and gentleness and humility.

This young donkey who had never been ridden went with them. After being tethered on the street, maybe he was used to the sights and sounds of a village and people passing by, maybe even touching him a little. But he was led by strangers away from home and away from his village to the city. Full of people, full of noise. Clothes thrown on him and under his hooves, branches waved around. And then Jesus sat on his back. How did he stay calm? I know his mother was with him but still, it was strange he didn't try to get away. He stayed calm perhaps because he trusted Jesus, Jesus the one who has power over all creation, who can calm the seas.

And the calls, 'Hosanna, Blessed is the one who comes in the name of the Lord'. Praise to God and a call for help and freedom. 'Blessed is the coming kingdom of our ancestor David', welcome to the new king!

Jesus visits the temple in Jerusalem, and then returns to Bethany to stay until Passover with the disciples. This is the calm before the storm, the beginning of the end. In just a few days Jesus will be arrested and a few days more, he will die. On his rising will be the start of a new kingdom, as new as a young colt. The beginning of our lives with God for ever.

Questions

- Do we wish sometimes that Jesus was a king, as we want him to be, coming to us in power and strength, not weakness and humility? What difference does it make for us that Jesus is a different kind of king?
- How does Jesus' example challenge us in our own exercise of power?

Dydd Iau Cablyd
1 Corinthiaid 11:23–26

Myfyrdod 27 Richard Lowndes

Mae'r weithred o gymryd bara a gwin (y ddau yn brif ymborth yn amser Iesu), gweddïo drostynt a'u rhannu â'n gilydd yn hynod o syml a phersonol. Pryd bynnag y byddwn yn bwyta gydag eraill gall gwahanol fath o gyfarfod ddigwydd, gall gwahanol fath o sgwrs ddatblygu pan fyddwn yn derbyn croeso pobl eraill neu pan fyddwn yn bod yn groesawus ein hunain. Mae gwir groeso yn weithred o'ch rhoi eich hun a gwelwn yma ar Ddydd Iau Cablyd y rhagarweiniad i'r achos eithaf o'i roi ei hun yng Nghrist a'i aberth ar y groes. Mae heddiw yn nodi dechrau'r tridiau gweddi (y rhan fwyaf sanctaidd o'r Wythnos Sanctaidd) pan gawn ein gwahodd i adalw ac ail-greu hanes ein Hiachawdwriaeth yng Nghrist.

Yma gwelwn yr adroddiad cynharaf o'r hyn a ddigwyddodd y noson y bradychwyd Iesu a'r hyn a drosglwyddodd ef i ni i'w wneud i gofio amdano (daeth adroddiadau'r Efengylau yn ddiweddarach). Mae'r weithred o roi croeso yma yn llawer dyfnach a mwy personol gan fod Iesu yn rhannu ei gorff a'i waed â ni wrth iddo baratoi i wynebu ei farwolaeth ar y groes a gelwir arnom ni i wneud hyn er cof amdano hyd nes y daw mewn gogoniant.

Mae Sant Paul yn rhannu traddodiad byw a drosglwyddwyd iddo ef, ac mae ef yn awr yn ei drosglwyddo i ni. Mae'r weithred hon o gymundeb â Christ ac â'n gilydd lle cawn glywed geiriau Iesu yn ein tynnu'n nes ato ef ac at ein gilydd.

Roedd Iesu a'i ddisgyblion yn cyfarfod i ddathlu Gŵyl y Bara Croyw, i ail-greu'r noson y rhyddhawyd pobl Israel o'u caethiwed yn yr Aifft. Yn awr gwelwn y wledd ar gyfer yr ŵyl honno yn cael ei hail greu er mwyn ein prynedigaeth a'n gwaredigaeth ni; ail-lunir profiad Gŵyl y Bara Croyw ar ein cyfer ar Ddydd Iau Cablyd mewn cyfamod newydd trwy Grist. Y dorth a dorrir ac a fendithir (trwy roi diolch) yw corff (sanctaidd) Crist a dorrwyd ac a fendithiwyd ac a gynigiwyd i'w Eglwys er ein prynedigaeth ni. Dyma ein bwyd ar gyfer y daith i fywyd tragwyddol ac yn eironig, a rhyfeddol, bob tro y byddwn yn ei dathlu byddwn yn cyhoeddi marwolaeth yr Arglwydd hyd nes y daw – rydym yn cyfranogi o hyn ym mhob cymun.

Ymhelaethir ar gyd-destun y pryd Gŵyl y Bara Croyw hwn ar Ddydd Iau Cablyd gan y weithred o olchi traed a'r pwyslais ar wasanaethu eraill yn hytrach na chael gwasanaethu arnom. Yn wir, mae rhai eglwysi heddiw yn cael pryd llawn ar Ddydd Iau Cablyd fydd yn cynnwys golchi traed a bendithio bara a gwin. Hefyd, bydd llawer o eglwysi yn cadw gwylnos ar Ddydd Iau Cablyd sy'n ail-greu ymhellach ddigwyddiadau'r noson hon a gardd Gethsemane ble mae Iesu'n mynd i weddïo a ble mae ei ddisgyblion yn syrthio i gysgu yn hytrach na bod yn gwmni iddo yn ei drallod. 'Oni allech wylio am un awr gyda mi?' meddai'r Arglwydd. Mae cadw'r wylnos hon yn ffordd arall o ddilyn Crist yn nes yn ystod yr Wythnos Sanctaidd hon.

Cwestiynau

- Os yw'r cymun yn draddodiad byw sydd wedi ei drosglwyddo i ni, sut y gallwn ni ei drosglwyddo'n effeithiol i eraill?
- Sut y mae derbyn y cymun yn effeithio ar ein bywyd bob dydd a pha wahaniaeth mae'n ei wneud yn ein bywydau wrth i ni gyhoeddi marwolaeth yr Arglwydd hyd nes y daw?

Maundy Thursday

1 Corinthians 11:23–26

Reflection 27 Richard Lowndes

The act of taking bread and wine (both staples in the diet at the time of Jesus), praying over them and sharing them with each other is extremely simple and intimate. Whenever we meet over a meal a different kind of encounter can happen, a different kind of conversation can take place when we are occupied with the hospitality of others or when we are being hospitable ourselves. True hospitality is an act of self-giving and we see here on Maundy Thursday the prelude to the ultimate of self-giving in Christ and his sacrifice on the cross. Today marks the beginning of the Triduum (the holiest part of Holy Week) where we are invited to recall and re-enact the history of our Salvation in Christ.

Here we see the earliest account of what happened the night Jesus was betrayed and what he handed on to us to do in remembrance of him (the Gospel accounts came later). The act of hospitality here is altogether more profound and intimate in that Jesus is sharing with us his body and blood as he prepares to go to his death on the cross and we are called to do this in memory of him until he comes in glory.

St Paul is sharing a living tradition which has been handed to him, which he now passes on to us. This act of communion with Christ and with each other in which we hear the words of Jesus draws us closer to him and to each other.

Jesus and his disciples were meeting to celebrate the Passover, to re-enact the night that the people of Israel were liberated from their slavery in Egypt. Now we see this Passover feast re-enacted for our redemption and liberation; the Passover experience is remodelled for us on Maundy Thursday in a new covenant through Christ. The loaf that is broken and blessed (in giving thanks) is the broken and blessed (holy) body of Christ offered to his Church for our redemption. This is our food for the journey to eternal life and ironically, and wonderfully, every time we celebrate it we proclaim the Lord's death until he comes – we are participants in this at every eucharist.

The context of this Maundy Thursday Passover meal is further amplified by the washing of feet and the emphasis on serving others rather than being served ourselves. Some churches today actually have a full meal on Maundy Thursday which will incorporate the washing of feet and the blessing of bread and wine. Also, on Maundy Thursday many churches keep a vigil which re-enacts further the events of this night and the garden of Gethsemane where Jesus goes to pray and where his disciples fell asleep instead of accompanying him in his anguish. 'Can you not watch with me one hour' the Lord says. The observation of this vigil is another way to follow Christ more closely during this Holy Week.

Questions

- If the eucharist is a living tradition that has been passed on to us, how do we pass it on effectively to others?
- How does receiving the eucharist affect our daily living, what difference does it make in our lives, as we proclaim the Lord's death until he comes?

Dydd Gwener y Groglith
Eseia 52:13–53:12

Myfyrdod 28 Darren Lynch

Fel y ffilm *Fight Club* (1999) lle mae'r stori'n rhedeg o ddechrau'r drydedd act ac yna tuag yn ôl, rydym am ddechrau'r darlleniad hwn trwy edrych ar ddigwyddiadau wedi'u tynnu allan o'u trefn amseryddol. Bardd a phroffwyd o'r Hen Destament yw Eseia, yn ysgrifennu yn ystod alltudiaeth ac yn dyheu am feseia i erlid ymaith y Babiloniaid. Er hynny rydym yn edrych trwy lygaid ei eiriau ef tuag at Ddydd Gwener y Groglith ac mae hyd yn oed y darlleniad ei hun fel petai'n rhedeg mewn ffurf storïol ryfedd ac eto trwy wneud hynny yn ein helpu i weld Iesu a'i aberth yn fwy eglur.

Cymerwch saib i feddwl am Iesu, y funud hon – dim ond dychmygu Iesu. Does dim angen i chi fod yn arlunydd meistrolgar, dim ond meddwl am Iesu. Sut y mae'n edrych i chi? Golygus? Wyneb caredig? Gwên gynnes, groesawus? Mae'n eithaf sicr na feddyliodd neb amdano fel rhywun hagr.

Er hynny, wrth edrych ar y darlleniad hwn yn Eseia dyna a ddywedir wrthym – 'Roedd ei wedd yn rhy hagr i ddyn, a'i bryd yn hyllach na neb dynol' (Eseia 52:14). Mae Eseia yn cyfeirio at Israel fel cenedl oedd â'r gorchwyl ers amser Abraham i ddangos i'r byd pwy yw Duw a sut un ydyw. Ond pa fath o beth allai wneud hynny i ymddangosiad dyn? Gallai'r driniaeth a ddioddefodd Iesu gan y Rhufeiniaid yn diweddu gyda'i groeshoeliad wneud hynny.

Mae Eseia 53:7-9 yn trafod beth ddigwyddodd. Cafodd Iesu ei guro a'i arteithio, dioddefodd anghyfiawnder enfawr a chafodd ei fradychu gan bron bawb oedd ychydig ddyddiau ynghynt wedi bod yn ei gyfarch fel arwr. Ac eto derbyniodd y cwbl yn dawel ac yn raslon a heb gasineb tuag at y rhai a'i gadawodd, a drodd yn ei erbyn ac a oedd yn awr yn poeri arno. Mae Dydd Gwener y Groglith yn ddiwrnod pan fyddwn i gyd yn teimlo euogrwydd a chywilydd y diwrnod hwnnw, pan fyddwn yn gofyn i'n gilydd *beth fyddwn i wedi'i wneud?*

Yn Iesu, a'r groes, gallwn weld sut y gall Eseia yn ei broffwydoliaeth weld y tebygrwydd rhwng ei genedl ei hun a chonglfaen y Deyrnas yn Iesu. Nid yw'n ymwneud yn unig â'r diwrnod hwnnw yn ystod Caethglud yr Israeliaid, na hyd yn oed y diwrnod hwnnw wrth droed y groes ar Golgotha. Mae'n ymwneud ag yma ac yn awr; mae proffwydoliaeth Eseia, barddoniaeth y stori yn siarad â'r un bwriad – Gobaith.

Aeth Iesu i'r groes er ein mwyn. Dywed Eseia wrthym, 'a dwyn pechodau llaweroedd, ac eiriol dros y troseddwyr' (Eseia 53:12) – ni yw'r troseddwyr. Bodau dynol gyda'n pechod a'n hanallu i garu ein gilydd weithiau. Aeth Iesu i'r groes i'n hachub a'n hysbrydoli ni, i roi cyfle i ni fyw er mwyn Duw ac er mwyn ein gilydd.

Fel y ffilm *Fight Club* daeth ein stori droellog â ni yma. Dyma ble daethom ni i mewn. Y cyfarfod sy'n ddechrau ac yn ddiwedd, fel y mae Eseia 52:13 yn dweud wrthym, 'Fe'i codir, a'i ddyrchafu, a bydd yn uchel iawn'. Yn hagr, yn cael ei arteithio, ei guro a'i ladd. Aeth i'r groes ac wrth aberthu er mwyn ein prynu, ein hachub a'n hysbrydoli ni fe atgyfododd Iesu. Mae'n gwasanaethu fel Brenin, fel tywysydd ac fel cyswllt gwirioneddol rhyngom ni a Duw.

Cwestiynau

- Gan feddwl am stori Dydd Gwener y Groglith, oes yna un person yr ydych chi yn teimlo cysylltiad â hwy? Pwy a pham?
- Gan feddwl am hagrwch Iesu – rydym yn aml yn meddwl ei fod yn berffaith, ond sut y mae hagrwch Iesu yn ein herio ynglŷn â'r ffordd yr ydym yn trin pobl ag anableddau a hagrwch yn ein cymdeithas, hyd yn oed yn ein heglwys?

Good Friday

Isaiah 52:13–53:12

Reflection 28 Darren Lynch

Like the movie *Fight Club* (1999) whose narrative runs from the beginning of the third act and then backwards, we're going to start this reading by looking at events out of sync. Isaiah is an Old Testament poet and prophet, writing during exile and yearning for a messiah to drive away the Babylonians. Yet we are looking through the lens of his words toward Good Friday and even the passage itself seems to run with an oddly shaped narrative and yet in doing so it helps us see Jesus and his sacrifice more clearly.

Take a moment and think of Jesus, right now – just imagine Jesus. You don't need to be a master artist, just think of him. What does he look like to you? Is he handsome? Kind faced? A warm, accepting smile? It's a fairly safe bet that nobody thought of him as disfigured.

Yet looking at this reading from Isaiah that's what we are told – 'His appearance was so disfigured beyond that of any human being and his form marred beyond human likeness' (Isaiah 52:14). Isaiah refers to Israel as a nation who's remit from the time of Abraham had been to show the world who God is and what God is like. But what sort of thing could do that to a man's appearance? The treatment Jesus received at the hands of the Romans culminating in his crucifixion would.

Isaiah 53:7–9 discusses what happened. Jesus was beaten, tortured, a victim of a massive injustice and betrayed by almost all who just a few days ago had been hailing him as a hero. Yet he took it all in silence, with grace and with no malice toward those who had deserted him, turned on him and now spat at him. Good Friday is a day where we all feel the guilt and shame of that day, when we each ask ourselves *what would I have done?*

In Jesus, and the cross, we can see how Isaiah in his prophesy can see the parallel between his own nation and the cornerstone of the Kingdom in Jesus. It's not just about that day during the Exile of the Israelites, or even that day at the foot of the cross on Golgotha. It's about the here and the now; the prophesy of Isaiah, the poetry of this narrative speaks to one end – Hope.

Jesus went to the cross for us. Isaiah tells us, 'He bore the sin of many, and made intercession for the transgressors' (Isaiah 53:12) – we are the transgressors. Human beings with our sin and our inability to love one another sometimes. Jesus went to that cross to redeem and inspire us, to give us a chance to live for God and for one another.

Like the movie *Fight Club* our winding narrative has brought us here. This is where we came in. The beginning and end meeting, as Isaiah 52:13 tells us, 'He will be raised and lifted up and highly exalted'. In being disfigured, in being tortured, beaten and killed. In going to the cross and taking on the role of sacrifice to redeem, to save, and to inspire us Jesus was raised. He serves as King, as guide and as a very real connection between us and our God.

Questions

- Thinking of the Good Friday narrative is there any one person in the story you feel a connection to? Who and why?
- Thinking about Jesus' disfigurement – we often think of him as perfect, but how does Jesus' disfigurement challenge us about how we treat people with disabilities and disfigurements in our society, even in our church?

Sul y Pasg
Marc 16:1–8

(Gweler Eglwys y Bobl Blwyddyn A am fyfyrdod ar Ioan 20:1–18)

Myfyrdod 29 Jason Bray

Ydych chi erioed wedi darllen un o'r storïau hynny lle roeddech chi eisiau newid y diwedd? Efallai ei bod yn ffilm lle mae'r arwres yn priodi'r dyn anghywir, neu lyfr lle mae'r awdur yn ymddangos fel petai wedi penderfynu rhoi'r gorau i ysgrifennu ac wedi eich gadael yn y gwagle. Wel, os ydych chi wedi cael y teimlad hwnnw rywdro, beth wnewch chi o ddiwedd Efengyl Marc? Cytuna'r rhan fwyaf o ysgolheigion mai Marc oedd yr Efengyl gyntaf i gael ei hysgrifennu, ac mae traddodiad hynafol yn awgrymu mai'r rhain oedd atgofion Sant Pedr a roddwyd ar gof a chadw cyn iddynt fynd yn angof am byth. Oherwydd hynny mae cyffro ac uniongyrchedd ynglŷn â Marc sydd fel petaent ar goll yn rhai o'r Efengylau diweddarach. Ond pan ddewch i'r diwedd, ac at stori atgyfodiad Iesu, mae dirgelwch llwyr wrth i'r Efengyl orffen gyda'r gwragedd yn rhedeg i ffwrdd heb ddweud wrth neb am fod arnynt ofn.

Bu sawl ymgais dros y blynyddoedd i ddatrys y dirgelwch. Ychwanegodd rhai awduron cynnar ychydig o adnodau dim ond er mwyn cwblhau'r stori, ac os edrychwch ar Feibl safonol fe welwch fod yna ddiwedd hwy yn ogystal ag un byrrach. Ond, eto, mae ysgolheigion yn amau nad Marc a ysgrifennodd yr un ohonynt. Awgrymodd rhai pobl y gallai Marc fod wedi gadael yr Efengyl fel y mae gennym ni heddiw, ac y mae eraill yn meddwl bod y stori wedi parhau ac mai wedi mynd ar goll y mae.

Ond mae'r stori sydd gennym yn cyfleu rhywfaint o'r cyffro llygad-dyst yr ydym yn ei ddisgwyl gan Marc: y ffordd y mae'n gosod yr olygfa fel y mae'r haul newydd godi, neu'r ffordd y mae'n disgrifio'r maen wedi ei dreiglo. Mae'r dyn ifanc – sy'n amlwg yn angel, er na ddefnyddir y gair – sydd wedi'i wisgo mewn gwyn ac yn eistedd ar yr ochr dde yn mynegi ei neges o newyddion da: nid oes angen iddynt arswydo, oherwydd mae Iesu o Nasareth a groeshoeliwyd wedi ei gyfodi. Gallant weld y man lle rhoddwyd ef i orwedd. Ac maent i ddweud wrth Pedr a'r lleill ei fod yn mynd o'u blaen hwy i Galilea yn union fel roedd wedi dweud wrthynt ac y byddant yn ei gyfarfod yno unwaith eto.

Mae ymateb y gwragedd i hyn i gyd yn ddealladwy – mae hyn yn newyddion na allwn prin ei gredu hyd yn oed heddiw, ond gwyddom, beth bynnag oedd bwriad Marc, nad hyn oedd diwedd y stori. Yn wir, efallai mai un ffordd y mae'n ein helpu ni fel Cristnogion heddiw yw ein bod bron yn gweld Marc yn trosglwyddo'r stori i ni. Rydym ninnau hefyd wedi clywed y newyddion syfrdanol o dda am atgyfodiad Iesu. Fydd arnom ni ormod o ofn dweud wrth unrhyw un, neu fyddwn ni'n ddigon dewr i fynd allan a dweud wrth y byd amdano a byw fel petai hyn yn gwneud gwahaniaeth gwirioneddol i'r byd? A chyhoeddi â'n bywydau yn ogystal ag â'n gwefusau: Halelwia! Crist a gyfododd!

Cwestiynau

- Fedrwch chi feddwl am achlysuron pan nad oeddech yn ddigon dewr i ddweud wrth bobl am Iesu?
- Sut y gallwch chi fyw eich bywyd fel petai atgyfodiad Iesu yn wirioneddol bwysig i chi?

Easter Day

Mark 16:1–8

(See The People's Church Year A for a reflection on John 20:1–18)

Reflection 29 Jason Bray

Have you ever read one of those stories when you have wanted to change the ending? It might be a film where the heroine marries the wrong man, or a book when the author just seems to stop writing, and seems to leave you hanging in mid air. Well, if you've ever had that feeling, what do you make of the ending of St Mark's Gospel? Most scholars are agreed that Mark was the first of the Gospels to be written, and an ancient tradition suggests that these were St Peter's recollections that had been captured before they were lost forever. So there is an excitement and immediacy about Mark that some of the later Gospels seem to miss. But when you get to the end, and to the story of the resurrection of Jesus, there is a complete puzzle as the Gospel ends with the women running away and not telling anyone because they were afraid.

There have over the years been lots of solutions to the puzzle. Some early writers have added a few verses just to complete the story, and if you look at a standard Bible, you will see that there is a longer ending as well as a shorter one. But, again, scholars doubt whether Mark wrote either of them. Some people have speculated that Mark may have left the Gospel as we have it today, and others that the story did continue, it's just that it has been lost.

But the story that we have really does convey some of that exciting eyewitness quality that we have come to expect in Mark: the way that he sets the scene just at the sun is rising, or the way that he describes the stone that has been rolled away. The young man – clearly an angel, although the word is not used – who is dressed in white and sits on the right hand side, delivers his message of good news: they are not to be alarmed, because Jesus of Nazareth who was crucified has been raised. They can see the place where he was laid. And they are to tell Peter and the others that just as he has told them he is going ahead of them to Galilee where they will meet him once again.

The women's reaction to all this is understandable – this is news that even today we can scarcely believe, but we know that whatever Mark intended, it wasn't the end of the story. In fact, maybe one way that it helps us as Christians today is almost to see Mark handing on the story to us. We too have heard the astonishing good news of Jesus' resurrection. Will we be too afraid to tell anyone, or will we have the courage to go out and to tell the world about him? To live as if this really makes a difference in the world? And to proclaim with our lives as well as with our lips: Alleluia! Christ is risen!

Questions

- Can you think of occasions when you haven't had the courage to tell people about Jesus?
- How can you live your life as if the resurrection of Jesus really matters to you?

Y Pasg 2
Actau 4:32–35

Myfyrdod 30 Chris Burr

Un o brif bleserau teithio i archwilio lleoedd newydd yw'r llawenydd o ddarganfod diwylliannau ac amgylchiadau newydd, a'u gwerthoedd a'u golwg ar fywyd yn aml yn wahanol iawn i'n rhai ni. Ac yn y darlleniad heddiw o Actau pennod 4 cawn gipolwg ar fywyd yn nyddiau cynharaf cymdeithas Gristnogol yn Jerwsalem.

Defnyddir y darlleniad arbennig hwn yn aml fel patrwm o'r hyn a ddylai byw gyda'ch gilydd mewn cymuned fel disgyblion Cristnogol fod. Ond wrth ddarllen y darn arbennig hwn mae'n hawdd teimlo braidd yn ddigalon gan ei fod yn rhoi darlun i ni o eglwys gyfunol yn unedig mewn gair a gweithred. Oherwydd hynny efallai ei bod yn naturiol i ni ofyn y cwestiwn, 'Pam nad yw fy eglwys i yn edrych ychydig yn debycach i hyn?'

Ond cyn i ni fod yn rhy drwm arnom ein hunain, mae'n werth ein hatgoffa ein hunain, er bod yr Actau yn llawn o storïau rhyfeddol ac ysbrydoledig am yr eglwys fore fel y darllenwn yma yn Actau 4, bod yna lawer o enghreifftiau eraill o'r eglwys yn ymrafael â materion difrifol bywyd yn union fel ni. Fel Cristnogion heddiw, roeddent hwythau hefyd o dro i dro yn colli eu ffydd ac yn profi methiant.

Mae hefyd yn bwysig cofio bod yr eglwys fore yn bodoli mewn byd gwahanol iawn i'r un yr ydym ni yn byw ynddo yn awr. Felly beth, os rhywbeth, sydd gennym ni yn gyffredin â'r eglwys fore? A beth allem ni ddysgu trwyddi?

Yn gyntaf ac yn bennaf, yr hyn sy'n fy nharo i yw mai'r hyn sy'n ein huno uwchben popeth arall yw ein galwad i'r weinidogaeth. Nawr, pan ddywedwn gweinidogaeth, cawn ein harwain yn aml i feddwl am hynny fel rhywbeth y mae'r ficer yn ei wneud (!), ond rydym i gyd yn cael ein galw i fod yn weinidogion ffyddlon i'r Efengyl mewn ffyrdd dirifedi. I rai gallai hynny olygu cyflawni gwaith penodol yn yr eglwys neu'r gymuned leol, ond i'r rhan fwyaf ohonom mae'n ymwneud yn fwy o lawer ynglŷn â'r ffordd rydym yn byw ochr yn ochr â phobl ym mhethau arferol a cyffredin bywyd.

Yn adnod 32 o'r darlleniad hwn, darllenwn na fyddai 'neb yn dweud am ddim o'i feddiannau mai ei eiddo ef ei hun ydoedd, ond yr oedd ganddynt bopeth yn gyffredin'. Byddai'r rhan fwyaf ohonom yn ystyried hon yn ffordd chwyldroadol o fyw, ac yn rhywbeth y byddem efallai yn ei chael yn anodd dymuno ei wneud. Ond efallai fod angen i ni feddwl am y cyd-destun. Os meddyliwn yn ôl i'r rhyfel, mae llawer o storïau am deimladau o wir agosatrwydd, rhannu a chymuned yn datblygu yn wyneb tlodi ac adfyd. Dyma beth oedd y gymuned y cyfeirir ati yn Actau 4, ac y mae'n adlewyrchu'r ffordd y mae Duw yn ein galw i fyw pob diwrnod.

Mae Actau 4 yn ein hysbrydoli i fod yn gymuned o gredinwyr sy'n gofalu o ddifrif am ein gilydd ac yn hael tuag at ein gilydd, nid yn unig gyda'n hadnoddau ond gyda'n hamser a'n doniau hefyd, Pan fyddwn yn gwneud hyn, byddwn yn adlewyrchu natur Trindodaidd Duw ar ei orau ac yn gwasanaethu ein gilydd mewn cariad.

Cwestiynau

- Beth oedd Sant Ffransis o Assisi yn ei feddwl pan anogodd ni i 'bregethu'r Efengyl, a defnyddio geiriau os oes angen'?
- Ym mha ffyrdd y mae eich eglwys leol yn adlewyrchu'r eglwys fore a ddisgrifir yma yn Actau 4? Ym mha ffyrdd y gallai wneud hynny hyd yn oed yn fwy?

Easter 2
Acts 4:32–35

Reflection 30 Chris Burr

One of the great joys of travelling to explore new places is the joy of discovering new cultures and contexts, often with very different values and perspectives on life to our own. And in today's reading from Acts chapter 4, we find painted for us a snapshot of life from the earliest days of Christian community in Jerusalem.

This particular passage is often held up as a blueprint of what living in community as Christian disciples together ought to look like. But when reading this particular passage, it's easy to feel somewhat discouraged because it paints a picture of a highly integrated church united both in mind and purpose. In light of that perhaps it's only natural to ask the question, 'Why doesn't my own church look a bit more like this?'

But before we beat ourselves up too much, it's worth reminding ourselves that whilst Acts is full of many wonderful and inspiring tales of the early church like we read here in Acts 4, there are many other examples of the early church struggling with the big issues of life just as we do. Just like Christians today, they too had their moments of faithlessness and failure.

It's also important to remember that the early church existed in a very different world to the one in which we live now. So what, if anything, do we have in common with the early church? And what might we learn through it?

First and foremost, what strikes me is that what unites us above all else is our call to ministry. Now, when we say ministry, we are often tempted to think of that as something the vicar does (!), but we are all called to be faithful ministers of the Gospel in countless different ways. For some that might well be undertaking a specific task in the church or local community, but for most of us it's much more about how we go about living alongside people in the very mundane and ordinary things of life.

In verse 32 of this passage, we read that 'no one claimed that any of their possessions was their own, but they shared everything they had'. Most of us would consider this quite a radical way to live, and something perhaps that we struggle to aspire to. But perhaps we need to think about context. If we think back to the war, there are many stories where, when faced with poverty and adversity, a sense of genuine togetherness, sharing and community evolved. This is what the community we read about in Acts 4 is all about, and reflects the way in which God calls us to live each and every day.

Acts 4 inspires us to be a community of believers that genuinely cares about, and is generous with, one another, not only with our resources, but with our time and talents too. When we do this, we best reflect God's Trinitarian nature and serve one another in love.

Questions

- What did St Francis of Assisi mean when he exhorted us to 'preach the Gospel, and if necessary use words'?
- In what ways does your local church reflect the early church depicted here in Acts 4? In what ways could it even more?

Y Pasg 3
Luc 24:36b–48

Myfyrdod 31 Rosemary Rogers

Beth ydych chi'n feddwl o stori'r atgyfodiad? Dyma sylfaen ein ffydd. Ond pa fath o ddigwyddiad oedd o? Mae'r Efengylau yn ddiamwys. Roedd gan Iesu atgyfodedig gorff materol. Corff cadarn y gallech ei gyffwrdd. Corff a allai fwyta ac yfed. Person a fyddai'n siarad â chi ac yn gwrando arnoch fel unrhyw berson arall. Roedd y bedd yn wag oherwydd fod y corff y tu mewn iddo wedi atgyfodi.

Ond roedd yn gorff materol oedd wedi newid, oherwydd fe ddaeth ac fe aeth o'r byd mewn ffordd y disgwyliai'r digyblion i ysbryd ymddwyn. Nid yw cyrff materol cyffredin yn mynd a dod yn y ffordd y gwnaeth Iesu atgyfodedig. Nid dyma'r tro cyntaf i gorff Iesu beidio ag ufuddhau i reolau cyffredin natur. Roedd wedi cerdded ar Fôr Galilea (Ioan 6:16–21). Roedd y disgyblion wedi meddwl ar y dechrau mai ysbryd ydoedd bryd hynny yn union fel roeddent yn meddwl yn awr. Ac roeddent wedi medru derbyn mai'r un Iesu corfforol yr oeddent yn ei adnabod ydoedd bryd hynny ar y llyn, fel y gallent yn awr, mewn tŷ yn Jerwsalem. Doedden nhw ddim yn deall, ond roeddent yn derbyn gwirionedd atgyfodiad corfforol Iesu. Person yr oedd ganddo gorff, ac nid ysbryd: corff oedd yn dal â chreithiau'r croeshoelio arno.

Beth mae hyn yn ei olygu i ni? Wel, rydym yn siarad llawer yn yr eglwys am edrych ar ôl ein heneidiau, ond os yw ein cyrff hefyd yn cael eu hatgyfodi mewn rhyw ffordd, yna fel Cristnogion fe ddylem edrych ar ôl ein cyrff a'n meddyliau hefyd. Maent wedi cael eu rhoi i ni ac maent yn werthfawr. Nid yn unig bod angen i ni gadw'n heini ac yn iach oherwydd mai ni yw dwylo a thraed Iesu ar y ddaear; mae angen i ni ofalu am ein cyrff oherwydd fod yr atgyfodiad yn dweud wrthym eu bod yn rhan bwysig o pwy ydym ni; creaduriaid wedi ein gwneud gan Dduw. Rydym yn bobl gyflawn, nid ysbrydion a'r rheini yn bwysig o fewn cyrff nad ydynt yn bwysig. Mae ein corff, ein meddwl a'n hysbryd i gyd yn bwysig a rhaid gofalu amdanynt i gyd. Fe'u gwnaed i gyd gan Dduw i weithio gyda'i gilydd i wneud person cyflawn. Nid ysbryd yn cartrefu dros dro mewn corff oedd Iesu; yr oedd ac y mae yn uniad perffaith o gorff ac ysbryd; y person perffaith. Mae'r bobl yr ydym yn eu cyfarfod ac yn gweinidogaethu arnynt hefyd yn bobl gyflawn; corff, meddwl ac ysbryd. Gan fod lles pawb yn bwysig i Dduw, dylai hefyd fod yn bwysig i ni, a dylai hynny fod yn amlwg yn y ffordd yr ydym yn rhannu neges yr Efengyl; nid 'achub eneidiau' ond 'dod â phobl at Grist'.

Cwestiynau

- Roedd creithiau'r croeshoeliad ar gorff Iesu yn ei atgyfodiad. Beth allai hynny ei ddweud am y ffordd y mae 'corff perffaith' yn edrych yn nheyrnas Dduw?
- Os yw cyrff a meddyliau yn cyfrif yn ogystal ag eneidiau, sut y gallai hynny effeithio ar ein hagwedd at genhadu ac efengylu?

Easter 3
Luke 24:36b–48

Reflection 31 Rosemary Rogers

What do you think about the resurrection story? It is the foundation of our faith. But what sort of event was it? The Gospels are unequivocal. The risen Jesus had a physical body. A solid body you could touch. A body which could eat and drink. A person who would talk to you and listen to you like any other person. The tomb was empty because the body inside it had risen.

But it was a changed physical body, because it came and went from the world in the way the disciples expected a ghost to behave. Ordinary physical bodies just do not come and go in the way the risen Jesus did. This was not the first time Jesus' body had not obeyed the normal laws of nature. He had walked on the Sea of Galilee (John 6:16-21). The disciples had thought at first he must be a ghost then just as they did now. And they were able to accept that it was indeed the real physical Jesus they knew then, on the lake, as they could now, in a house in Jerusalem. They did not understand, but they accepted the truth of the physical resurrection of Jesus. A person with a body, not a ghost; a body which still bore the scars of crucifixion.

What does it mean for us? Well, we talk a lot about looking after our souls in church, but if our bodies are also resurrected in some way, then as Christians we should look after our bodies and minds too. We have been given them and they are precious. It is not just that we need to keep fit and well because we are Jesus' hands and feet on earth; we need to look after our bodies because the resurrection tells us they are an important part of who we are; creatures made by God. We are whole people, not spirits which matter inside bodies which don't. Our bodies, minds and spirits are all important and all to be looked after. They were all made by God to work together to make a whole person. Jesus was not a spirit temporarily housed in a body; he was and is the perfect union of body and spirit; the perfect person. The people we meet and minister to are also whole people; body, mind and spirit. Since the well-being of each and every person matters to God, it should also matter to us, and show in how we share the Gospel message; not 'saving souls' but 'bringing people to Christ'.

Questions

- Jesus' resurrection body bore the scars of crucifixion. What might that say about what 'a perfect body' looks like in the kingdom of God?
- If bodies and minds matter as well as souls, how might that affect how we approach mission and evangelism?

Y Pasg 4
Ioan 10:11–18

Myfyrdod 32 Sally Nash

Os byddaf yn gyrru ar hyd lôn wledig a defaid arni yn fy rhwystro rhag mynd ymlaen, yn amlach na pheidio bydd rhywun ar gefn beic pedair olwyn y tu ôl iddynt, a bydd ganddynt gi weithiau hefyd! Mae hyn yn wahanol iawn i'r darlun yn fy meddwl o bobl mewn gwisgoedd llaes, penwisg a ffon bugail, sydd mae'n debyg yn waddol dramâu'r geni fy mhlentyndod. Does gen i ddim syniad a yw'r person ar y beic pedair olwyn yn fugail da, ond gwn er pan oeddwn yn blentyn yn canu emynau fod Iesu yn fugail da!

Pan fyddaf yn gofyn i bobl pa salmau y maent yn eu hoffi, byddant yn aml yn cyfeirio at Salm 23, 'Yr Arglwydd yw fy mugail'. Efallai fod ein dealltwriaeth o Iesu yn dweud 'Myfi yw'r bugail da' wedi ei ffurfio yn rhannol trwy glywed y salm honno yn cael ei darllen neu ei chanu neu hyd yn oed ar y teledu fel arwyddgan *The Vicar of Dibley*! Mae'n debyg mai'r stori arall y byddwn yn ei chofio yw dameg y ddafad golledig ble mae'r bugail yn gadael y naw deg naw ac yn mynd i chwilio am yr un. Pe byddem ni yr un honno, byddem yn sicr yn meddwl amdano fel y bugail da, ond nid wyf mor siŵr beth oedd y naw deg naw yn feddwl wrth iddynt wylio'r bugail yn eu gadael! Mae'n anghyffredin darllen darn o'r Beibl a meddwl amdano ar wahân i rannau eraill o'r Ysgrythur, ac mae hynny yn arbennig o wir am y darlleniad hwn.

Tybed beth yw eich hoff enw chi am Iesu? Y bugail da yw un o fy rhai i am ei fod yn fy helpu i werthfawrogi yr hyn y mae Iesu wedi ei wneud drosof i wrth roi ei einioes ar y groes. Mae Iesu'n mynd ymlaen i gymharu'r bugail da â'r gwas cyflog sy'n rhedeg i ffwrdd gan ei amddiffyn ei hun yn hytrach na'r defaid. Efallai ein bod ni wedi meddwl pwy y byddem yn rhoi ein heinioes drostynt er, yn ffodus, nad ydym mewn diwylliant lle y bydd galw am hynny yn llythrennol oherwydd ein ffydd. Fodd bynnag, gallwn ddangos sut yr ydym yn dilyn y bugail da trwy'r ffyrdd bach yr ydym yn rhoi ein heinioes dros ein gilydd, mynd o'n fordd i helpu, bod yn garedig neu wneud rhywbeth aberthol dan arweiniad Duw. Rwyf yn llawn edmygedd o fy ffrind Shelley a roddodd aren i un o'i ffrindiau. Ond fel y mae ein darlleniad yn dweud, rhywbeth i'w wneud yn wirfoddol yw rhoi einioes, ein dewis ni ydyw, yn union fel yr oedd yn ddewis i Iesu.

Wrth i ni feddwl am y bugail da, efallai y bydd arnom eisiau meddwl am y rhai sy'n fugeiliaid da i ni, a mynegi ein diolch am hynny. Efallai y byddwn hefyd am fod yn wyliadwrus os cawn ein hunain yn cael ein harwain gan rywun nad yw'n fugail da a myfyrio dros yr hyn y mae angen i ni ei wneud ynglŷn â hynny.

Mae'r darlleniad yn gorffen wrth i Iesu ddweud mai gan ei Dad y derbyniodd y gorchymyn hwn (adnod 18). Pa orchmynion ydym ni wedi eu derbyn gan y Tad i'n helpu i ateb ein galwad i fod yn ddefaid sy'n clywed llais Duw?

Cwestiynau

- Sut y gallech chi 'roi eich einioes' dros rywun heddiw?
- Beth mae'n ei olygu i chi i feddwl am Iesu fel y bugail da? Sut y mae hynny'n cyfoethogi eich bywyd ysbrydol a'ch dealltwriaeth o'r hyn yw ystyr dilyn Iesu?

Easter 4

John 10:11–18

Reflection 32 Sally Nash

If I am driving down a rural lane and it is blocked by sheep, most often there is a person on a quad bike behind them, sometimes with a dog! It is a long way from the picture in my mind of people in flowing robes, a headdress and a crook, which is probably a legacy from childhood nativity plays. I would have no idea if the person on the quad bike is a good shepherd, but I know from my childhood hymn singing of 'Loving shepherd of thy sheep' that Jesus is!

When I ask people which psalms they like, they will often mention Psalm 23, 'The Lord is my shepherd'. Perhaps our understanding of Jesus saying 'I am the good shepherd' is partly shaped by hearing that psalm, read or sung or even on television as the theme tune for *The Vicar of Dibley*! The other story we may recall is the parable of the lost sheep where the shepherd leaves the ninety-nine and goes in search of the one. If we are the one, we certainly think of them as the good shepherd, not so sure what the ninety-nine were thinking as they watched the shepherd wander off! It is rare to read a Bible passage and think of it in isolation to other parts of Scripture, and that is particularly true of this one.

I wonder what your favourite name for Jesus is? The good shepherd is one of mine as it helps me to appreciate what Jesus has done for me in laying down his life on the cross. Jesus goes on to contrast the good shepherd with the hired hand who runs away, protecting themselves, not the sheep. Perhaps we have thought about who we might lay our life down for although, fortunately, we are not in a culture where because of our faith it comes to that literally. However, we can show how we follow the good shepherd by the little ways we lay our lives down for each other, going out of our way to be helpful, doing a random act of kindness or as God leads, something sacrificial. I am full of admiration for my friend Shelley who donated a kidney to one of her friends. But as our passage says, this laying down is something to be done voluntarily, it is our choice, just as it was the choice of Jesus.

As we think about the good shepherd, we may want to think about those who are good shepherds to us, and express our gratitude for that. We may also want to be wary if we find ourselves being led by someone who is not a good shepherd and reflect on what we need to do about that.

The passage finishes with Jesus saying that he has received this command from the Father (verse 18). What commands have we received from the Father to help us fulfil our calling to be sheep who hear God's voice?

Questions

- How might you 'lay your life down' for someone today?
- What does it mean to you to think of Jesus as the good shepherd? How does that enrich your spiritual life and understanding of what it means to follow Jesus?

Y Pasg 5
Ioan 15:1–8

Myfyrdod 33 David Ball

Mae Iesu yn defnyddio'r ddelwedd o winwydden fel trosiad am berthynas gynhyrchiol, gan bwysleisio'r effaith y gall gweithredoedd da wedi'u hordeinio gan Dduw eu cael ar eraill, a sut y gall y rhain ddod â gogoniant i Dduw.

Yn yr Ysgrythurau Hebraeg, mae'r winwydden yn arwydd grymus am bobl Israel (gweler Salm 80). Ar y cefndir hwn, mae Iesu'n ei gyffelybu ei hun i winwydden, ac yn ei ddisgrifio'i hun fel y 'wir winwydden', a ninnau ei ddilynwyr, neu eglwys, fel ei ganghennau. Un o'r agweddau allweddol i'r rhai sy'n tyfu gwinwydd yw nifer ac ansawdd eu ffrwythau. Yn wir, mae'r Gymdeithas Arddwriaethol Frenhinol (The Royal Horticultural Society, RHS) yn argymell tocio a chyfeirio gwinwydd yn flynyddol er mwyn sicrhau eu bod yn cynhyrchu cynhaeaf da ac un o brif arfau garddwr yw siswrn tocio da. Mae Duw, yr un fath â'r garddwyr sy'n dilyn cyfarwyddiadau'r RHS, yn tocio ac yn gofalu am ei winwydden, sef ei eglwys, yn gyson er mwyn sicrhau ein bod nid yn unig yn dal i ddwyn ffrwyth ond ein bod yn gwneud hynny yn fwy cynhyrchiol.

Felly, mae Iesu yn ein rhybuddio bod perygl i unrhyw gangen nad yw'n dwyn ffrwyth gael ei thorri i ffwrdd ac y bydd wedyn fel unrhyw flodyn a dorrir yn gwywo a marw; hefyd, bydd hyd yn oed y rhai sydd yn dwyn ffrwyth yn cael eu tocio fel eu bod yn cynhyrchu mwy fyth. Sut y gallwn ni sicrhau ein bod yn parhau i ddwyn ffrwyth? Mae Iesu yn dweud wrthym bod yn rhaid i ni aros ynddo ef fel ei fod ef ynom ni; dim ond trwy wneud hyn y gallwn ddwyn ffrwyth.

Ymhellach, os gwnawn hyn, os cawn ein himpio arno ef a'n gosod yn union â Duw, gallwn ofyn iddo ef am beth bynnag a fynnwn, a dywed Iesu y caniateir hynny. Yn olaf, trwy ddwyn llawer o ffrwyth rydym nid yn unig yn dangos ein bod yn ddisgyblion i Iesu, ond mae hyn hefyd yn dod â gogoniant i Dduw.

Ond beth yw'r ffrwythau hyn? Fe fyddwn i yn awgrymu gweithredoedd da, wedi eu cyflawni mewn ffordd dda, neu a ddylai hynny fod yn 'weithredoedd Duw' wedi eu cyflawni mewn 'ffordd Dduwiol'? Mae Paul, yn ei lythyrau, yn cymhwyso dysgeidiaeth Iesu i'w mynegiant ymarferol yn yr eglwys. Yn Effesiaid 2 adnod 10 darllenwn, 'Oherwydd ei waith ef ydym, wedi ein creu yng Nghrist Iesu i fywyd o weithredoedd da, bywyd y mae Duw wedi ei drefnu inni o'r dechrau.' Rydym ni felly wedi cael ein creu ar gyfer gweithredoedd da Duw a gynlluniodd ymlaen llaw. Ymhellach, dywed Iesu eto yn Mathew 5 adnod 16 y bydd eraill yn gweld ein gweithredoedd da ac yn gogoneddu Duw; 'Felly boed i'ch goleuni chwithau lewyrchu gerbron eraill, er mwyn iddynt weld eich gweithredoedd da chwi a gogoneddu eich Tad, yr hwn sydd yn y nefoedd.'

Ond nid gweithredoedd da yn unig sy'n bwysig ond yr ysbryd sydd wedi rhoi bod iddynt. Mae Paul yn egluro hyn ymhellach wrth siarad am ffrwythau'r Ysbryd yn Galatiaid 5 adnod 22; 'Ond ffrwyth yr Ysbryd yw cariad, llawenydd, tangnefedd, goddefgarwch, caredigrwydd, daioni, ffyddlondeb, addfwynder, hunanddisgyblaeth.'

Trwy aros mewn perthynas agos â Iesu, trwy gael ein tocio gan Dduw er mwyn cael gwared â'n hagweddau anffrwythlon ac er mwyn ein hannog i ddwyn ffrwyth (mae rhai yn galw hyn yn gael ein disgyblu) rydym i ymgymryd â gweithredoedd da wedi eu paratoi gan Dduw mewn ffordd dda a Duwiol a phan fydd pobl yn gweld y rhain, byddant yn sylweddoli bod Duw yn gweithio ynom a thrwom ni, a bydd hyn yn dod â'r clod a'r mawl dyledus iddo ef.

Cwestiynau

- A fu yna unrhyw adegau pan oeddech yn teimlo bod Duw yn eich tocio (eich disgyblu) ac er ei fod yn teimlo'n anodd ar y pryd yr ydych wedyn wedi gweld sut y bu hynny fod o fudd i chi?
- Pa gamau ymarferol fedrwn ni eu cymryd i sicrhau ein bod yn cynnal ein perthynas agos â Iesu ac yn aros wedi ein himpio i'r wir winwydden?

Easter 5
John 15:1–8

Reflection 33 David Ball

Jesus uses the image of a vine as a metaphor for a productive relationship, emphasising the impact that Godly ordained, good works can have on others, and how these can bring glory to God.

In the Hebrew Scriptures, the vine is a potent symbol for the people of Israel (see Psalm 80). On this background, Jesus likens himself to a vine, describing himself as being the 'true vine', and we his followers, or church, as his branches. One of the key aspects for those who grow vines is the quantity and quality of the fruit that they bear. Indeed, The Royal Horticultural Society (RHS) recommend yearly pruning and training of vines to ensure that they produce a good harvest and one of the primary tools of the gardener is a good pair of secateurs. God, like the RHS informed gardener, tends and prunes his vine, his church, regularly to ensure that we not only continue to bear fruit but that we do so more productively.

Thus, Jesus warns us that any branch that doesn't bear fruit runs the risk of being cut off and like any cut flower, will wither and die; in addition, even those that do bear fruit will be pruned so that they produce even more. How can we make sure that we continue to bear fruit? Jesus tells us that we must remain in him so that he is in us; only by doing this can we bear fruit.

Furthermore, if we do so, if we are grafted into him and aligned with God, we can ask him for whatever we wish, and Jesus says it will be done. Finally, by bearing much fruit we not only show that we are Jesus' disciples, but this brings glory to God.

But what are these fruits? I would suggest good deeds, delivered in a goodly manner or should that be 'God deeds' delivered in a 'Godly manner'. Paul, in his letters, applies Jesus' teachings to their practical expression in the church. In Ephesians 2 verse 10 we read, 'For we are God's handiwork, created in Christ Jesus to do good works, which God prepared in advance for us to do' (NIV). We then, have been created for God's good works that he planned in advance. Furthermore, Jesus again says in Matthew 5 verse 16, others will see our good deeds and they will give glory to God; 'Let your light shine before others, so that they may see your good works and give glory to your Father in heaven' (NRSV).

But it is not only good works that are important but the spirit in which they are undertaken. Paul explains this further when he talks about fruit, the fruits of the Spirit, in Galatians 5 verses 22 and 23; 'But the fruit of the Spirit is love, joy, peace, forbearance, kindness, goodness, faithfulness, gentleness and self-control' (NIV).

By remaining in close relationship to Jesus, through being pruned by God to remove our non-productive aspects and to encourage our fruit bearing (some call this being disciplined) we are to undertake God prepared, good deeds in a goodly, Godly manner and when people see these, they will recognise that it is God working in, and through us, and this will bring him due praise and glory.

Questions

- Have there been any times when you feel that God has pruned you (disciplined you) and whilst it felt difficult at the time subsequently you can see how it has benefited you?
- What practical steps can we take to make sure that we maintain our close relationship with Jesus and remain grafted into the true vine?

Y Pasg 6
Ioan 15:9–17

Myfyrdod 34 Becky Evans

Mae caru yn air rhyfedd – gallaf garu siocled a fy ngŵr a Duw. Gobeithiaf ei bod yn amlwg ei fod yn golygu pethau gwahanol mewn gwahanol gyd-destunau! Yn yr iaith Roeg, sef iaith wreiddiol y Testament Newydd, mae geiriau gwahanol am wahanol fathau o gariad. Yn y darlleniad hwn, y cariad y cyfeirir ato yw agape – cariad hunanaberthol, diamod. Y cariad y mae Duw yn ei ddangos tuag atom ni.

Mae Iesu yn galw arnom i garu ein gilydd. Mor syml, ac eto mor ddwfn. Nid yw yn galw arnom i deimlo yr un fath tuag at ein gilydd ag yr ydym yn teimlo tuag at ein hoff fwyd! Yn hytrach, mae'n rhoi i ni yr enghraifft hon o gariad – '...bod rhywun yn rhoi ei einioes dros ei gyfeillion' (adnod 13). Wow. Mae hwn yn gariad o ddifrif. Y cariad o ddifrif hwnnw y mae Iesu yn ei ddangos tuag at bob un ohonom. Y cariad rhyfeddol y mae Duw yn ei ddangos tuag at bob un ohonom, trwy anfon Iesu i'r groes.

Yr unig ffordd y gallwn obeithio medru dangos y math yna o gariad tuag at ein gilydd yw trwy nerth yr Ysbryd Glân yn ein helpu. Mae Duw yn galw arnom i aros yn ei gariad. Gelwir arnom i gydgerdded â Duw. Darlun o'r ffordd y mae trên yn symud, trwy gadw ar y cledrau. Aros ble maen nhw i fod. Mae cariad Duw ar gyfer pawb ond rydym hefyd wedi cael y dewis o ymwrthod – mae'n rhaid i ni wneud penderfyniad er mwyn aros yng nghariad Duw. Nid yw o reidrwydd yn mynd i fod yn gariad maldodus hawdd bob amser ond gallwn ddewis aros yng nghariad Duw, gan wybod nad yw yn newid – oherwydd mae Duw yr un ddoe, heddiw a hyd byth.

Trwy aros yng nghariad Duw, fe'n galluogir ni i ddwyn ffrwyth. Yn gynharach yn Ioan pennod 15 mae Iesu yn cyfeirio at gydweddiad y winwydden a'r canghennau. Y ffordd y mae'r canghennau yn gwbl ddibynnol ar y winwydden. Ni all y ffrwyth dyfu y tu allan i'r winwydden neu'r goeden. Ac mae'r ffrwyth sy'n tyfu yn adlewyrchu'r math o winwydden neu goeden y mae'n tyfu arno. Mae gennym ni goeden afalau yn yr ardd, petai orennau yn dechrau tyfu arni byddem yn gwybod bod rhywbeth o'i le (heblaw y byddai'r tywydd yng Nghymru wedi mynd yn llawer poethach) am mai afalau sy'n tyfu ar goed afalau.

Sut rydym ni'n aros yng nghariad Duw? Rydym yn cadw ei orchmynion. Nid oherwydd ofn ond oherwydd perthynas â'r Tad. Gyda'n teulu daearol a'n ffrindiau, weithiau byddwn yn gwneud yr hyn sydd orau gan rywun arall oherwydd cariad a pherthynas. Weithiau byddaf yn gwylio rhaglen deledu o ddewis fy ngŵr oherwydd fod arnaf eisiau dangos fy nghariad tuag ato. Enghraifft fechan, ond cymaint yn fwy perthnasol yw hyn gyda Duw. Yr hyn sydd mor rhyfeddol yw nad yw hyn yn unig er mwyn cadw Duw yn hapus na hyd yn oed dangos cymaint yr ydym yn caru Duw, ond yn hytrach mae Duw yn dweud mai fel hyn y mae er mwyn i'w lawenydd ef fod ynom ni, ei blant ac er mwyn i'n llawenydd ni fod yn gyflawn! (adnod 11).

Cwestiynau

- Beth y mae aros yng nghariad Duw yn ei olygu i chi? Fedrwch chi ddysgu oddi wrth eich gilydd ffyrdd y gallech elwa ohonynt?
- Pa ffrwyth sy'n cael ei ddwyn yn eich bywyd chi yn awr? Os nad ydych yn siŵr, gofynnwch i Dduw beth mae'n dymuno dyfu ynoch chi a sut y gallwch rannu ei gariad â'r rhai sydd o'ch cwmpas.

Easter 6
John 15:9–17

Reflection 34 Becky Evans

Love is a funny word in the English language – I can love chocolate and my husband and God. I'd hope it's obvious that it means different things in different contexts! In Greek, the language the New Testament was written in, there are different words for different types of love. In this passage, the love being referred to is agape – self sacrificial, unconditional love. The love that God shows us.

Jesus calls us to love each other. So simple, yet so profound. He's not calling us to have the same feeling for each other, as for our favourite food! Rather, he gives us this example of love – '…to lay down one's life for one's friends' (verse 13). Wow. This is serious love. The serious love that Jesus shows for each one of us. The amazing love that God shows to each one of us, by sending Jesus to the cross.

The only way that we can hope to be able to demonstrate that kind of love to one another is through the power of the Holy Spirit helping us. God calls us to remain in his love. We are called to keep in step with God. The picture of how a train moves, by staying on the tracks. Remaining where they are meant to be. God's love is for all but we have also been given the option of opting out – we have to make a decision to remain in God's love. It's not necessarily always going to feel all 'lovey dovey' but we can choose to remain in God's love, knowing that it doesn't change – because God is the same yesterday, today and forever.

By remaining in God's love, we are enabled to bear fruit. Earlier in chapter 15 of John, Jesus refers to the analogy of the vine and the branches. The way that branches are completely dependent on the vine. Fruit cannot be borne outside of the vine or the tree. And the fruit that is borne reflects the type of vine or tree it is growing on. We have an apple tree in the garden, were it to start growing oranges we'd know something isn't right (in addition to the weather in Wales having got much hotter!) for apple trees bear apples.

How do we remain in God's love? We keep his commands. Not out of fear but out of relationship with the Father. With our earthly family and friends, sometimes we do what someone else prefers from a place of love and relationship. Sometimes I'll watch the TV programme that my husband wants to watch, because I want to show my love for him. A small example, but how much more does this apply with God. What is so amazing is that this isn't just to keep God happy or even to show how much we love God, rather, God says it is so that we, his children may have his joy and that our joy may be complete! (verse 11).

Questions

- What does remaining in God's love look like for you? Can you learn from one another ways which you could benefit from?
- What fruit is being borne in your life now? If you're not sure, ask God what he'd like to grow in you and how you can share his love with those around you.

Y Dyrchafael
Salm 47

(Gweler Eglwys y Bobl Blwyddyn A am fyfyrdod ar Luc 24:44–53)

Myfyrdod 35 Mark Thomas

Faint o arweinwyr gwleidyddol allech chi eu henwi sydd yn ddigwestiwn wedi gwneud mwy o dda nag o ddrwg? Faint o'r enwau hynny sy'n cynhesu eich calon pan fyddwch yn eu clywed, ac yn gwneud i chi obeithio a gweddïo am fwy o arweinwyr tebyg iddynt? Y gwir yw fod gormod o arweinwyr heddiw yn ein siomi'n ddirfawr. Rhai oherwydd diffyg egwyddor, rhagrith wynebgaled, rhagfarn cibddall neu ffafriaeth ddiegwyddor. Mae eraill nad ydynt yn ddim ond bwlis a gormeswyr. Mae rhai yn chwarae'r gêm er mwyn cael eu hethol, a dim ond yn dangos eu gwir liwiau unwaith y maent mewn grym. Ac mae hyd yn oed y rhai â'r gweledigaethau mwyaf anrhydeddus yn aml yn ei chael yn anodd gweithredu'r hyn yr oeddent wedi gobeithio ei gyflawni.

Ac eto, ynghanol dadrithiad o'r fath, mae'r salmydd yn galw arnom i ddathlu mewn llawenydd. Dathlu math gwahanol iawn o arweinydd. Brenin. A brenin y gall yr holl fyd lawenhau ynddo.

Yn gyntaf, gwelwn fod *ffyrdd* y Brenin hwn yn wahanol i'n ffyrdd ni. Crisialir hyn yn yr ymadrodd, 'Y mae'n eistedd ar ei orsedd sanctaidd' (adnod 8). Yn y Beibl, ystyr y gair 'sanctaidd' yw 'ar wahân' neu 'gwahanol'. Ond yn y ffordd orau! Mae ei frenhiniaeth yn frenhiniaeth ryfeddol o wahanol. Gorsedd *sanctaidd* yw ei orsedd ef.

Yn ail, mae *natur* y Brenin hwn yn wahanol i'n natur ni. Mae'r salm yn defnyddio ymadrodd dirgel a phroffwydol wrth ddisgrifio'r Brenin hwn: 'Esgynnodd Duw gyda bloedd.' Defnyddiwyd y geiriau hyn i ddechrau i ddisgrifio presenoldeb arch Duw yn cyrraedd Jerwsalem. Ond gyda dyfodiad Iesu, mae'r syniad rhyfedd o frenin sy'n dis-gyn ac yna yn es-gyn, ac sydd hefyd yn wir dduwiol, yn cael ei gyflawni i'r eithaf.

Yn drydydd, rydym yn clywed sawl tro bod y Brenin hwn yn fendith nid yn unig i Israel, ond i'r *holl bobloedd*. Mae adnod 9 yn mynegi hyn yn drawiadol trwy ddweud: 'Y mae tywysogion y bobl wedi ymgynnull GYDA phobl Duw Abraham.' Mae hyn yn ein hatgoffa o addewid fawr Duw i Abraham (Genesis 12) y 'bendithir holl dylwythau'r ddaear' trwy ddisgynyddion Abraham. Calon Duw erioed fu bendithio'r holl bobl ym mhob man, trwy ei Frenin dewisedig.

Cofiwch sylwi ar addewid werthfawr adnod 4: 'Dewisodd ein hetifeddiaeth i ni.' Yn y Beibl, mae 'etifeddiaeth' yn gysyniad enfawr a gogoneddus. Gair gobaith a gair gras. Mae ystyr y gair etifeddiaeth yn golygu nad yw byth yn cael ei hennill. Yn syml, cael ei rhoi y mae. Rhodd yn rhad ac am ddim i blentyn annwyl – hyd yn oed un afradlon. Ac y mae'n llawer gwell i ni fod Brenin cariad yn dewis ein hetifeddiaeth ar ein cyfer. Oherwydd pe byddem *ni* yn cynllunio ein dyfodol tragwyddol, yn raddol byddai'n mynd yn ddiflas. Ond os bydd *ef* yn ei gynllunio, nid yw'n bosibl iddo siomi. Fel yr atgoffwyd ni gan Paul ac Eseia: Pethau na welodd llygad, ac na chlywodd clust, ac na ddaeth i feddwl neb, y cwbl a ddarparodd Duw ar gyfer y rhai sy'n ei garu.

Llawenhawn felly yn y Brenin atgyfodedig ac esgynedig. Y Brenin sy'n rhyfeddol o wahanol. Brenin y gall yr holl fyd lawenhau ynddo. Ond cofiwn hefyd mai dim ond wedi iddynt ei ddarganfod y gallant lawenhau ynddo ef. Ni ddylem fyth gadw'r newyddion da am Grist i ni ein hunain, ond ei rannu ar hyd ac ar led, fel y salmydd, a gwahodd eraill i adnabod a dathlu'r Brenin. I bwy y gallwch chi ddod â llawenydd Iesu yr wythnos hon?

Cwestiynau

- Sut y mae brenhiniaeth sanctaidd Iesu yn wahanol i fathau bydol o arweinyddiaeth? Trafodwch enghreifftiau penodol. Sut y mae ei frenhiniaeth nid yn unig yn dod â rhyddhad ond llawenydd hefyd?
- Trafodwch y gwahaniaeth y mae gwybod bod ein 'hetifeddiaeth' (dyfodol tragwyddol) wedi ei dewis a'i chynllunio gan Dduw ac nid gennym ni yn ei wneud?

Ascension Day
Psalm 47

(See The People's Church Year A for a reflection on Luke 24:44–53)

Reflection 35 Mark Thomas

How many political leaders could you name who have unquestionably done more good than bad? How many of those names warm your heart when you hear them, making you hope and pray for more leaders like them? The truth is that too many leaders today profoundly disappoint us. Some through lack of integrity, blatant hypocrisy, blind prejudice or shameless favouritism. Others are simply bullies and tyrants. Some play the game to get themselves elected, but only show their true colours once they seize power. And even those with the most noble of visions often find themselves unable to deliver what they hoped.

Yet, amidst such disillusionment, the psalmist summons us to a joyful celebration. A celebration of a very different kind of leader. A king. And a king the whole world can rejoice in.

First, we see this King's *ways* are different to our ways. This is captured in the phrase, 'seated on his holy throne' (verse 8). In the Bible, the word 'holy' means 'separate' or 'different'. But in the best way! His kingship is a wonderfully different kind of kingship. His throne is a *holy* throne.

Second, this King's *nature* is different to ours. In describing this King, the psalm uses a mysterious and prophetic phrase: 'God has ascended amid shouts of joy.' These words first described the arrival of the ark of God's presence in Jerusalem. But with the coming of Jesus, the strange idea of a king who de-scends and then as-cends, and who is also truly divine, finds its ultimate fulfilment.

Third, several times we hear that this King is not just a blessing to Israel, but to *all nations*. Verse 9 puts this most strikingly, saying: 'The nobles of the nations assemble AS the people of the God of Abraham.' This recalls God's great promise to Abraham (Genesis 12) that through Abraham's offspring 'all the families of the earth will be blessed'. The heart of God has always been to bless all people everywhere, through his chosen King.

And don't miss the precious promise of verse 4: 'He chose our inheritance for us.' In the Bible, 'inheritance' is a huge and glorious concept. A hope-word and a grace-word. Inheritances, by definition, are never earned. They are simply given. A free gift to a beloved child – even a prodigal one. And it's far better for us that the King of love chooses our inheritance for us. For if *we* designed our eternal future, it would eventually become boring. But if *he* designs it, it cannot possibly disappoint. As Paul and Isaiah remind us: No eye has seen, no ear has heard, and no mind has ever conceived the glorious things God has prepared for those who love him.

So let us rejoice in the risen and ascended King. The wonderfully different King. A King the whole world can rejoice in. But let us also remember that they can only rejoice in him once they discover him. We must never keep the good news of Christ to ourselves, but share it far and wide, like the psalmist, inviting others to know and celebrate the King. Who can you bring the joy of Jesus to this week?

Questions

- How is the holy kingship of Jesus different from worldly forms of leadership? Discuss specific examples. How does his kingship bring not just relief but joy?
- Discuss the difference it makes to know that our 'inheritance' (eternal future) is chosen and designed by God and not us.

Y Pasg 7
Ioan 17:6–19

Myfyrdod 36 Dyfrig Lloyd

Does dim yn waeth na theimlo absenoldeb rhywun sydd yn agos atom. Mae'n gadael gwacter mawr yn ein bywydau. Wrth gwrs, gall fod nifer o resymau am yr absenoldeb hwn: cymar yn mynd i ffwrdd i weithio am gyfnod hir, ffrind agos yn symud tŷ i fyw i ardal arall, plentyn yn gadael cartref i ddechrau ar gwrs yn y coleg, ac yn y blaen. Mae'n anodd cyfarwyddo â'r gwacter lle gynt yr oedd presenoldeb rhywun arall yn llenwi ein bywydau'n braf. Weithiau, dim ond wrth inni brofi eu habsenoldeb, yr ydym yn gweld ac yn wir gwerthfawrogi y ffordd y mae eu presenoldeb gyda ni yn gwneud i'n bywydau deimlo'n gyflawn.

Dyma ni heddiw, ar y Sul rhwng dydd Iau'r Dyrchafael pan gofiwn am Iesu yn esgyn i'r nef gan adael ei ddisgyblion, a'r Pentecost pan gofiwn am ddyfodiad yr Ysbryd Glân yn llenwi eu bywydau â grymuster ac angerdd i barhau yn y gwaith a ddechreuodd ef. Fe allwn ni ddychmygu'r disgyblion yn ystod y cyfnod hwn yn teimlo absenoldeb Iesu o'u bywydau i'r byw wrth iddynt aros a disgwyl am ddyfodiad yr Ysbryd Glân i lenwi'r gwacter.

Mae'r darlleniad o Efengyl Ioan heddiw yn rhan o weddi fawr Iesu dros ei ddisgyblion yn yr oruwchystafell ar y noson cyn ei groeshoeliad. Mae amseriad a lleoliad y weddi hon yn ychwanegu at ddwyster ac ystyr y geiriau. Roedd Iesu yn ymwybodol bod ei amser gyda'i ddisgyblion yn gyflym yn dirwyn i ben wrth i'w 'awr' nesáu. Yn nodweddiadol o Iesu, nid ei dynged ei hun a dioddefaint y groes oedd ar ei feddwl yn y weddi hon. Roedd ei feddwl wedi'i hoelio'n llwyr ar ei ddisgyblion. Roedd gan Iesu ofal mawr amdanynt fel y gwelwn o gynnwys ei weddi.

Yn gyntaf oll, mae Iesu yn diolch i Dduw am ei ddisgyblion; am y ffordd yr oeddent wedi tyfu yn eu ffydd a'u hadnabyddiaeth ohono yn ystod y tair blynedd o fod yn ei gwmni, yn dysgu wrth ei draed, ac yn mwynhau bod yn ei bresenoldeb (Ioan 17:6–10). Yn ail, wedi'r diolch, mae Iesu yn gweddïo dros eu diogelwch yn wyneb casineb y byd ac i'w hundod fel disgyblion barhau yn ei absenoldeb (Ioan 17:11–16). Yn olaf, mae Iesu yn erfyn ar ei Dad nefol i'w cysegru hwy, hynny yw, eu gosod ar wahân er mwyn iddynt gyflawni gwaith a gweinidogaeth arbennig sef cyhoeddi'r gwirionedd amdano i'r byd (Ioan 17:17–19).

Gweddïodd Iesu: 'Nid wyf fi mwyach yn y byd, ond y maent hwy yn y byd.' Yn ei absenoldeb corfforol, cyfrifoldeb y disgyblion oedd tystio iddo a chyhoeddi ei air bellach. Ond beth sydd yn hyfryd am y weddi hon yn Efengyl Ioan yw mai dyma'r union weddi y mae Iesu yn parhau i weddïo drosom ni ei ddisgyblion heddiw. Nid yw Iesu yn ein gadael yn amddifad o'i bresenoldeb nac yn ddiymadferth o'i allu. Er i ni o bryd i'w gilydd deimlo ei absenoldeb, y mae Iesu trwy yr Ysbryd Glân ar waith ynom. Mae Iesu'n diolch amdanom, mae'n gweddïo ar Dduw'r Tad dros ein diogelwch a'n hundod fel ei ddisgyblion heddiw, ac y mae'n ein galw i gyhoeddi ei air a pharhau yn y gwaith a ddechreuodd ef.

Cwestiynau

- Ydych chi erioed wedi teimlo absenoldeb Iesu yn eich bywydau?
- Pa elfen o weddi fawr Iesu sy'n taro tant â chi heddiw – y diolch amdanoch, y weddi am ddiogelwch ac undod, y cysegru – y gosod ar wahân i gyflawni gweinidogaeth arbennig yn y byd?

Easter 7
John 17:6–19

Reflection 36 Dyfrig Lloyd

There is nothing worse than feeling the absence of someone close to us. It leaves a huge void in our lives. Of course, there could be a number of reasons for this absence: a partner going away to work for a long period of time, a close friend moving house to another area, a child leaving home to start a college course, and so on. It is difficult to get accustomed to the empty space left by someone who had comfortably occupied our lives. Sometimes, it is only when we experience their absence that we see and really appreciate the way their presence with us makes our lives feel complete.

Here we are today, on the Sunday between Ascension Day when we remember Jesus leaving his disciples and being taken up to heaven and the Pentecost when we remember the coming of the Holy Spirit filling their lives with power and passion to continue the work that he began. We can imagine the disciples during this time feeling the acute loss of Jesus from their lives as they waited for the coming of the Holy Spirit to fill the void.

The reading from John's Gospel today is part of Jesus' great prayer for his disciples in the upper room on the night before his crucifixion. The time and place of this prayer add to the intensity and meaning of the words. Jesus was aware that his time with his disciples was quickly coming to an end as his 'hour' was approaching. As is typical of Jesus, it wasn't his own fate and the suffering of the cross that was on his mind in this prayer. His mind was totally fixed on his disciples. Jesus cared deeply for them as we can see from the content of his prayer.

First of all, Jesus thanks God for his disciples; for the way they had grown in their faith and their relationship with him during the three years of being in his company, learning at his feet, and enjoying being in his presence (John 17:6–10). Secondly, after giving thanks, Jesus prays for their safety as they face the hatred of the world and for their unity as disciples to continue in his absence (John 17:11–16). Finally, Jesus pleads with his heavenly Father to sanctify them, that is, to set them apart so that they fulfil the specific work and ministry of proclaiming the truth about him to the world (John 17:17–19).

Jesus prayed: 'I will remain in the world no longer, but they are still in the world.' In his physical absence, it was now the disciples' responsibility to testify to him and proclaim his word. But what is pleasant about this prayer in John's Gospel is that this is the same prayer that Jesus continues to pray for us his disciples today. Jesus does not leave us without his presence or incapable of his power. Although from time to time we feel his absence, Jesus is at work within us through the Holy Spirit. Jesus gives thanks for us, he prays to God the Father for our safety and our unity as his disciples today, and he calls on us to proclaim his word and continue in the work that he started.

Questions

- Have you ever felt Jesus' absence in your lives?
- Which element of Jesus' great prayer strikes a chord with you today – giving thanks for you, the prayer for safety and unity, the sanctifying – the setting aside to fulfil a specific ministry in the world?

Y Pentecost
Rhufeiniaid 8:22–27

(Gweler Eglwys y Bobl Blwyddyn A am fyfyrdod ar Actau 2:1–21)

Myfyrdod 37 David Dobbs

Mae'r syniad o feichiogrwydd a rhoi genedigaeth yn ein byd modern yn un i ryfeddu ato fel arfer, mae'n fywyd newydd yn dod o fywyd, ac wrth i'r beichiogrwydd ddatblygu mae'r teulu'n edrych ymlaen at ddyfodiad aelod ychwanegol, paratoir ystafelloedd, a bydd rhieni yn cynllunio ar gyfer dyfodol y person arbennig hwn a beth fydd enw'r babi, a threfnir partïon i ddathlu.

Yn y testun hwn, ychydig iawn sydd gan yr Apostol Paul i'w ddweud ar y pwnc o ddathlu, mae'n disgrifio beichiogrwydd fel amser anodd wedi ei gymhlethu â gwewyr esgor. Mae hyn yn swnio'n fwy o rybudd o boen nag o lawenydd. Mae gwewyr yn disgrifio profiad poenus, un nad yw'n hawdd, ac sy'n rhaid ei ddioddef er mwyn rhoi genedigaeth. Yn wahanol i'r disgrifad iwtopaidd bron a roddwyd ynghynt, roedd rhoi genedigaeth yn amser Paul yn brofiad braidd yn beryglus, roedd marwolaeth ymhlith plant yn uchel iawn, a hyd yn oed marwolaeth y rhiant a'r plentyn yn ddigwyddiad cyffredin, ac roedd cymhlethdodau yn aml yn dilyn rhoi genedigaeth a'r rheini'n aml yn farwol i'r fam – roedd llawer i'w ofni.

Gwyddai Paul fod beichiogrwydd, fel ffydd, yn rhywbeth na allwch yn syml ei osgoi – mae'r naill yn ddigwyddiad biolegol a'r llall yn ddeffroad ysbrydol sy'n newid bywydau am byth. Gallai Paul weld ysbryd creadigaeth newydd Duw yn tyfu o fewn y bobl ac roedd y newidiadau yn ddiymwad a'r profiad yn gythryblus. Teimlai Paul ei fod yn tystio i drawma eglwys yn cael ei geni o adfyd, yn dod i'r byd mewn amgylchiadau amherffaith ac yn brwydro i ddianc o groth y fam yn ddianaf. Roedd ganddo bob rheswm dros nodi'r gofid a deimlid gan fod y rhai a gyhoeddai eu ffydd yn Iesu Grist yn debygol o gael eu herlid, eu harteithio ac yn aml eu lladd am wneud dim ond credu.

Gall darganfod ffydd ar ôl bod hebddi fod yn anodd, ac eto mae'r wobr o gariad Crist yn drech na gwewyr genedigaeth newydd sawl gwaith trosodd, ac felly mae rhoi genedigaeth yn drosiad addas. Yn union fel y gall mam deimlo'r baban o'i mewn, yn tyfu ac yn symud yn y groth, felly hefyd y gallwn ninnau deimlo presenoldeb Crist o'n mewn, ac ni ellir gwadu twf mewnol yr Ysbryd Glân. Mae llythyr Paul yn amlinellu byd anffrwythlon a hesb, a'n bod trwy Grist yn cael ein hadnewyddu ac y rhoddir bywyd unwaith eto i ni gan lenwi byd diffrwyth llawn poen â llawenydd aileni a bywyd tragwyddol. Dyma pam y mae Paul yn disgrifio'r dyhead am ryddhad, ac mai pris bach yw'r gwewyr i'w dalu am ryddhad, amser i ni ddianc o ddiogelwch cymharol y groth i fyd yn llawn peryglon gyda Christ wrth ein hochr, a'r enedigaeth yn rhoi bywyd tragwyddol i bawb sy'n teimlo presenoldeb Crist o'u mewn.

Cwestiynau

- Ydych chi'n meddwl ein bod yn coleddu, yn meithrin ac yn gwerthfawrogi'r rhodd o ffydd yn yr un ffordd ag yr ydym yn coleddu ac yn gwerthfawrogi'r rhodd o aelod newydd i'r teulu?
- Sut y mae'r Ysbryd yn meithrin ac yn tyfu ffydd yn eich bywyd? Oes yna unrhyw beth y gallwch ei wneud, neu y gall yr eglwys ei wneud, i symbylu doniau'r Ysbryd yn fwy bwriadol er mwyn eich galluogi chi a'ch cyd-aelodau ymhellach yn eich ffydd?

Pentecost
Romans 8:22–27

(See The People's Church Year A for a reflection on Acts 2:1–21)

Reflection 37 David Dobbs

The thought of pregnancy and giving birth in our modern world is usually a wonderful one, it is new life from life, and as the pregnancy develops, the family look forward to the arrival of an extra member, rooms are prepared, parents plan the future of this very special someone, what will they call the baby, and parties of celebration are planned.

In this text, Paul the Apostle has very little to say on the subject of celebration, he describes pregnancy as 'difficult times', complicated by 'the pangs of birth'. Both of which sound more of a warning of the painful experience than a joyful one. The pangs of birth describe a painful process, one that is not easy, and must be suffered to give birth. Unlike the almost utopian description given earlier, childbirth in Paul's day was a rather perilous undertaking, child mortality was very high, even parent and child mortality a regular occurrence, complications following childbirth, often fatal for the mother, there was much to be feared in giving birth.

Paul knew that pregnancy, like faith, is something you simply cannot wish away, in one case it is a biological event, in the other a spiritual awakening that is forever life changing. Paul could see the spirit of God's new creation growing within the people, the changes were undeniable, the experience unsettling. It truly felt to Paul that he was witnessing the trauma of a church being born from adversity, coming into the world in less than perfect circumstances and struggling to escape the mother's womb intact. He had good reason to note the anguish felt, those who proclaim their faith in Jesus Christ were likely to be persecuted, tortured and in many cases be put to death for just believing.

Discovering faith from being devoid of it can be a difficult process, yet the reward of Christ's love outweighs the labour of new birth many times over, so giving birth is an apt metaphor. Just as a mother can feel the baby inside, growing and moving within the womb, so in like manner can we feel Christ's presence within us, the Holy Spirit undeniably growing within. Paul's letter outlines a barren and sterile world, that through Christ we are renewed, life is once more given to us, and the pain of a sterile world is now filled with the joy of re-birth and eternal life. This is why Paul describes yearning for deliverance, the pangs a small price to pay for the arrival, a time for us to escape from the relative safety of the womb into a world fraught with dangers with Christ beside us, the birth giving eternal life to all who feel the presence of Christ within.

Questions

- Do you think we cherish, nurture and appreciate the gift of faith in the same way we cherish and appreciate the gift of a new family member?
- How does the Spirit nurture and grow faith in your life? is there anything you can do, or the church can do, to stir up the gifts of the Spirit more intentionally in order to further empower you and your fellow members, in your faith?

Sul y Drindod

Ioan 3:1–17

Myfyrdod 38 Alun Evans

Efallai mai Iesu yn cyfarfod Nicodemus yw un o storïau mwyaf adnabyddus Efengyl Ioan. Yn rhyfedd, clywn am y Pharisead hwn yn mynd i gyfarfod Iesu liw nos, a chawn glywed y sgwrs ddiddorol a fu rhyngddynt. Ac mae'n debyg fod un o adnodau enwocaf yr Ysgrythur yn dod o'r sgwrs hon: dywedodd Iesu, 'Do, carodd Duw y byd gymaint nes iddo roi ei unig Fab, er mwyn i bob un sy'n credu ynddo ef beidio â mynd i ddistryw ond cael bywyd tragwyddol' (adnod 16). Mae'n adnod odidog sydd wedi dod â gobaith Cristnogol i bobl ddirifedi dros y canrifoedd, ac yn adnod sy'n dod â gobaith i ni heddiw. Ond yr hyn sy'n ddiddorol hefyd ar y Sul y Drindod hwn yw'r ffordd y mae'r adnod hon, a'r sgwrs rhwng Nicodemus ac Iesu sydd o'i chwmpas, yn dangos mwy i ni am wir natur ein Duw, ein Duw sy'n Dad, Mab ac Ysbryd Glân.

Yn y sgwrs rhwng Iesu a Nicodemus, dywed Iesu wrth Nicodemus, 'Oni chaiff rhywun ei eni o'r newydd ni all weld teyrnas Dduw' (adnod 3). Mae hyn yn deffro chwilfrydedd Nicodemus. Mae'n cymryd geiriau Iesu yn llythrennol ac yn gofyn, 'Sut y gall neb gael ei eni ac yntau'n hen? A yw'n bosibl, tybed, i rywun fynd i mewn i groth ei fam eilwaith a chael ei eni?' (adnod 4). Fel ymateb i hyn dywed Iesu wrth Nicodemus, 'Oni chaiff rhywun ei eni o ddŵr a'r Ysbryd ni all fynd i mewn i deyrnas Dduw' (adnod 5). Mae Iesu felly yn nodi bod gan yr Ysbryd Glân ran hanfodol. Darllenwn mai'r Ysbryd Glân sy'n ein galluogi i weld Teyrnas Dduw ac i gael ein geni fel y gallwn fynd i mewn i Deyrnas Dduw. Er bod gan Gristnogion syniadau amrywiol ynglŷn â pha bryd y mae'r aileni ysbrydol hwn yn digwydd, mae gan yr Ysbryd Glân ran allweddol yn hyn, ac mae hynny yn gwneud ein ffydd yn fyw.

Yn y sgwrs rhwng Nicodemus ac Iesu rydym hefyd yn clywed bod yn 'rhaid i Fab y Dyn gael ei ddyrchafu, er mwyn i bob un sy'n credu gael bywyd tragwyddol ynddo ef' (adnodau 14–15). Pan glywn y gair *dyrchafu*, rydym yn meddwl am Iesu ei hun, Mab y Dyn, yn cael ei ddyrchafu ar y groes. Dywed Iesu y bydd hyn fel y sarff bres a osododd Moses ar bolyn er mwyn dod ag iachâd i'r rhai oedd yn edrych arni (Numeri 21:8). Yn yr un ffordd, rydym ni yn edrych ar y groes, man marwolaeth Iesu, yng ngoleuni ei atgyfodiad, fel y cawn fywyd tragwyddol.

Mae'r darlleniad yn cyfeirio at yr Ysbryd a'r Mab, ond mae hefyd yn dweud wrthym am drugaredd y Tad. Mae'r adnod fwyaf adnabyddus, 'Do, carodd Duw y byd gymaint nes iddo roi ei unig Fab' (adnod 16) yn tynnu sylw at y rheswm rhyfeddol dros ddyfodiad Iesu. Daeth oherwydd fod Duw (ei Dad) wedi ei anfon. A daeth oherwydd cariad Duw, trugaredd Duw dros yr holl fyd. Daeth 'er mwyn i'r byd gael ei achub trwyddo ef' (adnod 17).

Mae'r darlleniad hwn yn rhoi golwg i ni ar y ffordd y mae Duw yn gweithredu fel y Drindod. A gwelwn yn hyn ryfeddod Duw yn gweithredu mewn cariad.

Cwestiynau

- Beth yn eich barn chi yw ystyr cael eich geni o'r Ysbryd ac o ddŵr?
- Sut yr ydych chi'n deall cariad Duw? Sut y mae'r darlleniad hwn yn ein helpu i ddeall y Drindod?

Trinity Sunday
John 3:1–17

Reflection 38 Alun Evans

Jesus meeting Nicodemus is, perhaps, one of the more well-known stories from John's Gospel. We hear about this Pharisee strangely going to meet Jesus by night, and we hear the fascinating conversation that follows. And from this dialogue, we have probably one of the most famous verses of Scripture: Jesus said, 'For God so loved the world that he gave his only Son, so that everyone who believes in him may not perish, but have everlasting life' (verse 16). It is a wonderful verse that has brought Christian hope to countless people over the centuries, and one that brings us hope today. But what is interesting too on this Trinity Sunday is how this verse, and the conversation between Nicodemus and Jesus around it, shows us some more about the reality of our God, our God that is Father, Son, and Holy Spirit.

In the conversation between Jesus and Nicodemus, Jesus tells Nicodemus that 'no one can see the kingdom of God without being born from above' (verse 3). This intrigues Nicodemus. He takes Jesus literally, asking, 'How can anyone be born after having grown old? Can one enter a second time into the mother's womb and be born?' (verse 4). To this Jesus says a little more, telling Nicodemus that 'no one can enter the kingdom of God without being born of water and Spirit' (verse 5). Jesus thus names the Holy Spirit as playing an essential role. We read that it is the Holy Spirit that enables one to see the Kingdom of God and to be born so as to enter the Kingdom of God. While Christians have a variety of ideas of when this spiritual rebirth happens, the Holy Spirit plays a key role in this, in making our faith alive.

Also, in the conversation between Nicodemus and Jesus, we hear that 'Son of Man' must be 'lifted up, that whoever believes in him may have eternal life' (verses 14–15). When we hear the words *lifted up*, we think of Jesus himself, the Son of Man, being lifted up on the cross. Jesus says that this will be like the bronze serpent that Moses put on a pole in order to bring healing (Numbers 21:8) to those who look to it. In the same way, we look to the cross, the place of Jesus' death, in the light of his resurrection, that we might have eternal life.

The passage tells of the Spirit and the Son, but it also tells us of the compassion of the Father. The most famous verse, 'For God so loved the world that he gave his only Son' (verse 16) points out the wonderful reason that Jesus came. He came because God (his Father) sent him. And he came, because of God's love, God's compassion for the whole world. He came that 'the world might be saved through him' (verse 17).

This passage gives us some insight into the way that God acts as Trinity. And we see in this the wonder of God acting out of love.

Questions

- What does it mean to be born of Spirit and of water do you think?
- How do you understand God's love? How does this passage help us understand the Trinity?

Priod 4
2 Corinthiaid 4:5–12

Y Sul rhwng 29 Mai a 4 Mehefin yn gynwysedig (os ar ôl Sul y Drindod)

Myfyrdod 39 Manon Ceridwen James

Sut rydych chi'n teimlo pan fydd sôn am newid? Dywedir wrthym yn aml nad ydym fel eglwys yn dda iawn am newid ond nid wyf yn siŵr a yw hynny'n wir. Mae pensaernïaeth eglwysig dros y blynyddoedd yn dangos i ni bod yr eglwys wedi addasu'n llwyddiannus iawn i gyd-fynd â gwahanol dueddiadau a ffyrdd o feddwl. Er enghraifft, syniad gweddol ddiweddar yw seddi. Roedd yr eglwys ganoloesol yn debycach i ni mewn gwirionedd ac yn defnyddio'r adeilad fel lle ar gyfer digwyddiadau cymunedol (bywiog yn aml!) yn wahanol i'r eglwys Fictorianaidd a'i rhesi o blwyfolion ufudd, parchus! Efallai mai'r rheswm pam fod newid mor anodd i ni yw am fod yr eglwys Fictorianaidd wedi bod mor llwyddiannus yn eu gallu i addasu'r eglwys i gydymffurfio â'u cyfnod fel ein bod ni yn ei chael yn anodd newid yr adeiladau i fod yn fwy addas ar gyfer ein cyfnod ni!

Yn y llythyr ar gyfer heddiw dywedir wrthym bod y trysor hwn gennym mewn llestri pridd 'i ddangos mai eiddo Duw yw'r gallu tra rhagorol'. Mae Paul yn ein hatgoffa y byddwn fel Cristnogion yn cael ein profi mewn llawer o wahanol ffyrdd ond y byddwn yn dal ein gafael ar y nerth y mae Duw yn ei roi i ni, beth bynnag fo'r amgylchiadau. Mae'r gwthio a thynnu rhwng bywyd a marwolaeth, sef y cyflwr dynol a orchfygwyd gan Iesu i'w weld hefyd ym mhrofiadau Paul ei hun o ddioddefaint. Ond rydym yn dal ein gafael ar obaith – wedi'r cyfan trechodd Iesu rymoedd marwolaeth.

Defnyddiwyd trysor mewn llestri pridd yn aml fel llaw-fer wrth ystyried nerth Duw o'i gymharu â'n hannheilyngdod ni ein hunain – wedi'r cyfan mae pob llestr pridd yn anneniadol ac anniddorol. Neu ydyn nhw? Er mai llestri i ddal rhywbeth arall ydynt, mae posibilrwydd bob amser iddynt ddatblygu'n rhywbeth mwy. Meddyliwch am olwyn y crochenydd – mae'r hyn gaiff ei greu yn newid trwy'r amser ac mae'n bosibl iddo gael ei drawsnewid a bod yn hardd pan gaiff ei beintio. Ergyd neges Paul yn y fan hon yw ein bod bob amser yn cael ein trawsnewid o fod yn bobl mewn sefyllfa anobeithiol i fod yn bobl wydn – wedi ein poenydio ond heb ein llethu, wedi ein taro ond heb ein dinistrio, wedi ein rhoi i farw ond yn dal i ddangos bywyd. Tua diwedd y bennod mae Paul yn dweud, 'Yn fewnol fe'n hadnewyddir ddydd ar ôl dydd.' Yn sicr, nid yw ein darlleniad yn trafod ein hannheilyngdod na'n cyffredinedd ni ond mae'n ymwneud â bywyd Iesu ynom ni a gallu anghyffredin Duw bob amser i'n newid 'o ogoniant i ogoniant' (fel y byddai Charles Wesley yn dweud) er gwaethaf ein hamgylchiadau.

Felly os mai llestri pridd ydym ni (nid crochenwaith wedi ei beintio a'i sgleinio), yn barod i gael ein llenwi'n ddi-baid gan ysbryd Duw, gadewch i ni feddwl amdanom ein hunain fel rhai sy'n barod i fod yn hyblyg ac i gael ein trawsnewid ddydd ar ôl dydd. Mae goblygiadau i fod yn wydn – os ydym yn hyblyg bydd yn haws i ni fownsio yn ôl. Fel llestri pridd gellir ein mowldio yn siapiau newydd, ni ellir ein torri'n hawdd, rydym bob amser yn y broses o ddod yn rhywbeth… nid ydym hyd yma wedi cyrraedd yr hyn yr ydym yn mynd i fod maes o law.

Cwestiynau

- A yw'r neges hon o alluogi a gwydnwch yn rhywbeth y mae arnoch angen ei chlywed yn eich bywyd ar hyn o bryd? Pa anawsterau ydych chi yn eu hwynebu sy'n bygwth eich llethu? Sut y gall yr eglwys helpu?
- Sut y gall yr eglwys arddangos y gallu hwn i fod yn hyblyg mewn ffyrdd eraill?

Proper 4

2 Corinthians 4:5–12

Sunday between 29 May and 4 June inclusive (if after Trinity Sunday)

Reflection 39 Manon Ceridwen James

How do you feel about change? We're often told that as a church we're not very good at change but I'm not sure that is true. Church architecture throughout the years shows us that the church has adapted very successfully to different trends and ways of thinking. For example, pews are a fairly recent invention. The medieval church was more like us really with its use of the building as a place for (often lively!) community events rather than the Victorian church with its rows of obedient, respectable parishioners! Perhaps the reason why change is so difficult for us is because the Victorian church were so successful in their ability to change the church to be more in keeping with their times, that we find it difficult to change the buildings to be more in keeping with ours!

In the epistle for today we are told that we have this treasure in clay jars to show that the 'extraordinary power belongs to God'. Paul reminds us that as Christians we will be tested in so many ways but we still hold on to the strength which God gives us, whatever the circumstances. The push-pull of life and death, which is the human condition, which Jesus overcame is also seen in Paul's own experiences of suffering. But we cling on to hope – after all Jesus has triumphed over the powers of death.

Treasure in clay jars has often been a shorthand for thinking about God's power compared to our own unworthiness, after all clay jars are unattractive and uninteresting. Or are they? Whilst they are vessels for something else, they always have the potential to become something more. Think of the potters' wheel, what is being created is always changing and has the potential to become beautiful and transformed when it is painted. The thrust of Paul's message here is that we are always being transformed from people in a hopeless situation to people who are resilient – afflicted but not crushed, struck down but not destroyed, given up for death but actually exhibiting life. The chapter ends with Paul saying that 'our inner nature is being renewed day by day'. Our reading is certainly not about our own unworthiness or plainness but about the life of Jesus in us and the extraordinary power of God always having the potential to change us from 'glory into glory' (as Charles Wesley would say) despite our circumstances.

So if we are clay jars (not glazed, painted pottery), waiting to be continuously filled by God's spirit, let's think of ourselves as those who are ready to be flexible, and transformed day by day. The word resilient does have these connotations, if we 'flex' we can more readily bounce back. As clay jars we can be moulded into new shapes, we can't easily be broken, we are always in the process of becoming something… we haven't arrived yet at what we are eventually going to be.

Questions

- Is this message of empowerment and resilience something you need to hear in your life at the moment? What difficulties are you facing that are threatening to overwhelm you? How can the church help?
- How can the church demonstrate this ability to 'flex' in other ways?

Priod 5

2 Corinthiaid 4:13–5:1

Y Sul rhwng 5 a 11 Mehefin yn gynwysedig (os ar ôl Sul y Drindod)

Myfyrdod 40 Mairwen Large

Bythefnos yn ôl roedd fy mhlant yn codi ein pabell i ddau yn ein gardd wrth edrych ymlaen at wyliau gwersylla. Pabell ysgafn ydyw, yn hawdd i'w chludo a'i rhoi at ei gilydd er nad ydym yn siŵr sut un fydd hi am ddal dŵr mewn cawod drom o law. Mae'n sicr y byddai'r pebyll a wnâi Paul i dalu am ei gadw yn fwy cadarn na'n pabell ni; byddai'r pebyll ar gyfer byddin Rhufain wedi cael eu gwnïo o ledr gwydn.

Er hynny, pan ddisgrifia Paul ei gorff fel pabell, sef rhywbeth dros dro a fwriadwyd ar gyfer arhosiad byr, mae hyn yn ein hatgoffa pa mor ansicr y teimlai bywyd iddo wrth iddo ysgrifennu at yr eglwys yng Nghorinth. Gallai un storm fawr arall achosi ei gwymp. Ac eto gall ddweud yn hyderus bod gennym dŷ sydd yn dragwyddol yn y nefoedd... lle nad yw holl galedi'r byd hwn yn ddim o'i gymharu â llawenydd tragwyddoldeb yn nhŷ Dduw.

Roedd Paul yn ysgrifennu drachefn at yr eglwys Gristnogol yng Nghorinth oherwydd eu bod wedi gwrthod ei awdurdod ac wedi anwybyddu'r ffaith mai ef oedd wedi plannu eu heglwys ac wedi hau hadau'r Efengyl ac wedi cyfarfod y Crist atgyfodedig. Yn lle hynny roeddent yn dewis dilyn athrawon eraill, mwy trawiadol oedd yn codi prisiau sylweddol am addysgu eu fersiwn eu hunain o'r Efengyl.

Mae Paul yn ysgrifennu at y Corinthiaid o sefyllfa fregus a gwan gan gyfeirio at farwolaeth ac atgyfodiad Iesu, ac eto mae'n ysgrifennu i gynnig sicrwydd ac anogaeth. Cysur iddo yw gwybod ei fod wrth iddo ddioddef dros ei weinidogaeth yn cael ei uno â Christ yn ei ddioddefaint ar y groes. Nid yw'r Corinthiaid hyd yma yn llwyr ddeall y neges fod breuder a gwendid yn nodweddiadol o'r cynllun plith-draphlith ar gyfer Teyrnas Dduw. Mae ffydd Paul yn Nuw yn ei alluogi i ddal ati i gyhoeddi'r Efengyl er gwaethaf erledigaethau ac artaith, ac y mae'n credu os bydd y Corinthiaid yn derbyn yr Efengyl drostynt eu hunain y bydd gras Duw yn llifo allan trwyddynt ac yn dod â llawer at Grist.

Dyna pam nad yw Paul yn digalonni (adnod 16). Iddo ef, mae ei ddioddefaint a'i sarhad yn arwydd ei fod yn cael ei adnewyddu bob dydd, yn cael ei weddnewid gan Dduw, ac y bydd llawenydd mawr wrth iddo fynd i mewn i deyrnas dragwyddol Duw. Mae'n cyfeirio at ei ddioddefaint fel problem dros dro, ymyrraeth yn y tymor byr yng nghynllun Duw ar gyfer achubiaeth, ac yn lle hynny y mae'n dewis canolbwyntio ar y llawenydd sydd i ddod wrth gyfranogi o ogoniant Duw, a bydd hyn yn drech nag unrhyw galedi...

Nid yw wynebu ein marwoldeb ein hunain yn hawdd. Ychydig ohonom fydd yn dioddef y fflangellu a'r carcharu a brofodd Paul a digon prin y gallem aros mor llawn o obaith ag yr oedd ef. Ac eto os byddwn yn wynebu caledi, afiechyd neu erledigaeth yn ein bywydau, gallwn weddïo y bydd Duw yn rhoi i ni y nerth i ddioddef ac i aros yn gadarn yn ein ffydd fel y gwnaeth Paul. Gallai'r synnwyr o obaith sydd yn y darlleniad hwn ein hysbrydoli i fyw bywyd llawn a chyhoeddi'r gobaith hwnnw yn ein bywydau ein hunain, ein gobaith am gartref tragwyddol gyda Duw.

Cwestiynau

- Credais, ac am hynny y lleferais, meddai Paul. Pa neges o obaith sydd gennych chi i'w rhannu gyda'ch cymuned heddiw?
- Beth a alluogodd Paul i aros mor gadarnhaol a gobeithiol trwy gydol ei ddioddefaint? Ystyriwch, os gallwch, eich profiad chi o ddioddef – naill ai eich profiad chi eich hun neu o fewn eich teulu. Ym mha ffyrdd y mae eich ffydd yn helpu?

Proper 5
2 Corinthians 4:13–5:1

Sunday between 5 and 11 June inclusive (if after Trinity Sunday)

Reflection 40 Mairwen Large

A couple of weeks ago my children were erecting our two-man tent in the garden in anticipation of a camping trip. It is one of these light-weight constructions, easy to carry and assemble although we are unsure how waterproof it will be in a downpour. I suspect that the tents made by Paul to pay for his keep were more robust than ours; the tents made for the Roman army would have been sewn of heavy-duty leather.

Even so when Paul describes his body as a tent, a temporary structure intended for a short stay, it reminds us how precarious life felt for him as he wrote to the church in Corinth. One more heavy storm might be his downfall. Yet he can say with confidence, we know we have an eternal house in heaven… where all the hardships of this world are nothing compared to the joy of eternity spent in God's house.

Paul was writing again to the Christian church in Corinth because they had rejected his authority, ignoring the fact that it was he who had planted their church and sown the seeds of the Gospel, and had himself met the risen Christ. They were choosing instead to follow other, more impressive, teachers who charged good money for teaching their own version of the Gospel.

Paul writes to the Corinthians from a position of vulnerability and weakness, referring to Jesus' death and resurrection and yet he writes to reassure and to encourage. It brings him comfort to know that as he suffers for his ministry, he is being united with Christ in his suffering on the cross. The Corinthians do not yet fully understand this message, that vulnerability and weakness are symbolic of the topsy-turvy plan for God's Kingdom. Paul's faith in God enables him to keep proclaiming the Gospel, despite persecutions and torture and he believes that if the Corinthians accept the Gospel for themselves then God's grace flowing out through them will bring many to Christ.

That is why Paul does not lose heart (verse 16). For him, his suffering and humiliation is a sign that he is being renewed each day, transformed by God, and that great joy will come as he enters God's everlasting kingdom. He refers to his suffering as a temporary problem, a short-term distraction in God's plan of salvation, choosing to focus instead on the future joy of sharing in God's glory, which will outweigh any hardship…

Facing up to our own mortality is not easy. Few of us will be subjected to the debilitating floggings and imprisonment which Paul experienced and it is doubtful whether we could remain as full of hope. Yet if we do face hardship, ill health, or persecution in life, we can pray that God will give us the strength to endure and stay firm in our faith, as Paul did. The sense of hope in this reading could inspire us to live life to the full and to proclaim that same hope in our own lives, our hope for an eternal home with God.

Questions

- I believed; therefore I have spoken, says Paul. What message of hope do you have to share with your community today?
- What enabled Paul to remain so positive and hopeful throughout his suffering? Consider, if you are able, your experience of suffering – either your own or within your family. In what ways does your faith help?

Priod 6
2 Corinthiaid 5:6–10, [11–13], 14–17

Y Sul rhwng 12 a 18 Mehefin yn gynwysedig (os ar ôl Sul y Drindod)

Myfyrdod 41 Alyson Goldstein

Beth yn eich barn chi sy'n digwydd pan fyddwn yn marw? Sut rydym yn mynd i fod 'gyda'r Arglwydd'? Ymddengys mai dyma mae Paul yn ceisio'i egluro yma yn ei ail lythyr at y Corinthiaid, ond yn amlwg y mae'n anodd i fodau dynol meidrol ddeall. Fodd bynnag, mae Paul yn benderfynol mai 'gwell gennym fyddai bod oddi cartref o'r corff a chartrefu gyda'r Arglwydd'.

Gwyddom nad yw'n dweud y byddwn yn gadael ein cyrff ar ein holau yn gyfan gwbl pan fyddwn farw oherwydd yn ei lythyr cyntaf at y Corinthiaid mae eisoes wedi egluro y byddwn pan gawn ein hatgyfodi yn cael ein trawsffurfio i gorff newydd na fydd bellach yn farwol: bydd ein cyrff llygradwy yn dod yn anllygradwy. Gall Duw drechu marwolaeth – fel y dangoswyd trwy atgyfodiad Crist, ac felly nid oes raid i ni mwyach ofni marwolaeth o gwbl. Bydd y corff hwn, gyda'i holl gyfyngiadau daearol, ei boen a'i ddioddefaint, yn marw ond caiff ei atgyfodi fel corff newydd heb gyfyngiadau, poen a dioddefaint.

Mae hyn yn rhoi seiliau cadarn ar gyfer gobaith yn y dyfodol ac felly nid yw'n syndod fod Paul yn awyddus i rannu'r gobaith hwn ag eraill. Nid yw'n trafferthu i egluro'n fanwl yn union sut y bydd hyn i gyd yn digwydd oherwydd nid dyna sy'n bwysig. Yr hyn sy'n bwysig yw gallu Duw i godi o farwolaeth fel nad oes raid i ni ofni marwolaeth mwyach. Rydym yn byw mewn oes newydd, lle gallwn ddechrau profi'r greadigaeth newydd, un sy'n symud yr holl gyfyngiadau daearol y byddem yn arfer poeni amdanynt ac yn ein rhyddhau yng Nghrist. Mae bywyd yng Nghrist yn ymwneud â chymod a chariad, ac â lledaenu'r newyddion da am hynny i bawb, oherwydd gall pawb fod yn rhan o'r greadigaeth newydd – nid oes terfynau na chyfyngiadau mwyach. Mae croeso a chariad i bawb.

Mae hyn wrth gwrs yn golygu nad oes raid i ni mwyach fyw er ein mwyn ein hunain yn unig. Os ydym o ddifrif eisiau bod yn rhan o'r greadigaeth newydd, yna mae'n rhaid i ni gefnu ar ein hunanoldeb ni ein hunain a dechrau byw er mwyn eraill, fel y gwnaeth Crist. A dim ond tra ydym yn ein cyrff daearol y cawn gyfle i wneud hyn, oherwydd pan fyddwn yn marw ni fydd arnom angen ffydd na dewrder i rannu'r newyddion da ag eraill. Yma ac yn awr, yn ein cyrff daearol, y mae'r cyfle hwn gennym, ac felly fe ddylem fanteisio ar bob posibilrwydd o wneud hynny. Nid yw hyn oherwydd y byddwn yn cael ein cosbi am beidio â gwneud hynny ond oherwydd y byddwn yn cael ein gwobrwyo am yr hyn a wnawn. Ac os bu Crist farw drosom ni yna yn sicr fe ddylem ni fyw er ei fwyn ef trwy fyw ein bywydau mewn ffordd a fydd yn ei fodloni, sef trwy garu Duw a charu eraill. Os ydym ni yn caru Duw o ddifrif yna mae'n anorfod y byddwn yn caru eraill a chanlyniad hynny fydd creadigaeth newydd o gariad trwy'r holl fyd.

Cwestiynau

- Pa mor hawdd ydych chi'n ei chael i drafod y safbwynt Cristnogol ar farwolaeth? Ydych chi'n meddwl ein bod yn siarad digon am hyn?
- Ydych chi'n meddwl y byddai eglurhad Paul o gymorth wrth gysuro rhywun sy'n galaru? Pam/Pam ddim?

Proper 6
2 Corinthians 5. 6–10, [11–13], 14–17

Sunday between 12 and 18 June inclusive (if after Trinity Sunday)

Reflection 41 Alyson Goldstein

What do you think happens when we die? How do we go to be 'with the Lord'? This seems to be what Paul is trying to explain here in his second letter to the Corinthians, but it's obviously difficult for mere human beings to understand. Nevertheless, Paul is adamant that we should 'prefer to be away from the body and at home with the Lord'.

We know that he's not saying that when we die we leave our bodies behind totally because in his first letter to the Corinthians, he's already explained that, once resurrected, we will be transformed into a new body that will no longer be subject to mortality: our perishable bodies will become imperishable. God can defeat death – as had been demonstrated through the resurrection of Christ, and so we no longer need fear death in any way. This body, with all of its earthly limitations, pain and suffering, will die but it will be raised as a new body, without limitations, pain and suffering.

That gives us such wonderful grounds for hope in the future and so it's no wonder that Paul wants to share this hope with others. He doesn't bother about explaining in minute detail exactly how all of this will happen because that's not what's important. What is important is God's power to raise from the dead so that we need no longer fear death. We're living in a new age, where we can start to experience the new creation, one that removes all the earthly limitations that we used to worry about and sets us free in Christ. Life in Christ is about reconciliation and love, and about spreading the good news of this to everyone, because everyone can be part of the new creation – there are no longer any boundaries, any limitations. All are welcome and all are loved.

Of course, this means that we need to no longer live just for ourselves. If we really want to be part of the new creation, then we have to leave our own selfishness behind and start to live for others, as Christ did. And we have the opportunity to do this only when we are in our earthly bodies, because, when we die, we'll no longer need faith or the courage to tell others about the good news. It's here and now, in our earthly bodies, that we have this opportunity, so we really should take advantage of all possibilities of doing so. This is not because we'll be punished for not doing so but because we will be rewarded for what we have done. And, if Christ died for us then surely we should live for him by conducting our lives in a way that will please him, which is indeed by loving God and loving others. If we truly love God then we can't help but love others and the result of this is the new creation of love throughout the world.

Questions

- How easy do you find it to discuss the Christian view of death? Do you think we talk about this enough?
- Do you feel that Paul's explanation would be helpful in comforting someone who is grieving? Why/Why not?

Priod 7
2 Corinthiaid 6:1–13

Y Sul rhwng 19 a 25 Mehefin yn gynwysedig (os ar ôl Sul y Drindod)

Myfyrdod 42 Ruth Rowan

Mae'r alwad arnom i agor ein calonnau yn syml ac eto yn hynod o anodd ar yr un pryd. Sut tybed yr ydych chi'n teimlo wrth glywed Paul yn herio'r eglwys yng Nghorinth i fyw â'u calonnau yn llydan agored. Credaf mai dyma un o'r adegau pan allwn wir deimlo'r berthynas rhwng Paul a'r bobl y mae'n ysgrifennu atynt: yn adnod 11 mae'n dweud bod ein calon yn llydan agored tuag atoch. Mae'n amlwg fod gwrthdaro wedi bod yma; mae Paul yn teimlo'r diffyg yn eu perthynas, yn teimlo'r cyfyngu yn eu teimladau fel y cyfeiria ato yn adnod 12. Ond nid adeiladu muriau o gwmpas ein calonnau yw'r ateb i'r gwrthdaro hwnnw, i'n hamddiffyn ein hunain trwy fyw mewn caer lle na all neb ddod i mewn atom na ninnau fynd allan. Yr ateb yw agor ein calonnau i'n gilydd mewn ffydd ac ymddiriedaeth.

Mae angen bod yn ddewr iawn i dderbyn yr alwad hon. Os ydym yn byw â'n calonnau yn agored rydym yn ein rhoi ein hunain mewn sefyllfa lle gallwn gael ein brifo neu ein gwrthod. Mae'n naturiol i ni fel bodau meidrol fod eisiau cau ein hunain i ffwrdd weithiau, a chysgodi yn niogelwch y muriau o gwmpas ein calonnau. Mae'r nerth angenrheidiol ar gyfer yr alwad hon i'w gael ym mhen arall darlleniad heddiw; yn adnod 1 mae Paul yn siarad am i ni gydweithio â Duw er mwyn i ni beidio â gadael i'r gras a dderbyniasom gan Dduw fynd yn ofer. Dim ond pan fyddwn yn gorffwys yn ddiogel yng nghariad diddiwedd Duw y gallwn ganfod y nerth i agor ein calonnau, er gwaethaf y peryglon.

Rhestrir nodweddion y bywyd calon agored yng nghraidd y darlleniad hwn. Wrth edrych ar y rhestr honno gallem gael ein temtio i ddechrau meddwl am y ffyrdd yr ydym (neu nad ydym) wedi ei chyflawni, gan ein cloriannu a'n barnu ein hunain. Mae hunanarchwilio yn rhan dda a phwysig o fywyd ffydd, ond nid wyf yn credu mai dyna bwrpas y rhestr hon; nid rhestr i'w chwblhau er mwyn cael gwisgo bathodyn sy'n dweud 'calon agored' ydyw. Credaf mai rhestr ydyw y gallwn ei defnyddio i'n helpu i sylweddoli ein bod yn byw â chalonnau agored, ac yn bwysicach fyth efallai, i'n helpu i sylweddoli bod ein calonnau wedi eu cau i ffwrdd.

Gyda'r arweiniad hwnnw, yn llawn o ffrwythau'r Ysbryd Glân a chyda nerth cariad Duw fel sylfaen, fe'n galluogir i fyw â'n calonnau yn llydan agored i Dduw, i'n gilydd, ac i'r byd o'n cwmpas. Efallai fod y bywyd calon agored hwn yn rhywbeth sydd gennym ni fel yr eglwys i'w gynnig i'n cymunedau mwy eang. Gallem ddangos i'r byd ffordd arall i fyw; ffordd sy'n gofyn am ddewrder, a ffydd y bydd yr hyn yr ydym yn ei rannu yng nghariad a gras Duw yn fwy bob amser na'r poenau a'r gwrthdaro sy'n ein gwahanu. Mae ar y byd angen cyfoeth bywyd o'r fath heddiw cymaint ag y bu arno angen erioed.

Cwestiynau

- Edrychwch ar y rhestr o nodweddion yn adnodau 6 a 7; a oes yna bethau y byddech chi'n eu hychwanegu at y rhestr hon, neu eu tynnu oddi arni, yn eich arweiniad ar gyfer gwybod pan fyddwch yn byw â chalonnau agored?
- Meddyliwch am amser pan welsoch wrthdaro mewn grŵp neu gymuned; sut yn eich barn chi y byddai wedi bod yn wahanol pe byddai pawb wedi dod at ei gilydd â chalonnau agored?

Proper 7
2 Corinthians 6:1–13

Sunday between 19 and 25 June inclusive (if after Trinity Sunday)

Reflection 42 Ruth Rowan

The call to open our hearts is at once simple and immensely difficult. I wonder how you feel when you hear Paul challenging the church in Corinth to live with their hearts wide open. I think it's one of the moments when we can really feel the relationship between Paul and the people to whom he is writing: in verse eleven he says, our heart is wide open to you. There has clearly been conflict here; Paul feels the impairment in their relationship, feels the restriction in their affection as he describes it in verse twelve. But the answer to that conflict isn't to build walls around our hearts, to protect ourselves by living in a fortress where nobody can get in, and where we can't get out. The answer is to open our hearts to one another in faith and trust.

This is a calling that it takes huge courage to accept. If we live with our hearts open, we put ourselves in a position to be hurt or rejected. It is only human to want to close up sometimes, to want to shelter in the safety of the walls around our hearts. The strength we need for this calling can be found at the other end of today's reading; in verse one Paul talks about us working together with God so that the gift of God's grace in us may not be in vain. It is only when we rest secure in the boundless love of God that we can find the strength to open our hearts, despite the risks.

The characteristics of the open-hearted life make up a list at the heart of this passage. Looking at that list, we might be tempted to start thinking of the ways in which we have (or haven't) lived up to it, making a tally by which to judge ourselves. Self-examination is a good and important part of the life of faith, but I don't think that's the purpose of this list; it's not a tick list that we need to complete before we can wear a badge that says 'open-hearted'. I think it's a list that we can use to help us to recognise when we are living with open hearts, and perhaps even more importantly, to help us to recognise when our hearts feel closed off.

With that guidance, rich in the fruits of the Holy Spirit, and grounded in the strength of God's love, we are equipped to live with hearts wide open to God, to one another, and to the world around us. Perhaps this open-hearted life is something that we as the church have to offer to our wider communities. We could show the world another way to live; a way that takes courage, and faith that what we share in God's love and grace will always be bigger than the hurts and conflicts that separate us. The world needs the riches of such a life as much today as it has ever done.

Questions

• Look at the list of characteristics in verses six and seven; are there any things you would add to this list, or take away from it, in your guide for identifying when you are living with open hearts?
• Think of a time when you have seen conflict in a group or community; how do you think it would have been different if everyone involved had approached one another with open hearts?

Priod 8
2 Corinthiaid 8:7–15

Y Sul rhwng 26 Mehefin a 2 Gorffennaf yn gynwysedig

Myfyrdod 43 Emma Dale

Yn ôl Abba yn eu cân enwog 'Money, Money, Money', byd y cyfoethogion yw hwn. Mae'n ddiamau fod llwyddiant i lawer yn cael ei fesur gan y swm o arian sydd gennych yn y banc. Mewn sawl ffordd mae ein diwylliant cyfalafol wedi ei sylfaenu ar y syniad o 'fwy', sy'n rhagdybio'r cwestiwn o faint sy'n ddigon. Beth ydym ni wir ei angen? Mae'r cwestiynau hyn yn bwysig oherwydd nid syniad Paul o roi yn y darlleniad hwn yw rhoi pwysau ariannol arnom ein hunain, ond fe fyddai'n golygu asesu pwrpas yr arian sydd gennym. Yr hyn y mae Paul yn ei geisio yw mynegiant ymarferol o gariad a fyddai'n arwain at sefyllfa decach.

Gall rhoi fod yn bwnc llosg, ond nid yw Paul yn sôn am faint yr ydym yn ei roi ar y plât casglu. Galwad yw hon i fyw bywydau wedi'u hadeiladu ar haelioni sylfaenol ac yn llawn cariad graslon tuag at ein brodyr a'n chwiorydd Cristnogol – nid digwyddiad am unwaith yn unig. Dylai gael ei ymgorffori yn ein bywydau yn y fath ffordd fel ein bod yn medru gweld cyfleoedd i roi ac yn cael ein cyffroi ganddynt. Caiff ei adeiladu ar y ddealltwriaeth mai mynegi cariad Duw mewn ffyrdd ymarferol sy'n tystio i'n cariad tuag ato yw un o freintiau mawr ein gweinidogaeth Gristnogol ar y ddaear.

Tra gall y mynegiant hwn o gariad fod yn ariannol, gall hefyd ymestyn i sut yr ydym yn treulio ein hamser. A ydym mor brysur yn poeni amdanom ein hunain, ein dymuniadau, ein hanghenion a'n dyheadau fel ein bod yn methu gweld y prinder sydd o'n cwmpas ym mhobman? Mae cynifer o bobl yn eu cael eu hunain yn byw bywydau sydd wedi'u dinistrio gan dlodi bydol. Os ydych chi'n ddigon ffodus i fod ag amser i'w roi, mae'r byd yn llawn o ffyrdd posibl y gallwch helpu eraill. Mae'r rhain yn amrywio o wirfoddoli dros fudiad i helpu cymydog neu aelod o'r teulu.

Wrth ddod at y syniad o roi rydym yn aml eisiau gwybod faint. Faint o arian? Faint o amser? Mae'r cwestiynau hyn yn mynnu atebion pendant, ac eto, mae'n werth nodi bod Paul yn osgoi pendantrwydd o'r fath. Gwyddom fod y byd yn llawn angen, ac nad yw ein haelioni yn debygol o ddatrys tlodi'r byd. Fodd bynnag, bydd ein rhoddion hael yn gwneud gwahaniaeth i rai. A phan fydd ein gweithredoedd hael ni yn uno â gweithredoedd hael pobl eraill, gellir yn wir weddnewid y byd i fod yn lle mwy cyfartal.

Mae meddwl a byw yn y ffordd hon yn groes i ddiwylliant. Mae'n golygu gweld y byd trwy lygaid Iesu. Gweld llefydd ble mae angen fel llefydd ble mae cyfleoedd gras. Efallai na fydd yn dod yn naturiol ac mae'n debyg y bydd yn golygu ymarfer yn weddigar, fel y mae pob ffordd newydd o feddwl, ond bydd y canlyniadau yn werth y cyfan.

Cwestiynau

- Ystyriwch y rhai cyntaf i dderbyn y llythyr hwn. Sut yr ydych yn meddwl y bu iddynt dderbyn geiriau Paul?
- Ydych chi yn byw bywyd o haelioni graslon?

Proper 8
2 Corinthians 8:7–15

Sunday between 26 June and 2 July inclusive

Reflection 43 Emma Dale

According to Abba, in their hit song 'Money, Money, Money' it is a rich man's world. It is undeniable that for many, success is measured by the amount of money you have in the bank. In many ways our capitalist culture is built on the theory of 'more', which begs the question how much is enough? What do we really need? These questions are important because Paul's concept of giving in this passage is not to inflict financial pressure on ourselves, but it would mean assessing what the money we have is for. What he seeks is a practical expression of love which results in a fairer situation.

Giving can be a thorny issue, but Paul is not talking of how much we place in the collection plate. This is a call to live lives built on radical generosity, fuelled by a gracious love for our Christian brothers and sisters – not as a one-time event. It should be built into our life in such a way that we can see and be excited by opportunities to give. It is built on an understanding that to express God's love in practical ways, evidencing our love for him, is one of the great privileges of our earthly Christian ministry.

Whilst this expression of love can be monetary, it can also extend to how we spend our time. Are we so wrapped up in ourselves, our wants, needs and desires that we fail to see the lack which is all around us? So many people find themselves living lives which are wrecked by temporal poverty. If you are fortunate enough to have time, there is a world of possible ways in which you can help others. These range from volunteering for an organisation to helping a neighbour or family member.

We often come to the idea of giving wanting to know how much? How much money? How much time? These questions demand definitive answers, and yet, it is worth noting that Paul stays clear of such formula. We know that the world is rife with need, and that our generosity is unlikely to solve world poverty. However, our generous giving will make a difference for some. And when our gracious acts join with the gracious acts of others, the world can truly be transformed to a more equal place.

To think and live this way is counter cultural. It is to see the world through the eyes of Jesus. To see places of need as places of opportunities for grace. It may not come naturally and will probably take prayer filled practice, as all new ways of thinking do, but the results will be worth it.

Questions

- Consider the first recipients of this letter. How do you think they received Paul's words?
- Are you living a life of gracious generosity?

Priod 9

2 Corinthiaid 12:2–10

Y Sul rhwng 3 a 9 Gorffennaf yn gynwysedig

Myfyrdod 44 Wendy Shillito

Pan fydd arweinwyr Cristnogol yn cael eu llethu gan bwysau anferth a disgwyliadau afrealistig o'r hyn y gallant ei gyflawni, gall epistol heddiw eu calonogi. Mae llythyr Sant Paul at y Corinthiaid yn dangos y gallai eglwys y ganrif gyntaf yng Nghorinth fod yr un mor heriol.

Nawr gadewch i ni fod yn gwbl onest. Pe byddech chi yn dewis eich arweinydd eglwysig delfrydol, a fyddai Paul yn gyntaf ar eich rhestr? Roedd gan Paul ddoniau aruthrol ond roedd ganddo hefyd lawer o ddiffygion. Ac roedd Corinth, Las Vegas yr hen fyd, oedd yn enwog am ei moesau llac, ei materoliaeth a'i methiant i dalu sylw am fwy na chyfnod byr, yn disgwyl i'w harweinwyr fod yn rymus, yn gryf, yn garismatig, ac nid yn eu hamau eu hunain ac yn doredig.

Mae llythyr Paul yn awgrymu ei fod ac yntau wedi cael ei garcharu yn ddiweddar ac yn ofni am ei fywyd wedi dioddef ymosodiad dialgar gan aelodau eraill ('archapostolion') yr eglwys yng Nghorinth. Mae'n cael ei yrru i ymateb i'w honiadau difrifol trwy ddatgelu rhywbeth y mae wedi ei gadw'n gyfrinach am bedair blynedd ar ddeg.

Ni wyddom beth yn union a olyga Paul wrth siarad am gael ei gipio 'i fyny i'r drydedd nef'. Mae gan yr eglwys fore sawl enghraifft o weledigaethau a datguddiadau. Mae Paul yn awgrymu ei fod wedi gweld gorsedd Duw yn yr un ffordd ag y gwnaeth Ioan (Datguddiad 4:1–2). Ond mae Paul yn fwriadol annelwig ynglŷn â'r manylion oherwydd nad dyna'r pwynt yr oedd yn ceisio'i wneud. Byddai'r profiad cyflawn hwn o allu Duw yn ei gynnal trwy gydol ei fywyd. Ond tystiolaeth fwyaf grymus Paul i'r eglwysi oedd ei fywyd a weddnewidiwyd yn dra chyhoeddus a'i weinidogaeth weddnewidiol, er gwaethaf ei wendidau amlwg ef ei hun. Ac er mwyn atgyfnerthu'r pwynt, roedd gan Paul faich ychwanegol i'w gludo. Y ddraenen yn ei gnawd.

Eto nid ydym yn gwybod beth yn union oedd y ddraenen yng nghnawd Paul. Gallwn gasglu ei fod yn rhywbeth oedd yn amlwg i bawb, yn bersonol iawn, ac nad poendod bach ydoedd. Mae Paul yn defnyddio'r gair Groeg sy'n disgrifio polyn pabell, nid pin bawd. Wedi iddo ymbil fwy nag unwaith ar Dduw i'w symud oddi wrtho roedd yn rhaid i Paul dderbyn bod y gofid corfforol, meddyliol ac ysbrydol hwn yn rhan o gynllun Duw ar ei gyfer.

Mae dwy ffordd o ymdopi â beichiau – eu symud neu fod yn ddigon cryf i ddygymod â hwy. Dyna ble mae Duw yn ymyrryd â breuder Paul. Mae gras Duw yn ddigon i Paul er mwyn iddo fedru goroesi, wedi i Paul sylweddoli na all ymdopi â'i faich ar ei ben ei hun. Bydd nerth Crist yn gorffwys arno yn golygu y bydd ei waith yn llwyddo. Nid trwy ei allu ei hun ond yn eglur, yn rhydd ac yn ogoneddus trwy nerth Duw.

Ymddengys bod yr Eglwys yn cynnwys nifer fawr o bobl sydd â'u 'draenen yn eu cnawd' eu hunain. A dim ond yr arweinwyr yw hynny. Ond dyna yn bennaf yw neges Paul. Oherwydd fel y dywedir, nid amgueddfa ar gyfer pobl dda yw'r Eglwys. Mae'n ysbyty ar gyfer y toredig. Rydym ni'n deall dioddefaint a diffygion, ymdrechion a methiannau, dim ond yn rhy dda.

Oherwydd os yw gras Duw yn ddigon i apostol toredig a diffygiol, yna mae'n ddigon i ni i gyd.

Cwestiynau

- Mae Paul yn cyhoeddi: 'Digon i ti fy ngras i'. Sut y gall gras Duw weithio trwom ni?
- Gall yr hyn a wêl y byd fel gwendid fod mewn gwirionedd yn gryfder. Ble gallwn ni weld y priodweddau hynny yn ein bywydau?

Proper 9
2 Corinthians 12:2–10

Sunday between 3 and 9 July inclusive

Reflection 44 Wendy Shillito

When Christian leaders are burdened with huge pressures and unrealistic expectations of their abilities, they can take heart from today's epistle. St Paul's letter to the Corinthians demonstrates that the first century church in Corinth could be just as challenging.

Now let's be completely honest. If you were choosing your ideal church leader, would Paul be top of your list? Paul had formidable talents but also many flaws. And Corinth, the Las Vegas of the ancient world, famous for its loose morals, materialism and short attention span, expected its leaders to be powerful, strong, charismatic, not self-doubting and broken.

Paul's letter hints that after recently being imprisoned, in fear for his life, he has been vindictively attacked by other members ('super apostles') of the Corinthian church. He is driven to respond to their damaging claims by revealing something that he has kept secret for fourteen years.

We don't know exactly what Paul means when he speaks of being 'caught up into the third heaven'. The early church has many examples of visions and revelations. Paul hints that he had seen the throne of God in the same way that John (Revelation 4:1–2) had. But Paul is being deliberately vague about the details because that wasn't the point he was trying to make. This immersive experience of God's power would sustain him throughout his life. But Paul's most powerful testimony to the churches was his very publicly transformed life and transformational ministry, despite his own obvious imperfections. And just to reinforce the point, Paul had an additional burden to carry. His thorn in the flesh.

Again we don't know what exactly was Paul's thorn in the flesh. We can gather it was publicly visible, deeply personal, and no minor irritant. Paul uses the Greek word describing a tent stake, not a drawing pin. After repeatedly pleading to God for its remission Paul had to accept that this physical, mental and spiritual affliction was part of God's plan for him.

There are two ways of coping with burdens – remove them or become strong enough to deal with them. That's where God intervenes in Paul's brokenness. God's grace is sufficient for Paul to endure, once Paul realises that he cannot cope with his load on his own. The power of Christ dwelling in him will mean that his work will succeed. Not through his own ability but demonstrably, freely, gloriously through the power of God.

The Church seems to embrace more than its fair share of people who carry their own 'thorns in the flesh'. And that's just the leaders. But that is pretty much the point of Paul's message. For as the saying goes, the Church isn't a museum for good people. It's a hospital for the broken. We understand suffering and struggle, flaws and failures, only too well.

Because if God's grace is sufficient for a broken, flawed apostle, then it is sufficient for us all.

Questions

- Paul proclaims: 'My grace is sufficient for you'. How can God's grace work through us?
- What the world sees as a weakness can in fact be a strength. Where can we see those qualities in our lives?

Priod 10
Effesiaid 1:3–14

Y Sul rhwng 10 a 16 Gorffennaf yn gynwysedig

Myfyrdod 45 Corey Hampton

Rwyf yn sicr mai dyma un o'r darlleniadau hyfrytaf yn yr holl Ysgrythur, yn wir ymhlith popeth a ysgrifennwyd yn y byd! Mae'n anhygoel o gyfoethog a dwys, yn ysgubol yn ei ysblander a'i ogoniant oherwydd ei fod yn dweud stori Duw yn gryno, mewn *un frawddeg* yn y Groeg gwreiddiol! Mae'r Apostol yn gorfoleddu yn harddwch a chyfoeth Duw yr Efengyl, sydd yn hael ei gariad a'i ras i'r holl greadigaeth. Os oes arnoch chi eisiau dysgu pwy yw Duw yn yr Ysgrythur, fe fyddwn i'n dadlau nad oes lle gwell i ddechrau nag yma, yn y fawlgan odidog hon.

Oherwydd mae'n ein cyfeirio tuag at y Duw sy'n ein caru *yn dragwyddol*, ym modolaeth dragwyddol Duw fel Tad, Mab ac Ysbryd Glân. Ond nid yn unig y mae'n *ein cyfeirio* tuag at y Duw hwn ond mae hefyd yn ein gwahodd i *gyfranogi* o stori Duw. Mewn gwirionedd, y mae'n ein dysgu ein bod *eisoes* yn cyfranogi o stori Duw oherwydd ein bod *ni* yn derbyn cariad tragwyddol Duw. Rydym ni wedi cael ein dewis 'yng Nghrist' cyn i Dduw osod sylfaen y byd oherwydd mai *dyma pwy yw Duw*. Rydym wedi cael ein mabwysiadu fel plant Duw 'trwy Iesu Grist' yn ôl dim heblaw gwirfodd ewyllys Duw a'i ras gweddnewidiol. Rydym wedi ein cymodi â Duw, wedi ein casglu i fyny i gariad a chyfoeth tragwyddol y Drindod sy'n llenwi popeth â daioni a thrugaredd. Rydym wedi ein tynghedu i fywyd tragwyddol gyda'r Duw hwn, wedi ein cynnwys yn nawns dragwyddol *perichoresis*[1] dwyfol, yn ffynnu, yn cymodi ac yn rhyddhau bywyd gyda'r Duwdod.

Beth yw ystyr cyfranogi o stori Duw? Yn ôl yr Apostol yr ystyr yn syml yw 'dwyn clod i'w ogoniant ef'. Mae'n golygu byw bywyd sy'n adlewyrchu'r *gwirionedd* hwn, sy'n eiddo i ni yng Nghrist Iesu. Mae'n golygu bod ein bywydau wedi eu nodi gan yr Ysbryd Glân. Mae'n golygu bod nefoedd a daear yn gorgyffwrdd yn ein bywydau gyda'n gilydd. Daw y tragwyddol yn ddiriaethol yn y presennol wrth i gariad tragwyddol Duw gael ei wireddu trwy weithredoedd cariad a gras iachaol. 'Bydd cariad a gwirionedd yn cyfarfod, a chyfiawnder a heddwch yn cusanu ei gilydd,' fel y dywed y salmydd (Salm 85:10).

Fe'ch gwahoddir heddiw i ddarganfod cyfoeth y Duw hwn, sy'n dragwyddol *i chi* yng Nghrist Iesu, y Duw sydd wedi eich mabwysiadu trwy ras ac wedi eich nodi â'r Ysbryd Glân. Fe'ch gwahoddir i *gyfranogi* o ddatguddiad stori Duw, ac o bopeth yn cael ei uno a'i gymodi yn y Duwdod, yn enw'r hwn y gweddïwn.

Cwestiynau

• Beth sy'n eich cyffroi fwyaf ynglŷn â'r darlleniad hwn o'r Ysgrythur? Beth am gynnig gweddi o fawl a diolch i'r Duw sydd wedi eich caru o dragwyddoldeb?
• Sut y gallech chi fod yn rhan o stori Duw heddiw? Pa fath o beth fyddai dod yn fynegiant llawnach o gariad Duw yn nhasgau heddiw?

---

1. Term diwinyddol yw 'perichoresis' a ddefnyddir i ddisgrifio'r berthynas dragwyddol sy'n cydymdreiddio rhwng y Tad, y Mab a'r Ysbryd Glân.

Proper 10

Ephesians 1:3–14

Sunday between 10 and 16 July inclusive

Reflection 45 Corey Hampton

I'm certain that this is one of the most beautiful passages in all of Scripture, indeed in all the writings in all the world! It is incredibly rich and dense, overwhelming in splendour and glory because it tells the story of God in miniature, in *one sentence* in the original Greek! The Apostle exults in the beauty and riches of the God of the Gospel, who is bountiful in love and grace for all creation. If you want to learn who God is in Scripture, I'd argue that there is no better place to start than right here, in this gorgeous doxology.

For it points us to the God who loves us *eternally*, in God's eternal being as Father, Son, and Holy Spirit. But it not only *points us* to this God but invites us to *participate* in God's story. In fact, it teaches us that we are *already* participants in God's story because we are the recipients of God's eternal love. *We* have been chosen 'in Christ' before God laid the foundation of the world because *this is who God is*. We have been adopted as God's children 'through Christ' according to nothing other than God's good pleasure and transformative grace. We have been reconciled to God, gathered up into the eternal love and riches of the Trinity who fills all things with goodness and mercy. We have been destined to eternal life with this God, caught up in the eternal dance of divine *perichoresis*[1], flourishing, reconciling, and liberating life with the Godhead.

What does it mean to participate in God's story? According to the Apostle, it simply means to 'live for the praise of God's glory'. It means to live a life that reflects this *reality*, which is ours in Christ Jesus. It means that our lives are marked by the Holy Spirit. It means that, in our lives together, heaven and earth overlap. The eternal becomes tangible in the here and now, as God's eternal love is actualised through works of love and healing grace. 'Love and faithfulness meet together; righteousness and peace kiss each other,' as the psalmist says (Psalm 85:10).

Today, you are invited to discover the riches of this God, who is eternally *for you* in Christ Jesus, the God who has adopted you by grace and marked you by the Holy Spirit. You are invited to *participate* in the unfolding of God's story, of all things being united and reconciled in the Godhead, in whose name we pray.

Questions

- What most excites you about this passage of Scripture? Why not offer a prayer of praise and thanksgiving to the God who has loved you from eternity?
- How might you participate in God's story today? What might it look like to become a fuller expression of God's love in today's tasks?

---

1. 'Perichoresis' is a theological term used to describe the eternal interpenetrating relationships between the Father, Son, and Holy Spirit.

Priod 11
Effesiaid 2:11–22

Y Sul rhwng 17 a 23 Gorffennaf yn gynwysedig

Myfyrdod 46 Paula Yates

Ymddengys fod dynoliaeth yn naturiol llwythol. Rydym i gyd yn teimlo ein bod yn rhan o grwpiau: ein teuluoedd; ein cydweithwyr (os ydym yn ffodus); ein clwb pêl-droed; y blaid wleidyddol a gefnogwn. Ac yn union fel yr ydym yn gwybod pwy sydd yn ein grŵp, felly hefyd yr ydym yn gwybod pwy nad ydynt ynddo, a gall hyn arwain at stereoteipio, casineb, a thrais hyd yn oed. Fel y gallwn weld dim ond yn rhy dda yn y byd o'n cwmpas, lle ychwanegir crefydd at lwythgarwch, tuedda teimladau i fod yn gryf.

Ond mae Sant Paul yn dweud wrthym yn y darlleniad hwn nad oes raid i ni mwyach fel Cristnogion fod yn rhan o'r patrymau ymddygiad dinistriol hyn. Yn siarad fel Iddew, dywed fod y Cenhedloedd wedi bod yn estroniaid 'heb obaith a heb Dduw yn y byd' ond bod hynny i gyd wedi newid. Mae gwaed Crist wedi 'chwalu...y canolfur o elyniaeth oedd yn eu gwahanu' a rhoi diwedd ar yr elyniaeth rhwng Iddewon a'r Cenhedloedd. Mae'n peintio llun gwych o'r eglwys dragwyddol – 'aelodau o deulu Duw' – lle rydym ni wedi ein huno â'r apostolion a'r proffwydi ac yn tyfu gyda'n gilydd yn deml sanctaidd, pob un ohonom yn 'breswylfod i Dduw'.

Eglura Sant Paul nad oes neb yn awr yn estron, nid oes neb wedi ei eithrio o addewidion Duw. Mae gennym i gyd 'ffordd i ddod, mewn un Ysbryd, at y Tad'. Yn drist, gweledigaeth sydd gan Paul o fyd sydd yn un yng ngolwg Duw, nid byd sydd yn un yng ngolwg dynoliaeth. Nid yw'r byd fel yr ydym ni yn ei adnabod wedi bod yn debyg ac nid yw eto yn debyg i'r byd tragwyddol a ddaeth i fod trwy farwolaeth Crist. Roedd rhaniadau yn y byd hwn, ac maent yn parhau i fod, sydd wedi eu creu gan ddynoliaeth ac yn rhai y mae dynoliaeth syrthiedig yn gwrthod rhoi'r gorau iddynt.

Roedd y Cristnogion cynnar, a oedd yn disgwyl yr ailddyfodiad a diwedd y byd yn fuan, wedi eu tanio i ledaenu'r newyddion da am farwolaeth Iesu a'i atgyfodiad. Ond dalient i lynu at eu rhaniadau. Disgwylid i'r Cenhedloedd a ddilynai Iesu gael eu henwaedu a dilyn cyfreithiau ac arferion yr Iddewon. Fel arall, parheid i'w gweld fel dieithriaid. Perswadiodd Paul yr arweinwyr eglwysig yn Jerwsalem i beidio â mynnu enwaediad ond mae ei epistol at y Rhufeiniaid yn dangos ei bod wedi cymryd llawer blwyddyn, a dinistr Jerwsalem, i'r teulu Cristnogol o'r diwedd roi'r gorau i'r hen raniadau rhwng Iddewon a'r Cenhedloedd.

Rydym yn hoffi meddwl ein bod yn byw mewn byd sy'n dod yn fwy cynhwysol, lle mae rhaniadau yn cael eu chwalu. Ond nid yw'n teimlo fel byd y gellid ei ddisgrifio fel 'teulu Duw, ... teml sanctaidd'. Nid yw'n teimlo fel byd lle bu gelyniaeth farw ar y groes. Dywed Sant Paul fod byd newydd Duw wedi ei greu trwy waed Crist. Tueddwn i feddwl heddiw y gellir creu adlewyrchiad ohono yn y byd hwn trwy roi cyfraith ddynol ar waith. Ac efallai na allwn obeithio am fwy na hynny, oni bai ein bod ni fel Cristnogion yn uno â'r Ysbryd i ledaenu teulu Duw.

Cwestiynau

- Mae grwpiau Cristnogol ym Mhrydain wedi bod yn ceisio chwalu'r rhaniadau rhwng yr enwadau ers canrif a mwy. Pam yn eich barn chi ein bod i raddau helaeth wedi methu gwneud yr Eglwys ar y ddaear yn debyg i Deulu Duw a grëwyd gan farwolaeth Iesu?
- Beth all Cristnogion ei wneud i chwalu rhaniadau yn y byd hwn?

Proper 11

Ephesians 2:11–22

Sunday between 17 and 23 July inclusive

Reflection 46 Paula Yates

Humanity seems to be naturally tribal. We all have groups where we feel we belong: our families; our work teams (if we're lucky); our football club; the political party we support. And just as we know who is in our group, so we know who is not in it, which can lead to stereotyping, dislike, and even violence. As we can see all too well in the world around us, where religion is added into the tribalism, feelings tend to run high.

But St Paul is telling us in this passage that as Christians we need no longer be caught up in these destructive patterns of behaviour. Speaking as a Jew, he says that Gentiles have been outsiders 'having no hope and being without God' but all that has changed. Christ's blood has 'broken down the dividing wall' and put an end to hostility between Jews and Gentiles. He paints a wonderful picture of the eternal church – the 'household of God' – in which we are united with the apostles and prophets and grow together into a holy temple, each one of us 'a dwelling place for God'.

St Paul is clear that nobody is now an outsider, nobody is excluded from the promises of God. We all 'have access in one Spirit to the Father'. Sadly, Paul's vision is of a world which is one in God's eyes, not a world which is one in human terms. The world as we know it did not and does not yet match the eternal world which Christ's death has brought into being. There were and still are divisions in this world, created by humanity and which fallen humanity is unwilling to give up.

The first Christians, imminently expecting the second coming and the end of the world, were fired up to spread the good news about Jesus's death and resurrection. But they still clung to their divisions. Gentiles who followed Jesus were expected to be circumcised and follow the Jewish laws and customs. Otherwise, they were still seen as outsiders. Paul persuaded the church leaders in Jerusalem to stop insisting on circumcision but his epistle to the Romans shows that it took many years, and the destruction of Jerusalem, for the Christian family finally to lose the old divisions between Jew and Gentile.

We like to think we live in a world which is becoming more inclusive, in which divisions are being broken down. But it does not feel like a world which could be described as 'the household of God, … a holy temple'. It does not feel like a world where hostility has been put to death through the cross. St Paul says that God's new world has been created by the blood of Christ. Today we seem to think its reflection can be created in this world through the application of human law. And perhaps that's the best we can hope for, unless we as Christians join with the Spirit to spread the household of God more widely.

Questions

- Christian groups in Britain have been trying to break down divisions between the denominations for over a century. Why do you think we have largely failed to make the Church on earth match the Household of God which Jesus's death created?
- What can Christians do to break down divisions in this world?

Priod 12
Effesiaid 3:14–21

Y Sul rhwng 24 a 30 Gorffennaf yn gynwysedig

Myfyrdod 47 John Meredith

Wrth i ni fyfyrio, gwrandawn ar alwad Duw i ddilyn Iesu – mae'n mynnu ein cariad a'n hymroddiad, peidio ag edrych yn ôl, peidio â chwilio am yr hyn sy'n ein caethiwo, ond edrych tuag at Iesu, sy'n ein caru yn ddiamod. Mae hynny'n gofyn am ffydd, ffydd yn naioni Duw, ffydd yng ngofal ein Tad nefol. Ffydd a alluogodd Iesu i gysgu heb ofn yn ystod y storm ar Galilea.

Gallwn ddysgu cymaint oddi wrth hyn, y cyfan y mae ei angen arnom yw cariad! Mae cariad yn un o ffrwythau'r ysbryd, rhodd ryfeddol i'w rhannu, ond fel Cristion onid yw'n anodd caru pawb? Mae'n anodd hyd yn oed caru ein teuluoedd ein hunain weithiau, heb sôn am gymdogion blin! Mae bod yn Gristion a charu Duw mewn byd o ryfel ac angen ble mae miliynau o ffoaduriaid yn chwilio am rywle i fyw, byd o anghyfiawnder a chreulondeb, cyfoeth a thlodi eithafol, yn ein herio! Canfu hyd yn oed Iesu fod hynny'n wir – achosodd ef nifer o broblemau i bobl pan heriodd hwy i ddilyn gwerthoedd newydd a'i ganlyn ef ar hyd llwybr newydd o ostyngeiddrwydd a chariad.

Gallwn ymroi i gariad dwfn Crist, lle cawn ryddid perffaith trwy Iesu Grist a lle gallwn wneud mwy o lawer nag a ofynnwn ac a ddychmygwn, gan fod cariad yn fwy na'n gwybodaeth. Gallwn ofyn am hyn trwy weddi, sy'n sgwrs gyda Duw lle nad oes angen defnyddio geiriau arbennig na llais arbennig. Gallwn weddïo yn uchel neu yn ddistaw, gan fod Duw yn deall beth ydym yn ei feddwl ac yn gwybod am y cyfan a wnawn. Gallwn siarad gyda Duw am unrhyw beth ac y mae anadl Ysbryd Duw a nerth cariad yn ein deffro i bresenoldeb Teyrnas Dduw.

Fel Cristnogion, mae angen i ni ddangos cariad tuag at ein gilydd, ymweld â'r cleifion, yr henoed, y carcharorion a'r rhai sy'n unig, a bwydo'r newynog. Fel eglwys, rydym yn dystion i'r efengyl, yn dysgu gan yr eglwys fore ac yn cyfarfod yng nghartrefi ein gilydd a gweithredu dros newid. Os ydym yn byw gyda Christ yn byw o'n mewn, byddwn yn datblygu ein hadnoddau mewnol ac yna bydd popeth yn dda; os edrychwn ar yr eglwys a byw o'i mewn, gan ddangos teyrngarwch a chariad tuag at Dduw a'n cymdogion, a gweddïo, dysgu a thorri bara gyda'n gilydd, gallwn dyfu mewn ffydd a chariad. Gallwn ddysgu cymaint gan Iesu oherwydd mai ef yw'r arweinydd gorau erioed, yn anhunanol, yn was sy'n arwain, yn llawn cariad, er lles pawb. Gallwn efelychu hyn a gall Duw o'n mewn wneud yn anhraethol fwy na'r cyfan yr ydym yn ei ofyn na'i ddychmygu a heb ofn na rhyfeddod gallwn o leiaf weld mor ddewr a dychmygus oedd Iesu pan alwodd ychydig o bysgotwyr ac eraill i sefydlu teyrnas fyd-eang.

Mae'n ddiamau ei bod yn anodd bod yn Gristion heddiw, anodd ond eto nid yn amhosibl! Byd Duw yw'r byd yr ydym yn byw ynddo, nid ein heiddo ni ydyw, ac y mae Iesu yn gofyn am y person cyflawn a phan fydd yr ildio yn digwydd, bydd y teyrngarwch hwn a'r cariad yn syrthio i'w lle.

Cwestiynau

- Sut y gallwch chi ddangos eich cariad heddiw?
- Sut y mae'r pethau yr wyf fi'n eu gwneud a'u harddangos yn galluogi Teyrnas Dduw i dyfu?

Proper 12
Ephesians 3:14–21

Sunday between 24 and 30 July inclusive

Reflection 47 John Meredith

As we reflect, we listen to the call of God to follow Jesus, our Lord – it demands our love and commitment, not looking back, not looking for what enslaves us, but looking towards Jesus, who loves us unconditionally. That requires faith, faith in the goodness of God, faith in the care of our heavenly Father. It is that faith that allowed Jesus to sleep without fear during the storm on Galilee.

We can learn so much from this, as all we need is love! Love is one of the fruits of the spirit, a wonderful gift to share, but isn't it difficult being a Christian to love everybody? It is difficult even to love our own families sometimes, let alone annoying neighbours! To be a Christian and love God in a world of war and want of millions of refugees looking for a place to live, a world of injustice and cruelty, extreme wealth, and poverty challenges us! Even Jesus found that was the case, he caused people a great deal of problems, when he challenged them to adopt a new set of values, follow him along a new path of humility and love.

We can submit ourselves in the deep love of Christ, where we find perfect freedom through Christ Jesus and can do immeasurably more than all we ask or imagine, as love that surpasses our knowledge. We can ask this through prayer, which is a conversation with God, that doesn't need the use of special words or a special voice. We can pray out loud or silently, as God knows what we think and is aware of all we do. We can talk to God about anything and the breath of God's Spirit and the power of love awaken us to the presence of God's Kingdom.

As Christians, we need to show love for each other, visiting the sick, the aged, the prisoner, the lonely and feeding the hungry. As a church, we are witnesses to the gospel, learning from the early church and meeting together in one another's homes and acting for change. If we live with Christ living within us, we will develop our inner resources and then all will be well, if we look to the church and live within it, with loyalty and love of God and our neighbours, praying, learning and in the breaking of bread together, we can grow in faith and love. We can learn so much from Jesus because he is the ultimate good leader, selfless, a servant leader, loving, for the benefit of all. We can model this and God in us can do immeasurably more than all we ask or imagine and without awe and wonder we can at least see how bold and imaginative that Jesus was when he called a few fishermen and others to found a worldwide kingdom.

It is difficult to be a Christian today, that is without doubt, difficult yet but not impossible! The world we live in is God's world, it doesn't belong to us, and Jesus asks for the whole person and when that surrender occurs, all these loyalties and love fall into place.

Questions

- How can you show love today?
- How do the things I do, and model enable the Kingdom of God to grow?

Priod 13
Effesiaid 4:1–16

Y Sul rhwng 31 Gorffennaf a 6 Awst yn gynwysedig

Myfyrdod 48 Ainsley Griffiths

Heddiw clywn yr Apostol Paul yn galw'r eglwys ifanc yn Effesus i fod yn unedig. Sylwch ar ailadrodd cyson y gair 'un' yn ystod yr adnodau agoriadol: 'un corff ... un Ysbryd ... un gobaith ... un Arglwydd, un ffydd, un bedydd, un Duw a Thad i bawb' (Effesiaid 4:3-6). Llifa'r holl undod o'r ffaith mai un Duw sydd – nid nifer – un sydd wedi gweithredu unwaith ac am byth drwy anfon ei unig Fab i fod yn waredwr a thywallt yr Ysbryd Glân i'n calonnau. Un yw'r Arglwydd ac un yw'r gwaith a gyflawna. O ganlyniad dylai'r gymuned ffydd sy'n tarddu o'r datguddiad hwnnw fod yn un. Er ein bod ni'n ymwybodol o raniadau torcalonnus yr eglwys, parhau mae'r alwad i fod yn un. Nid undod sy'n tarddu o garedigrwydd unigolion ydyw, na rhyw rym arwrol neu ryw garisma personol. Undod ydyw sy'n ffrydio oddi wrth Dduw y Tad drwy ei Fab Iesu ac yn nerth yr Ysbryd Glân.

Felly, yn ei hanfod, realiti dwyfol yw'r eglwys, nid rhyw sefydliad dynol. Serch hynny, gallwn fod yn anymwybodol o'r fath urddas anhygoel os gorbwysleisiwn y pethau amlwg sy'n ein rhannu – er enghraifft, ein gwahaniaethau o ran diwinyddiaeth, addoliad, hanes, efengylu, moeseg, yn ogystal â'n hagweddau tuag at yr amgylchedd, tlodi, amrywiaeth dynol ac ati. Wynebodd Paul nifer o rwygiadau yn ei gyfnod ef, ond nid rheini sy'n mynnu ei brif sylw. Ei ffocws ef yw Crist sydd wedi marw drosom ac atgyfodi, yr un sydd wedi esgyn 'ymhell uwchlaw'r nefoedd i gyd, i lenwi'r holl greadigaeth' (Effesiaid 4:10). Dyma'r un sy'n grymuso'r eglwys â rhoddion rhagorol er mwyn ysgogi pob math o weinidogaethau (4:11). Gwelwn hyd yn oed heddiw arwyddion tebyg o waith yr Ysbryd. Wedi ein grymuso felly i waith gweinidogaeth, dylem anelu at 'adeiladu corff Crist' (4:12). Dyma un o hoff ddelweddau Paul o'r eglwys, un sy'n pwysleisio bod ein bywyd fel cymuned ffydd yn tarddu'n llwyr o'r un a groeshoeliwyd, a atgyfodwyd ac a ddyrchafwyd.

Serch hynny, wrth gydnabod rhwygiadau digalon yr eglwys gall hwn ymddangos yn naïf neu'n afreal. Ar adegau bu hanes yr eglwys yn anoddefgar a chreulon, yn mawrhau rhwysg a gormes teyrnasoedd simsan dynol yn hytrach na chadernid gostyngedig Crist a'i deyrnas gariadus ef. Gallem restru enghreifftiau diflas o ymchwyddo personol ac anaeddfedrwydd hunanol. Ond wrth dyfu mewn undod ac yn ein ffydd ym Mab Duw 'y nod yw dynoliaeth lawn dwf, a'r mesur yw'r aeddfedrwydd sy'n perthyn i gyflawnder Crist' (4:13). Er y gall yr eglwys weladwy ein llethu a'n digalonni, hyderwn y daw hefyd fflachiadau o rywbeth llawer mwy, gweledigaeth ddisglair o'r gymuned ysblennydd y gallem fod. Dyma gymdeithas sy'n bodoli i 'ddilyn y gwir mewn cariad, a thyfu ym mhob peth i Grist' – oherwydd 'ef yw'r pen' sy'n creu 'prifiant yn y corff' er mwyn iddo 'adeiladu ei hun mewn cariad' (4:15-16).

Cwestiynau

- Wrth glywed y gair 'eglwys' beth sy'n dod i'ch meddwl?
- Ydy'r darlleniad hwn yn eich herio i ailystyried natur a galwad yr eglwys?

Proper 13

Ephesians 4:1–16

Sunday between 31 July and 6 August inclusive

Reflection 48 Ainsley Griffiths

Today we hear the Apostle Paul calling upon the young church in Ephesus to be united. Note the repetition of the word 'one' in the opening verses: 'one body ... one Spirit ... one hope ... one Lord, one faith, one baptism, one God and Father of all' (Ephesians 4:3–6). All the unity flows from the fact that there is only one God – not many – one who has acted once and for all by sending his only Son to be our saviour and by pouring the Holy Spirit into our hearts. The Lord is one and the work that he accomplishes is one. As a result the community of faith that originates from that revelation should be one. Although we are aware of the heartbreaking divisions of the church, the call to be one continues. It is not an unity that originates from the kindness of individuals, nor is it some heroic force or personal charisma. It is an unity that streams from God the Father through his Son Jesus and in the power of the Holy Spirit.

Therefore, in its essence, the church is a divine reality, not some human institution. Nevertheless, we can be unconscious of such incredible dignity if we overemphasize the obvious things that divide us – for example, our differences in theology, worship, history, evangelism, ethics, as well as our attitudes towards the environment, poverty, human diversity and so on. Paul faced numerous rifts in his time, but it is not those that demand his main attention. His focus is on Christ who has died for us and who has been resurrected, the one who has ascended 'higher than all the heavens, in order to fill the whole universe' (Ephesians 4:10). This is the one who empowers the church with excellent gifts to motivate all kinds of ministrations (4:11). Even today we see similar signs of the Spirit's work. Thus empowered we should therefore aim to carry out our ministerial work 'so that the body of Christ may be built up' (4:12). This is one of Paul's favourite images of the church, one that emphasizes that our life as a community of faith originates entirely from the one who was crucified, resurrected and raised up.

However, when acknowledging the sad divisions in the church this can appear to be naive or unreal. At times the history of the church has been intolerant and cruel, exalting the pomp and oppression of infirm human kingdoms rather than the humble strength of Christ and his loving kingdom. We could list boring examples of personal pride and selfish immaturity. But as we grow in unity and in our faith in the Son of God the aim is to 'become mature, attaining to the whole measure of the fullness of Christ' (4:13). Although the visible church may oppress and dishearten us, we trust that there will also come flashes of something much greater, a bright vision of the splendid community we could be. This is a society that exists to 'speak the truth in love' and 'grow to become in every respect the mature body ... of Christ' because he 'is the head' who 'grows and builds itself up in love' (4:15–16).

Questions

- What comes to your mind when you when you hear the word 'church'?
- Does this reading challenge you to reconsider the nature and calling of the church?

Priod 14

Effesiaid 4:25–5:2

Y Sul rhwng 7 a 13 Awst yn gynwysedig

Myfyrdod 49 James Frazer

Teitl y darlleniad hwn mewn rhai Beiblau yw 'Rheolau'r Bywyd Newydd'. Mae'r Apostol Paul wedi siarad am fyw bywyd sy'n deilwng o'n galwad yn gynharach yn y bennod ac wedi rhoi i ni egwyddorion cyffredinol ar sut yr ydym a sut nad ydym i fod i fyw. Ond yn y darlleniad hwn mae'n rhoi arweiniad manwl iawn i ni ac os ydym i ddeall y darlleniad hwn fel rheolau ar gyfer y bywyd newydd, yna mae'n rhaid i ni gydnabod bod gan Paul lawer i'w ddweud am ein patrymau siarad.

Mae pedair o'r pump elfen benodol yn y darlleniad hwn yn ymwneud â'n geiriau ac fe'n harweinir yn bwyllog trwy'r ffordd y dylem ymddwyn yn ein siarad wrth i ni fyw ein bywyd newydd. Mae Paul yn cyferbynnu dweud celwydd â dweud y gwir. Os ydym yn ddig, ni ddylem bechu a 'rhoi cyfle i'r diafol'. Mae'n cyferbynnu geiriau drwg â geiriau da sydd er adeiladaeth. Ac mae'n cyfeirio at dristáu'r Ysbryd trwy chwerwder, llid a sen yn lle bod yn dirion, yn dyner eich calon ac yn faddeugar.

Gwirionedd yn erbyn celwydd, da yn erbyn drwg, caredigrwydd yn erbyn chwerwder, a maddeuant yn erbyn sen. Ac mae perthnasedd hyn i'n bywydau a'n cymdeithas ein hunain yn drawiadol o amlwg. Rydym yn byw mewn cymdeithas sy'n siarad llawer am ryddid geiriau a rhyddid mynegiant. Ond gallwn hefyd weld effeithiau geiriau o gasineb. Fel cymdeithas rydym fel petaem yn ffynnu ar newyddion ffug, ar yr angen i gythruddo eraill ac rydym yn barod iawn i geisio ennyn ymateb adweithiol. Mae Paul yn awyddus i ni siarad mewn ffordd sy'n ymddangos mor wahanol i bopeth y down ar ei draws yn ddyddiol. Sut y gallwn hyd yn oed ddechrau gwneud hyn?

Yn syml, mae Paul yn ein cyfeirio tuag at Grist. Dylem efelychu Duw fel plant. Dylem faddau fel y mae Crist wedi maddau i ni. Ac fe ddylem fyw mewn cariad, fel y carodd Crist ni. Dylai byw mewn cariad fod yn sylfaen y ffordd yr ydym yn byw, yn gweithio, yn chwarae ac yn arbennig y ffordd yr ydym yn siarad.

Ac i Paul mae byw mewn cariad ac efelychu Crist yn golygu dilyn esiampl Crist a roddodd ei hun yn offrwm ac aberth o arogl pêr. Mae'r ddwy hyn yn ddelweddau teml. Mae'r ddwy yn weithredoedd o addoli. I ni, nid gorchymyn moesegol yn unig yw byw mewn cariad, nid rhywbeth i wneud i ni ymddangos yn dda i'r rhai sydd o'n cwmpas, ond dyma yw ein gweithred o addoli.

Nid yw ein geiriau felly yn rhywbeth sy'n ychwanegol at ein bywyd newydd neu yn atodiad iddo. Dylai ein geiriau fod, ynddynt eu hunain, yn weithred o addoli yn ein bywyd newydd. Ac nid y geiriau ffurfiol, litwrgïaidd a ddefnyddiwn ar ddydd Sul yn unig ond ein siarad bob dydd ar y ffôn, neu wrth yrru'r car, neu ein mwmian dan ein gwynt.

Mae hyn yn anodd. Ond rydym ni yn blant annwyl. Mae cariad Duw tuag atom yn sefyll uwchben ac yn amgylchynu popeth a wnawn. Rydym yn caru yn union fel y mae ef yn ein caru ni. Ei gariad ef yw sylfaen ac ysgogiad ein siarad a'n byw mewn cariad. Felly siaradwn yn garedig, yn dyner a chyda'r tosturi a'r trugaredd a ddangosir tuag atom ni.

Cwestiynau

- Ydych chi'n teimlo bod eich geiriau bob dydd yn rhoi 'bendith i'r sawl sy'n eu clywed'?
- Fedrwch chi feddwl am enghraifft benodol o sut y gallech fyw mewn cariad – yn efelychu Crist heddiw, yfory a thrwy gydol yr wythnos?

Proper 14

Ephesians 4:25–5:2

Sunday between 7 and 13 August inclusive

Reflection 49 James Frazer

In some Bibles the title of this passage is 'Rules for the New Life'. The Apostle Paul has spoken about living a life worthy of our calling earlier in the chapter and given us some general principles of how we are, and are not, supposed to live. But in this passage he gives us some very specific guidance and if this passage is to be understood as rules for the new life, then we must acknowledge that Paul has a lot to say about our patterns of speech.

Four of the five specific elements in the passage are concerned about our speech and we are gently guided through how we should be behaving in our speech as we live our new life. Paul contrasts speaking falsehood with speaking the truth. If we are angry, we should not sin and allow the opportunity to 'make room for the devil'. He contrasts evil talk with talk that is suitable for building up. And he links grievance of the Spirit through the use of bitterness, wrath and slander instead of being kind, tender-hearted and forgiving.

Truth against falsehood, good against evil, kindness against bitterness, and forgiveness against slander. And the relevance of this to our own lives and society is glaringly obvious. We live in a society which talks a lot about freedom of speech and freedom of expression. But we can also see the effects of hate speech. As a society we seem to thrive on false news, on the need to provoke others and the ease with which we seek to arouse a reactionary response. Paul is wanting us to speak in a way that seems so different to everything we come across on a daily basis. How can we even begin to do this?

Paul simply points to Christ. We should imitate God as children. We should forgive as Christ has forgiven us. And we should live in love, as Christ loved us. Living in love should be the basis of how we live, work, play and especially how we talk.

And for Paul living in love and imitating Christ is to follow the example of Christ who gave himself up as a fragrant offering and sacrifice. Both of these are temple images. Both are acts of worship. For us living in love is not simply an ethical command, it is not something just to make us appear good to those around us, but it is our act of worship.

So our speech is not just something that is additional to, or supplements, our new life. Our speech should be, in itself, an act of worship in our new life. And not just the formal, liturgical speech that we use on Sundays but our everyday talking on the phone, driving in the car, muttering under our breath speech.

This is hard. But we are beloved children. God's love for us stands over, and surrounds, everything we do. We love just as he loves us. His love is both the basis, and the motivation, for our speech and for our living in love. So let us speak kindly, tenderly and with the compassion and mercy shown to us.

Questions

- Do you feel that your everyday words give 'grace to those who hear'?
- Can you think of a specific example of how you might live in love – imitating Christ today, tomorrow and throughout this week?

Priod 15
Effesiaid 5:15–20

Y Sul rhwng 14 a 20 Awst yn gynwysedig

Myfyrdod 50 Heather Temple-Williams

Mae Paul yn ysgrifennu'r llythyr hwn i'r 'saint sydd yn Effesus' tra bo'n cael ei gadw'n gaeth gan yr awdurdodau Rhufeinig. Ysgrifennir y llythyr at y Cenhedloedd (2:11 a 3:1) ac mae'n cynnig arweiniad ar gyfer eu bywyd newydd fel credinwyr yng Nghrist (3:12). Mae'r darlleniad hwn yn pwysleisio pwysigrwydd doethineb, meddylgarwch a diolchgarwch ac yn annog credinwyr i ddal ar eu cyfle a byw yn unol ag ewyllys Duw. Er bod y darlleniad byr hwn o lythyr Paul at yr Effesiaid wedi ei ysgrifennu ddwy fil o flynyddoedd yn ôl mae'n dal i gynnig arweiniad gwerthfawr ar sut i fyw bywyd ystyrlon a phwrpasol.

Mae'n dechrau â'r anogaeth i 'wylio eich ymddygiad yn ofalus'. Mae llawer o bobl heddiw yn siarad am fyw yn 'fwriadus' ac am feddylgarwch, ond nid yw hynny yn beth newydd. Mae Paul yn annog yr Effesiaid i fyw â phwrpas a pheidio â gwastraffu amser gwerthfawr ar bethau ffôl. A beth yw'r pwrpas hwnnw? Deall beth yw ewyllys yr Arglwydd (adnod 17). Efallai fod hynny yn ymddangos yn anodd. I ychydig bydd yn golygu galwad i'r weinidogaeth ordeiniedig neu weinidogaethau lleyg penodol. Gall olygu byw bywyd o wasanaeth i eraill mewn gwaith elusennol, addysgu, neu feddygaeth. I lawer bydd yn wasanaeth trwy gyfrwng eu gwaith, yn eu teuluoedd neu eu cymunedau. Gallai olygu yn syml ymroi ein hunain i weddi.

I bob un ohonom fodd bynnag, mae'n golygu gwneud yr hyn y gofynnodd Iesu i ni ei wneud – caru Duw, ni ein hunain, a'n cymdogion. Mae'n golygu dweud y newyddion da wrth bobl bod Iesu yn eu caru, wedi marw drostynt ac yn paratoi lle yn y nefoedd i ni fyw hyd dragwyddoldeb gyda Duw. Mae llawer ffurf ar gariad a gall weithio mewn llawer ffordd. Gallai olygu bwydo'r newynog, treulio amser yn siarad â'r unig, ymweld â phobl mewn ysbyty neu garchar. Gallai olygu gweini te a choffi ar ôl y gwasanaeth.

Mae'r adnodau hyn yn ein hatgoffa bod angen i ni astudio'r Beibl a threulio amser yn gweddïo a siarad gyda Duw. Gallwn ofyn i Dduw ein harwain fel y gallwn ganfod a oes yna rywbeth penodol y mae Duw am i ni ei wneud. Mae adnod 18 yn ein hannog, 'Llanwer chwi â'r Ysbryd.' Bydd cael ein harwain gan Dduw trwy weddi ac astudiaeth, cael ein llenwi â'r Ysbryd Glân a chaniatáu i Dduw weithio trwom yn ein helpu i wneud y pethau hynny a nodwyd uchod. Bydd yn ein helpu i ddangos cariad Iesu tuag at bobl. Bydd yn ein helpu i ymestyn allan at y colledig a'r unig. Mae cael ein llenwi â'r Ysbryd yn golygu y gallwn fyw mewn ffordd sy'n adlewyrchu cymeriad Iesu Grist yn arddangos ffrwythau'r Ysbryd – cariad, llawenydd, tangnefedd, goddefgarwch, caredigrwydd, daioni, ffyddlondeb, addfwynder, a hunanddisgyblaeth.

Mae adnod 19 yn ein hatgoffa y dylem addoli Duw. Sylwch mai dweud wrthym ac nid gofyn i ni y mae Paul: 'Cyfarchwch eich gilydd â salmau ac emynau a chaniadau ysbrydol'. Mae Duw yn deilwng o'n mawl a'n haddoliad, ac ni ddylem esgeuluso yr agwedd hon o'n ffydd. Mae Duw yn deilwng hefyd o'n diolchgarwch. Mae Paul yn dweud wrthym am ddiolch i Dduw am bopeth, yn debyg iawn i'r weddi a ddysgodd rhai ohonom pan oeddem yn blant. Wrth gwrs, mae'n hawdd diolch i Dduw am y bwyd a fwytawn ac am yr adar sy'n canu, ond mae adegau a sefyllfaoedd a all wneud diolch yn llawer mwy anodd. Er hynny, gallwn ofyn i'r Ysbryd Glân ein helpu i feithrin agwedd o ddiolchgarwch ac i foli ac addoli Duw bob dydd, gan adnabod daioni Duw ym mhob agwedd o'n bywydau. Hyd yn oed os bydd hynny yn gymysg ar adegau â'r gri, 'Pam Dduw, pam fi a pham nawr?'

Dim ond chwech adnod sydd yn y darlleniad hwn, ond maent yn darparu patrwm ardderchog ar gyfer ein bywydau fel Cristnogion. Maent yn ein hatgoffa i fyw yn ddoeth, gyda phwrpas a dealltwriaeth. Maent yn ein hatgoffa i geisio ewyllys Duw, i gael ein llenwi â'r Ysbryd Glân sy'n ein galluogi, ac i foli ac addoli ein creawdwr a'n gwaredwr. Maent yn wir werth myfyrio arnynt a gweddïo amdanynt.

Cwestiynau

- Oes yna rywbeth yn y darlleniad hwn sy'n eich annog i werthuso sut yr ydych yn treulio eich amser?
- Pa mor aml y byddwch yn gweddïo, neu foli ac addoli? Oes yna ffordd y gallech gynnwys mwy o'r pethau hyn yn eich diwrnod?

Proper 15

Ephesians 5:15–20

Sunday between 14 and 20 August inclusive

Reflection 50 Heather Temple-Williams

Paul writes this letter to 'the saints in Ephesus' from a place of custody under the Roman authorities. The letter is written to Gentiles (2:11 and 3:1) and provides guidance for their new lives as believers in Christ Jesus (3:12). This passage emphasizes the importance of wisdom, mindfulness, and gratitude, encouraging believers to make the most of their time and live in alignment with God's will. This short passage from Paul's letter to the Ephesians may have been written some two thousand years ago but it still provides valuable guidance for living a meaningful and purposeful life.

It begins with the exhortation to 'be careful how you live'. Many people today talk about 'intentional' living and mindfulness but it's really nothing new. Paul is urging the Ephesians to live with a purpose, and not to waste precious time on foolish things. And what is that purpose? It's to understand the will of the Lord (verse 17). That might seem difficult. For a few it will mean a calling to ordained ministry or specific lay ministries. It may mean leading a life of service to others in charitable work, or teaching, or medicine. For many service through their work, in their families or communities. It could mean simply giving ourselves over to prayer.

For all of us though, it means doing what Jesus asked us to do – to love God, ourselves, and our neighbours. It means telling people the good news that Jesus loves them, died for them and is preparing a place in heaven for us to live in eternity with God. Love takes many forms and can be worked out in many ways. It could mean feeding the hungry, spending time talking to the lonely, visiting people in hospital or prison. It could mean serving tea and coffee after the service.

These verses remind us that we need to study the Bible and to spend time praying and talking to God. We can ask God to guide us so we can discern if there is something particular that God wants us to do. Verse 18 encourages us to 'be filled with the Spirit'. Being led by God through prayer and study, and being filled with the Holy Spirit, allowing God to work through us will help us to do those things noted above. It will help us to show the love of Jesus to people. It will help us to reach out to the lost and the lonely. Being filled with the Spirit means we can live in a way that reflects the character of Christ Jesus exhibiting the fruit of the Spirit – love, joy, peace, patience, kindness, goodness, faithfulness, gentleness, and self-control.

Verse 19 reminds us that we should worship God. Note that Paul didn't say 'if you sing psalms and hymns and spiritual songs among yourselves' but 'as you sing…' God is worthy of our praise and worship, and we shouldn't neglect this aspect of our faith. God is also worthy of our gratitude. Paul tells us to give thanks to God for everything, much like the prayer some of us will have learned as children. Of course, it's easy to thank God for the food we eat, and the birds that sing but there are times and situations that make gratitude seem much harder. Nevertheless, we can ask the Holy Spirit to help us cultivate an attitude of gratitude and to praise and worship God daily, recognising the goodness of God in every aspect of our lives. Even if that is interspersed with cries of 'Why God, why me and why now?'

There are only six verses in this passage, but they provide a great pattern for our lives as Christians. They remind us to live wisely, with purpose and with understanding. They remind us to seek God's will, to be filled with the Holy Spirit who empowers us and to praise and worship our creator and saviour. They really are worth reflecting on and praying about.

Questions

- Is there anything in this passage that prompts you to evaluate how you spend your time?
- How often do you pray, or praise and worship? Is there a way you can incorporate more of these things in your day?

Priod 16
Effesiaid 6:10–20

Y Sul rhwng 21 a 27 Awst yn gynwysedig

Myfyrdod 51 Peta Maidman

Rwyf wedi meddwl yn aml sut brofiad oedd gwisgo arfwisg lawn. Er bod arfogaeth o ryw fath neu'i gilydd wedi bodoli ers canrifoedd lawer, mae'n debyg mai'r arfogaeth fwyaf cyfarwydd yn y byd yw'r arfwisg plât dur llawn ar gyfer y corff cyfan fel y gallech ei weld mewn lluniau o farchogion yn ymladd.

Mae'r adnodau hyn o lythyr Paul at yr Effesiaid yn sôn am wahanol fath o arfogaeth, nid i amddiffyn y corff rhag niwed mewn brwydr gorfforol y tro hwn ond arfogaeth i'n helpu i 'sefyll yn gadarn yn erbyn cynllwynion y diafol'. Nid yw Paul dan unrhyw gamargraff nad yw y frwydr ysbrydol yn bod a rhybuddia rhag y trafferthion y gallai Cristnogion eu hwynebu ond mae'n disgrifio yn gysurlon sut y bydd arfogaeth Duw yn amddiffyn. Mae ei eiriau yr un mor wir i ni heddiw; mae arfogaeth Duw ar gael bob amser i bawb y mae ei angen arnynt.

Mae gwregys gwirionedd, a wisgir yn gyntaf, yn ein helpu i wrthsefyll y celwyddau a all effeithio ar ein lles ysbrydol. Fe'n hamgylchynir gan gymaint o wybodaeth sydd mor hawdd mynd ato, ond mae'n gynyddol anodd gwahanu'r gwirionedd oddi wrth y celwyddau. Mae 'newyddion ffug' a gwyrdroi'r gwirionedd mor hawdd i'w drefnu erbyn hyn nes mae pobl yn argyhoeddedig mai uchel yw isel neu fel arall. Dim ond gair Duw sy'n wir ac felly arfogwn ein hunain ag ef yn gyntaf, oherwydd heb y gwir nid oes dim sy'n dda.

Mae arfwisg cyfiawnder ar ein dwyfron yn gorchuddio ac amddiffyn ein calon rhag niwed ac mae esgidiau'r efengyl a wisgwn yn ein helpu i ledaenu neges Iesu. Nid ydym yn ymladd brwydr ysbrydol drosom ein hunain yn unig, ond dros bob enaid, ac mae mynd â'r efengyl allan i'r gymuned ehangach, y tu hwnt i furiau'r eglwys, yn rhan o'r frwydr honno.

Mae tarian ffydd yn troi ymaith yr anffodion a'r temtasiynau a ddaw ar draws ein llwybr yn gyson ac mae helm iachawdwriaeth yn amddiffyn ein meddwl ymhellach rhag amheuon a phryderon wrth i ni fyw ein bywydau fel Cristnogion.

Yn olaf, codwn gleddyf Gair Duw. Mae pob arfogaeth arall a roddir i ni yn amddiffynnol; yn ein cysgodi a'n gwarchod. Y cleddyf yw'r unig arfogaeth *ymosodol*, yr unig *arf*. Mae'n wrth-reddfol i feddwl am ddefnyddio arf gan fod Iesu yn hyrwyddo heddwch. Mae adegau, fodd bynnag, pan fydd yn rhaid i ni godi'r cleddyf, sefyll i fyny a chodi llais yn erbyn drygioni, gorthrwm, a phopeth sy'n niweidio teyrnas a phobl Dduw.

Mae Paul hefyd yn ein hannog i 'weddïo bob amser yn yr Ysbryd'. Yn union fel na all aelod o'r lluoedd arfog roi arfwisg amdano, codi arf a gwybod ar unwaith sut i ymladd mewn brwydr, ni allwn ninnau chwaith wybod sut i ymladd brwydrau ysbrydol heb i ni weddïo. Gweddïwn am arweiniad fel ein bod ym mhob sefyllfa, bob dydd, yn sicr ein bod yn gwneud yr hyn y mae Duw am i ni ei wneud yn ei enw.

Cwestiynau
- A yw'r cysyniad o 'gynllwynion y diafol' wedi dyddio ac yn hen ffasiwn?
- Ydych chi'n meddwl bod unrhyw ran o arfogaeth Duw yn bwysicach na'r llall?

Proper 16
Ephesians 6:10–20

Sunday between 21 and 27 August inclusive

Reflection 51 Peta Maidman

I've often wondered what it was like to wear a full suit of armour. Although armour of one sort or another has been evident for many centuries, probably the most recognised style of armour in the world is the full body plate armour such as you might see in pictures of jousting knights.

These verses from Paul's letter to the Ephesians speak of a different type of armour, this time not to protect the body from harm in a physical battle but armour to help us 'stand against the wiles of the devil'. Paul is under no illusion that the spiritual battle is real and is warning of the struggles Christians may face but he reassuringly describes how the armour of God will protect. His words are no less true for us today; God's armour is always available to all who need it.

The belt of truth, put on first, helps us to resist the lies that can affect our spiritual wellbeing. We are surrounded by so much easily accessible information, but it is increasingly difficult to separate truth from lies. 'Fake news' and distortion of the truth is now too easy to arrange until people are convinced that up is down or vice versa. Only the word of God is true and so we equip ourselves with it first, for without the truth there is nothing good.

The breastplate of righteousness covers and protects our heart from harm and the gospel shoes we wear to help us spread Jesus' message. We are not fighting a spiritual battle for ourselves alone, but for all souls and taking the gospel out into the wider community, beyond the church walls, is part of that battle.

The shield of faith turns away the setbacks and the temptations that are constantly thrown in our path and the helmet of salvation further guards our minds from doubts and worries as we live our Christian lives.

Finally, we pick up the sword of the Word of God. All the other armour we are given is defensive; shielding us and protecting us. The sword is the only *offensive* piece of armour, the only *weapon*. It is counter-intuitive to think of 'wielding a weapon' given that Jesus was an advocate of peace. There are times, however, when we must pick up that sword, stand up and speak out against evil, oppression, and all those things that are harmful to God's kingdom and people.

Paul also exhorts us to 'pray in the spirit at all times'. Just as a person in the armed forces cannot put on body armour, pick up a weapon and immediately know how to fight in combat, neither can we know how to fight spiritual battles unless we pray. We pray for guidance so that in every situation, every day, we are clear that we are doing what God wants us to do in his name.

Questions
- Is the concept of 'the devil's wiles' outdated and old fashioned?
- Do you think that any one part of the armour of God is more important than the other?

Priod 17

Iago 1:17–27

Y Sul rhwng 28 Awst a 3 Medi yn gynwysedig

Myfyrdod 52 Dawn Wolstenholme

Nid ydym yn clywed llawer yn aml am Iago, ond ystyrir yn draddodiadol mai brawd Iesu oedd awdur y llythyr hwn, neu ei fod o leiaf wedi'i ysgrifennu gyda'i awdurdod ef. Ni bu iddo deithio fel y disgyblion eraill, ac roedd yn well ganddo aros yn Israel a chyfathrebu gyda'r cymunedau Cristnogol eraill, neu'r llwythau ar wasgar, trwy lythyr. O ganlyniad, byddai'r llythyr hwn wedi cael ei basio o un gymuned i'r llall, wedi ei gludo gan bobl ffydd yn teithio ar droed neu ar gwch. Mae ymhlith y mwyaf Iddewig o weithiau ysgrifenedig y Testament Newydd.

Mae'n ein hatgoffa ein bod ni ein hunain wedi ein geni trwy air y gwirionedd, sef dysgeidiaethau'r disgyblion sydd wedi mynd o'n blaenau ac yn wreiddiol trwy eiriau Duw a'r ysgrythur ac felly mae'n rhaid i ni gofio bod geiriau yn bwysig ac y dylem eu defnyddio â doethineb. Mae'r darlleniad hwn yn dangos cymaint o bwyslais a roddai Iago ar bwysigrwydd hyn. Mae'n hollol gywir yn dweud wrthym y gall geiriau fod yn beryglus. Gallant nid yn unig achosi difrod emosiynol enfawr, ond gallant hefyd ddinistrio enw da ac o bosibl bywoliaethau. Mae'n gofyn i ni wrando, bod yn ofalus wrth farnu ac yn araf i ddigio. Os ydym yn fympwyol, beirniadol a chas ni allwn wneud dim ond achosi niwed.

Mae adnod 23 yn dweud, 'Oherwydd os yw rhywun yn wrandawr y gair, ac nid yn weithredwr, y mae'n debyg i un yn gweld mewn drych yr wyneb a gafodd; fe'i gwelodd ei hun, ac yna, wedi iddo fynd i ffwrdd, anghofiodd ar unwaith pa fath un ydoedd.' Dyma'r bobl sy'n clywed y gair, yn cerdded i ffwrdd a phan fydd rhywbeth arall yn tynnu eu sylw byddant yn anghofio dysgeidiaeth Duw. Nid yw pobl o'r fath sy'n anghofio'r gair yn gweithredu arno.

Mae adnod 25 yn dweud wrthym, 'Ond am y sawl a roes sylw dyfal i berffaith gyfraith rhyddid ac a ddaliodd ati, a dod yn weithredwr ei gofynion, ac nid yn wrandawr anghofus, bydd hwnnw yn ddedwydd yn ei weithredoedd.' Dyma'r rhai sy'n clywed y gair, yn ei amgyffred yn ddwfn yn eu calonnau a'u heneidiau ac yn byw fel y bwriadodd Duw ar eu cyfer. Maent yn dod yn debycach i Iesu ac yn dilyn ei ddymuniadau sef, fel y dengys adnod 27 i ni, gofalu am yr amddifad a'r gweddwon yn eu cyfyngder a'u cadw eu hunain heb eu difwyno gan y byd.

Roedd yn rhaid i Gristnogion fyw yn y byd a chael eu dylanwadu gan y pethau a'r bobl a welent o'u cwmpas. Roedd addoli eilunod, ymwneud â phobl o wahanol ffydd, a mynychu partïon busnes yn aml yn cynnwys gweithredoedd o addoli gwahanol dduwiau. Byddai wedi bod mor hawdd cael eu tynnu'n ôl i'r byd yr oeddent wedi cefnu arno. Ond roedd yn rhaid iddynt gymryd gofal rhag gwneud hynny. Roedd ganddynt gyfrifoldebau eraill, fel gofalu am y gwan a'r bregus, ac yr oedd Iesu wedi dweud mai dyna oedd eu gwaith, yn union fel mai dyna fu gwaith Iesu.

Rhaid i ni yn awr gofio ein bod ninnau yn darllen llythyr Iago hefyd, ac mae angen i ni fel y disgyblion eraill fod yn ofalus beth a ddywedwn, cadw'n dawel, amddiffyn ein heneidiau a gofalu am y rhai o'n cwmpas sydd mewn angen. Erbyn hyn, nid y gweddwon a'r amddifad yn unig sydd ar goll ac yn ofnus ond rhannau mawr o'r gymdeithas. Mae'n waith mawr, ond mae'r Ysbryd yn ein helpu, ein harwain a'n hamddiffyn. Sut y gallwn ni fethu?

Cwestiynau

- Ydym ni yn ei chael yn hawdd bod yn ofalus beth a ddywedwn neu ydym ni'n rhy barod i farnu?
- Ydym ni yn rhai sy'n gwrando, neu yn rhai sy'n gwneud? Os ydym yn adnabod pobl sy'n cael hyn yn anodd, beth allwn ni wneud i'w helpu?

Proper 17
James 1:17–27

Sunday between 28 August and 3 September inclusive

Reflection 52 Dawn Wolstenholme

We don't often hear much about James, but the writer of this letter is traditionally considered to be the brother of Jesus, it is written with his authority at least. He didn't travel like the other disciples, preferring to stay in Israel and communicate to the other Christian communities, or tribes dispersed, by letter. Consequently, this letter would have been passed from one community to the other, delivered by people of faith travelling on foot or by boat. It is amongst the most Jewish of the New Testament writings.

He reminds us that we ourselves were born by the word of truth, that is the teachings of disciples gone before us and originally by the words of God and scripture and therefore we need to remember that words matter and we must use them with wisdom. This passage shows how important James considered the importance of this. He very rightly points out to us that words can be dangerous. Not only can they cause huge emotional damage, but they can also destroy reputations and potentially livelihoods. He asks us to listen, to be careful in judgement and slow to anger. If we are impulsive, judgemental and unkind, we can only cause harm.

Verse 23 states, 'For if any are hearers of the word and not doers, they are like those who look at themselves in a mirror, for they look at themselves and, on going away, immediately forget what they look like.' These are people who hear the word, walk away and get distracted by life and forget the teachings of God. Such people who forget the word, do not act upon it.

Verse 25 tells us, 'But those who look into the perfect law, the law of liberty, and persevere, being not hearers who forget but doers who act, they will be blessed in their doing'. These are the ones who hear the word, absorb it deep into their hearts and souls and live as God intended for them. They become more like Jesus and follow his wishes which are, as verse 27 shows us to care for the orphans and widows in their distress and to keep oneself unstained by the world.

Christians of necessity had to live in the world and were influenced by the things and the people they saw around them. The worship of idols and other faiths, the parties they attended for business often included acts of worship to various gods. It would have been so easy to be drawn back into the world they had left behind. But they had to be careful not to do that. They had other responsibilities, to care for the weak and the vulnerable, as Jesus had said was their job, just as it had been Jesus'.

We now have to remember, we are a reader of James' letter too, and we, like the other disciples need to watch our words, keep calm, protect our souls and care for those around us in need. In this time, it is no longer just widows and orphans but whole segments of society who are lost and afraid. It is a big job, but we have the Spirit, helping, guiding and protecting us. How can we fail?

Questions
- Do we find it easy to watch our words or are we quick to judge?
- Are we hearers, or doers? If we know people who struggle with this, what can we do to help them?

Priod 18
Iago 2:1–10, [11–13], 14–17

Y Sul rhwng 4 a 10 Medi yn gynwysedig

Myfyrdod 53 Hannah Buckley

Y dyn cyfoethog yn cael y sedd orau yn y tŷ, y dyn tlawd yn gorfod eistedd ar y llawr. Mae'r adnodau hyn ar ffafriaeth yn siarad mor huawdl heddiw ag yr oeddent ddwy fil o flynyddoedd yn ôl. Wrth ddweud y stori hon, mae Iago yn ein gwahodd i ymgodymu â'r hyn y mae'n ei olygu i gredu yn Iesu Grist. Cysylltir iaith 'credu' erbyn hyn â glynu at ddatganiadau penodol – credu'r pethau iawn *am* Dduw. Mae'r datganiadau hyn yn bwysig oherwydd eu bod yn ein helpu i rannu dealltwriaeth o pwy yw Duw, ond mae iaith credu yn llawer dyfnach a chyfoethocach nag yn syml credu'r pethau iawn *am* Dduw. Nid datganiadau yw'r canolbwynt, ond person ddylai fod yn ganolbwynt, oherwydd Iesu sy'n eistedd wrth galon cred. Mae credu a charu yn perthyn yn agos iawn i'w gilydd – mae credu yn Iesu yn golygu caru Iesu. Dyma yw ffydd.

Dyna'n union beth mae Iago yn ei wneud yma. Mae'n gosod cred fel ymdrech gyflawn ar ran yr unigolyn. Mae'n ymwneud â byw yn ôl y Gyfraith Frenhinol ac mae honno wedi'i chrynhoi yn y gorchymyn mwyaf – Câr yr Arglwydd dy Dduw a châr dy gymydog fel ti dy hun. Caru Iesu *yw* caru eraill. Rhoi sylw i Dduw a bod yn ffyddlon iddo *yw* rhoi sylw i eraill a bod yn ffyddlon iddynt oherwydd mae Duw wedi ein hymddiried i'n gilydd.

A dyna lle down at yr adnodau hyn. Mae Iago yn cyfeirio at beth mae mor aml yn ei olygu i fod yn ddynol – i gael ffefrynnau ac i wahaniaethu – a'r anhrefn y mae hyn yn ei greu o fewn creadigaeth Duw. Efallai fod y dynfa ddisgyrchol yna tuag at rym a'r rhai sy'n ei reoli yn gyfarwydd. Gallai fod yn rhywbeth yr ydym yn ei wneud heb hyd yn oed sylweddoli – yr hyn a elwir gennym yn *rhagfarn ddiarwybod*. Beth wnaeth Iesu? Fe uniaethodd ei hun yn benodol â'r tlawd. Mae'r doethineb y cyfeiria Iago ni ato yma yn troi syniadau traddodiadol am yr hyn sy'n 'ddoeth' wyneb i waered oherwydd dyna yn union a wnaeth Iesu. I *bawb* a gaiff ei eni, mae lle wrth y bwrdd. Nid ar y llawr wrth ein traed.

Yr hyn a gawn yn yr adnodau hyn yw doethineb bywyd cyfan a gafodd ei fyw i Dduw. Nid oes dim wedi ei guddio. Na dim wedi ei gadw'n ôl. Mae'n adnabod Duw ym mhob peth, ym mhob rhan o'n bywydau, ac yn ceisio caru Duw a chymydog ym mhob un o'r rhain a thrwyddynt. Mae'n cydnabod bod Duw yn ein cymryd fel pobl doredig ac yn ein gwneud yn gyfan, gan roi i ni olwg newydd fel ein bod yn gweld y byd, creadigaeth Duw a'r bobl o'n cwmpas trwy lygaid Duw ei hun. Mae cred wedyn yn dod yn ferf credu – gair gweithredu. Fel hyn y mae Frederick Buechner yn dweud: 'Y lle y mae Duw yn eich galw iddo yw'r lle y mae eich llawenydd dwfn a newyn dwfn y byd yn cyfarfod.'[1] Mae pwy ydym ni a'r hyn a wnawn yn ddwy ochr i'r un darn arian, yn hanfodol i'w gilydd oherwydd mai dyna lle rydym yn cyfarfod Duw. Dyna lle rydym yn cael cipolwg ar y bwrdd helaeth hwnnw a seddau da i bawb o'i gwmpas. A dyna lle mae'r trawsnewid yn digwydd. Dyma beth yw ffydd galonnog.

Cwestiynau

- Beth ydych chi'n uniaethu fwyaf ag ef yn y darlleniad hwn o lythyr Iago?
- Sut y mae'r syniad o ffydd galonnog yn gwneud i chi deimlo? Ble mae eich llawenydd dwfn a newyn dwfn y byd yn cyfarfod?

---

1. Frederick Buechner, Wishful Thinking: The Seeker's ABCs. Tud. 119 (1993)

Proper 18
James 2:1–10, [11–13], 14–17

Sunday between 4 and 10 September inclusive

Reflection 53 Hannah Buckley

The rich man given the best seat in the house; the poor man relegated to the floor. These verses on favouritism speak as loudly today as they did two thousand years ago. In telling this story, James invites us to wrestle with what it means to believe in Jesus Christ. The language of 'believing' has come to be associated with holding to specific statements – believing the right things *about* God. These statements are important because they help us reach a shared understanding of who God is, but the language of belief is so much deeper and richer than simply believing the right things *about* God. It's not statement centred, it's person-centred, because it's Jesus that sits at the heart of belief. It quite literally means be-loving – being attentive and faithful. To believe in Jesus then is to belove Jesus. This is faith.

That's exactly what James does here. He sets up belief as a whole-self endeavour. It's about living according to the Royal Law and that's summed up in the greatest commandment – Love God and love your neighbour as yourself. To belove Jesus *is* to belove others. To be attentive and faithful to God *is* to be attentive and faithful to others because God has entrusted us with each other.

And that's where these verses come in. James is naming the reality of what it so often means to be human – to play favourites and to discriminate – and the disorder this creates within God's creation. That gravitational pull toward power and those who hold it might be familiar. It might be something we do without even realising – what we call *unconscious bias*. What did Jesus do? He specifically identified and aligned himself with the poor. The wisdom James points us toward here turns traditional ideas of what is 'wise' upside down because that is exactly what Jesus did. For *everyone* born, there is a place at the table. Not on the floor at our feet.

What we have in these verses is the wisdom of a whole life lived for God. Nothing hidden. Nothing kept back. It recognises God in all things, in every area of our lives, and seeks to love God and neighbour in and through each of these. It's acknowledging that God takes us as fractured people and makes us whole, giving us a new perspective, so that we see the world, God's creation, the people around us, through God's own eyes. Belief then becomes a verb – a doing word. Frederick Buechner puts it like this: 'The place God calls you to is the place where your deep gladness and the world's deep hunger meet.'[1] Who we are and what we do are two sides of the same coin, vital to each other because it's there that we meet God. It's there we glimpse that spacious table with good seats for everyone. And it's there that transformation happens. This is wholehearted faith.

Questions
- When reading this passage in James, who do you most identify with?
- How does the idea of wholehearted faith make you feel? Where does your deep gladness and the world's deep hunger meet?

---

1. Frederick Buechner, Wishful Thinking: The Seeker's ABCs. Pg. 119 (1993)

Priod 19
Iago 3:1–12

Y Sul rhwng 11 a 17 Medi yn gynwysedig

Myfyrdod 54 Peter Brooks

Dywedwyd wrthyf unwaith fod y tafod wedi'i orchuddio â blasbwyntiau a bod y blasbwyntiau hynny yn newid trwy'r amser wrth i ni dyfu. Yn wir mae pum math o flasbwyntiau a all rifo rhwng 2,000 ac 8,000 a newid bob deg diwrnod. Maent wedi'u cysylltu â'r synhwyrau a gallant ganfod blasau hallt, sawrus, sur, melys a chwerw.

Mae'n ddiddorol sylwi ar y synhwyrau hynny a'r hyn y maent yn eu canfod oherwydd yn yr un modd gall yr hyn sy'n dod allan o'n ceg trwy reolaeth y tafod ddweud llawer iawn am yr hyn y mae pobl yn ei synhwyro a'i benderfynu amdanom.

Mae'r ysgrythur yn dweud… 'Â'r tafod yr ydym yn bendithio'r Arglwydd a'r Tad; â'r tafod hefyd yr ydym yn melltithio'r rhai a luniwyd ar ddelw Duw' (adnod 9). 'O'r un genau y mae bendith a melltith yn dod' (adnod 10). Dyna yn sicr un o'r datganiadau mwyaf gwir a wnaed erioed, oherwydd os meddyliwn am hyn, rwyf yn siŵr y gallwn i gyd gofio digwyddiad yn ein bywydau pan oeddem un munud yn ein haddoliad yn moli Duw ac yn derbyn ei fendith a'r munud nesaf allan ar y ffordd yn melltithio gyrrwr nad yw'n rhoi arwydd ei fod am droi! Nid y peth hawsaf i'w reoli yw ein tafod prysur oherwydd ymddengys fod ganddo gysylltiad band eang cyflym â'r ymennydd sydd bron yn tywallt i fodolaeth eiriau y gwyddom cyn gynted â'u bod allan na ddylent fyth bythoedd fod wedi cael eu dweud. Peth arall y digwyddais ei glywed unwaith oedd rhywun yn rhegi a rhywun arall oedd wrth ymyl yn ei geryddu trwy ddweud, 'Ydi dy fam yn gwybod dy fod yn siarad fel yna?'

Yn y diwedd mae'n debyg y gallwn i gyd ddysgu gwers gan Whoopi Goldberg yn *Sister Act*. Ar ddiwedd y ffilm fel y mae'r drwgweithredwyr yn mynd i ffwrdd a hithau yno gyda'i chyd-leianod, mae un o'r giwed, a arferai fod yn gariad iddi ac yn ei rheoli, yn ei difenwi ac y mae hithau ar fin ei ateb yn ôl ond yr hyn a ddaw allan o'i cheg (er bod tinc braidd yn annaturiol yn ei llais) yw'r geiriau 'Bendith arnat ti'.

Yma gwelwn drawsnewidiad unigolyn (er mai cymeriad dychmygol ydyw) sydd wedi dysgu bod ei llais yn ddefnyddiol ar gyfer mwy na dim ond rhegi a dweud geiriau cas ac y gall ei ddefnyddio i 'fendithio' hefyd.

Gall bendithion amrywio o ran math a maint ac yn un ffordd y gallwn gyfleu ein ffydd fyw mewn byd sy'n clywed yn llawer rhy aml am y negyddol a'r cableddus, felly sut yr ydym yn siarad ag eraill bob dydd – a yw ein geiriau yn fendith?

Cwestiynau

- Fedrwch chi gofio amser pan fu i chi felltithio yn lle bendithio ac ydych chi'n gallu dod â hynny at Dduw er mwyn cael maddeuant?
- Pwy allwch chi 'fendithio' â'ch tafod heddiw ac ym mha ffordd?

Proper 19

James 3:1–12

Sunday between 11 and 17 September inclusive

Reflection 54 Peter Brooks

I was once told that the tongue is covered with taste buds and that as we grow those taste buds are changing all the time. Indeed there are five types of taste buds that can number between 2,000 and 8,000 and change every ten days. They are linked to the senses and detect saltiness, savouriness, sourness, sweetness and bitterness.

It's interesting to note those senses and what they are there to detect because likewise by what comes out of our mouth through the control of the tongue can say an awful lot about what people sense and determine about us.

The scripture states… 'With the tongue we praise our Lord and Father, and with it we curse human beings, who have been made in God's likeness' (verse 9). 'Out of the same mouth come praise and cursing' (verse 10). That surely is one of the truest statements ever made, because if we think on this, I am sure we can all remember an incident in our lives when for the time of worship, we have been praising God and receiving his blessing and the next we are out on the road and cursing a driver who does not indicate! Not the easiest thing to control is our wagging tongue because it seems to have a superfast broadband connection to the brain that almost pours out into existence words that we know as soon as they are out should never ever have been said. Another thing I once overheard when someone uttered a profanity was a rebuke from another person close by who said, 'Does your mother know you talk like that?'

In the end I suppose we can all take a lesson from Whoopi Goldberg in *Sister Act*. At the very end of the film as the criminals are being taken away and she is there with her fellow nuns, one of the gang, who used to be her controlling boyfriend, gives her some verbal abuse and she is about to reply in kind but what comes out (admittedly in a slightly strained tone) are the words 'Bless you'.

Here we have the transformation of an individual (albeit a fictional one) who has learned that her voice is there for more than cursing and mean words and that her voice is there for 'blessing' as well.

Blessings can take many shapes and sizes and can be one way that we may convey our living faith in a world that all too often hears the negative and the profane, so how do we speak to others every day, are our words a blessing?

Questions

- Can you remember a time when you have cursed instead of blessed and are you able to bring it to God for forgiveness?
- Who can you 'bless' with your tongue today and in what way?

Priod 20
Iago 3:13–4:3, 7, 8a

Y Sul rhwng 18 a 24 Medi yn gynwysedig

Myfyrdod 55 Hannah Karpaty

Nesewch at Dduw, ac fe nesâ ef atoch chwi.

Cofiaf y tro cyntaf i mi glywed hyn, roeddwn yn eistedd yn fy sedd yn yr eglwys ar fore Sul a phan ddywedodd y sawl oedd yn arwain yr ymbiliau hyn, gwnaeth i mi eistedd i fyny a gwrando.

Os gwnaf i nesáu at Dduw, a wnaiff Duw mewn gwirionedd nesáu ataf fi?

Sut yr ydym ni yn nesáu at Dduw?

Mae Iago yn dweud wrthym bod y ddoethineb sydd oddi uchod yn y lle cyntaf yn bur, ac yna'n heddychol, yn dirion, yn hawdd ymwneud â hi, yn llawn o drugaredd a'i ffrwythau daionus, yn ddiragfarn ac yn ddiragrith.

Weithiau, gall taith bywyd anfon ambell her i ni.

Gall rhai effeithio'n uniongyrchol arnom ni neu ein ffrindiau agosaf a'n teulu, ac mae'r ffordd yr ydym yn ymateb iddynt yn dweud wrth eraill amdanom ni, wrth y bobl yr ydym yn eu hadnabod yn ogystal â'r rhai nad ydym yn eu hadnabod.

A ydym ni yn ymddwyn yn ddoeth pan fyddwn dan bwysau gan eraill?

Mae'n hawdd ymateb i rywbeth ar y funud heb fod yn heddychol nac yn dirion, a gall fod yn amhosibl i ni weld ffordd heddychol na thirion o ymdrin â rhai pethau. Ond, gyda Duw, os rhown bopeth yn nwylo Duw, bydd Duw yn ein harwain ar y llwybr cywir – bydd yn rhaid i ni fod yn barod i ildio, i roi lle ond nid rhoi i mewn i ddadleuon neu bwysau sy'n dod i'n rhan, gwybod y gwir a derbyn hynny yn heddychlon, hyd yn oed pan fydd eraill yn methu gwneud hynny.

Rydym i ddangos trugaredd, a thosturio wrth y rhai sydd angen hynny, yn enwedig pan fydd yn bosibl i ni fod yn angharedig neu bell ein hagwedd tuag atynt. Dim gwahaniaeth pwy ydynt, gofynnir i ni ddangos trugaredd tuag atynt.

Yn y ffordd hon y byddwn yn dwyn ffrwyth, trwy ddangos i eraill ein gwir werthoedd Cristnogol cariadlon yn ein bywydau bob dydd, yn ein gweithredoedd a'n hymatebion.

Tybed faint ohonoch chi sydd wedi clywed rhywbeth fel, 'Rydw i'n gwybod eu bod yn Gristion, ond dydyn nhw ddim yn ymddwyn fel un'?

Dyma rywbeth yr wyf wedi ei glywed lawer gwaith dros y blynyddoedd, ac mae'n gwneud i mi feddwl. Yn fy ymateb, ydw i yn dysgu cariad Crist i eraill? Ydw i yn dangos i eraill, yn Gristnogion neu ddim, beth yw cariad Crist? Ydw i yn heddychol a thirion? Ydw i yn defnyddio doethineb sydd oddi uchod yn y sefyllfa hon?

Fel Cristnogion, mae ein bywyd bob dydd wedi ei gysegru i Iesu ac i hau hadau gobaith ym mhob un y byddwn yn eu cyfarfod, yn ein gweithredoedd ac yn ein hymatebion.

Pan fyddwn mewn anghydfod â rhywun, dim gwahaniaeth pa mor ddibwys y bo, dylem ofyn i ni ein hunain o ble y daw hynny, ai oddi wrth Dduw? Ac yna, ydw i'n ymateb yn y ffordd y byddai Duw eisiau i mi wneud, ac ydw i'n ymddwyn yn y ffordd y mae Duw yn dymuno i mi wneud?

Mae Iago yn ein hatgoffa y dylem ymddarostwng i Dduw, a gwrthsefyll y diafol.

A dyma ble, pan fyddwn yn nesáu at Dduw, y bydd Duw yn nesáu atom ni. Gallwn weld Duw ym mhopeth a wnawn, popeth a welwn a phopeth a glywn.

Cwestiynau
- Sut yr ydych chi yn ymateb mewn gwahanol sefyllfaoedd? A yw yn haws ymateb yn gywir mewn sefyllfa dda nag mewn sefyllfa ddrwg?
- Pan fyddwch yn nesáu at Dduw, ydych chi'n gweld Duw o'ch cwmpas ym mhobman?

Proper 20

James 3:13–4:3, 7, 8a

Sunday between 18 and 24 September inclusive

Reflection 55 Hannah Karpaty

Draw near to God and he will draw near to you.

I remember the first time I heard this, I was sitting in the church pew on a Sunday morning and the person leading the intercessions said this, and it made me sit up and listen.

If I draw near to God, will God really draw near to me?

How do we draw near to God?

James tells us, the wisdom from above is first pure, then peaceable, gentle, willing to yield, full of mercy and good fruits. Without a trace of partiality or hypocrisy.

Sometimes, life's journey can send us a few challenges.

Some may directly affect us or our closest friends and family, how we react to these things tells others about us, those we know, as well as those we don't know.

Do we act with wisdom when we are under pressure from others?

It can be easy reacting to something in the moment and not being peaceable or gentle, and it can be impossible for us to see a peaceable or gentle way to deal with some things. But, with God, handing everything over into God's hands, God will guide us on the right path, we must be willing to yield, to give way to arguments or pressure that come our way, not to give in, but knowing the truth and being at peace with that, even when others are not.

We are to show mercy and be compassionate to those who are in need of it, especially when we have the ability to be unkind or distant to them. No matter who they are we are asked to show mercy to them.

It is this way that we bear fruit, by showing others our true and loving Christian values in our everyday lives, in our actions and in our reactions.

I wonder how many of you have heard something like, 'I know they are a Christian, but they don't behave like one'?

It is something I have heard a lot over the years, and it makes me think. In my reaction, am I teaching others the love of Christ? Am I showing others, both Christian and non-Christian, what the love of Christ is?

Am I being peaceable and gentle? Am I using wisdom from above in this situation?

As Christians, our daily life is dedicated to Jesus and sowing the seeds of our faith to all that we meet, in our actions and our reactions.

When we are in conflict with someone, no matter how trivial that may be, we should ask ourselves where does that come from, is that from God? And then, am I reacting the way God would want, and am I acting in the way God wishes me to?

James reminds us that we should submit ourselves to God, and resist the devil.

And this is where, when we draw near to God, God draws near to us. We are able to see God in everything we do, everything we see and everything we hear.

Questions
- How do you react in different situations? Is it easier to react correctly in a good situation, than a bad one?
- When you draw near to God, do you see God all around you?

Priod 21

Iago 5:13–20

Y Sul rhwng 25 Medi a 1 Hydref yn gynwysedig

Myfyrdod 56 Craig Gardiner

Mae cyfeiriad Martin Luther at lyfr Iago fel 'epistol gwellt' yn enwog, ond ni fwriadodd erioed i'r llythyr gael ei anwybyddu. Rwyf fel arfer yn bleidiol i'w ddisgyblaeth ymarferol, ond mae darlleniad heddiw yn gwneud i mi deimlo fel petai darn o'r gwellt hwnnw wedi glynu rhwng fy nannedd. Mae trafferth yn y testun hwn sy'n codi fy ngwrychyn ac efallai ei fod yr un mor flinderus i'r rhai sy'n ei glywed neu yn pregethu ohono heddiw.

Yr hyn sy'n 'glynu yn fy nannedd' yw'r ymdriniaeth sydd bron yn ddiniwed o weddi. Os ydych mewn adfyd, unig awgrym Iago yw eich bod yn gweddïo. Os oes rhywun yn glaf, yna yn syml 'galwed ato henuriaid yr eglwys, i weddïo trosto a'i eneinio ag olew yn enw'r Arglwydd' a bydd hynny yn 'iacháu y sawl sy'n glaf'. Mae'r cyfan yn teimlo braidd fel fformiwla: agwedd weithrediadol tuag at weddi fel gwneud (neu gael) yn hytrach nag arfer neu ddatblygu. Mae hawlio bendithion fel hyn gan yr Hollalluog yn teimlo'n bell oddi wrth y weddi berthynol a geir mewn mannau eraill yn yr ysgrythur a'r seintiau. Ond achos mwy o bryder yw mai anaml y mae gweddi yn gweithio yn y modd yr awgryma Iago. Mae llawer un a allai dystio, 'ond ni wnaeth gweddi a offrymwyd mewn ffydd iacháu un annwyl a oedd yn glaf'.

Os darllenwn ymhellach er mwyn canfod pam na weithiodd gweddi o'r fath, mae Iago yn pwysleisio ac yn dadlau mai 'peth grymus iawn ac effeithiol yw gweddi y cyfiawn'. Felly fe allem gasglu bod ein gweddi wedi methu oherwydd ein bod yn brin o ryw rinwedd yn yr Arglwydd. Efallai, fel yr awgryma adnod 16, fod iachâd yn oedi am fod pechod heb ei gyffesu. Mae sylwadau o'r fath wedi gosod baich o euogrwydd anhaeddiannol ar lawer. Mae hynny yn bell oddi wrth efengyl o iacháu neu ryddhau ac nid dyna mae Iago yn ei fwriadu ar gyfer ein gweddïau.

Ond nid yw'r testun trafferthus hwn wedi'i ddihysbyddu. Mae'n debyg na allai pobl mewn llefydd fel Somalia, Kenya ac Ethiopia sy'n dioddef dan ddistryw sychder uniaethu ag awgrym Iago fod Elias yn ddyn o'r un anian â hwythau. Oherwydd, tra ymddengys fod gan y proffwyd gyswllt uniongyrchol â chronfeydd y nefoedd, ymddengys fod eu deisyfiadau hwy ar yr Hollalluog am gael glaw yn syrthio ar glustiau mor fyddar â'r rhai y maent yn erfyn arnynt am gyfiawnder hinsawdd. Y naill ffordd a'r llall, mae'r ddaear yn gwadu eu hymbiliau ac yn atal ei chynhaeaf.

Mae hyn i gyd yn gwneud i mi feddwl a wyf i, fel y dywed Iago, wedi 'gwyro oddi wrth y gwirionedd'? Oes angen i rywun arall fy 'nhroi'n ôl'? Ond na! Y sylwadau hyn yw fy ngwirionedd i. Yn union fel y cafodd Elias ei adegau o drafferthion, ac y bu i Iesu frwydro'i ffordd trwy Gethsemane mewn gweddi, bydd gennym ninnau hefyd ofidiau na ellir eu hanwybyddu, os yw ein ffydd i gael mynegiant gwir a dilys.

Os oes gwirionedd y dylem ddychwelyd ato, un y gallem ei archwilio yn ddyfnach, mae'n siŵr mai hynny yw y dylem ddod â'n trafferthion i dderbyn gras ail haen o weddi. Nid ydym i anwybyddu sut y gall poen barhau yn wyneb gweddi ffyddlon, ond er hynny byddwn yn dal i weddïo. Byddwn yn ymbil ag un droed mewn byd helbulus a'r llall wedi'i gwreiddio yng ngobaith achubiaeth Crist. O'r dechrau i'r diwedd, dyma yw byrdwn Iago. Gweddïwch ag amynedd, gweddïwch â dyfalbarhad, molwch, cyffeswch, ac ymbiliwch gan gredu pan fyddwn yn mynd i mewn i'r dirgelwch hwn y bydd Duw yn nesáu ac y bydd y nefoedd yn cyffwrdd y ddaear.

Cwestiynau

- Beth yw eich profiad o weddi: sut y mae'n canfod cartref rhwng helyntion trafferthus ac achlysuron o ras yn eich bywyd, yn eich eglwys ac yn y gymuned ehangach?
- Beth allech chi ddweud wrth rywun sydd wedi gweddïo'n ffyddlon dros sefyllfa neu berson sy'n wael, ond er gwaethaf eu dymuniadau, ni ddaeth iachâd?

Proper 21

James 5:13–20

Sunday between 25 September and 1 October inclusive

Reflection 56 Craig Gardiner

Martin Luther famously referred to the book of James as an 'epistle of straw', but he never meant that the letter was to be ignored. I'm usually partial to its practical discipleship, but today's passage leaves me feeling like there's a piece of that straw stuck between my teeth. There's trouble in this text that vexes me and perhaps it's equally bothersome to those who hear or preach from it today.

What 'sticks in my teeth' is the almost naive account of prayer. If you are suffering, then James suggests no more than you pray. If anyone is sick, then simply 'call the elders', to pray: anoint the person 'with oil in the name of the Lord' and that will 'save the sick'. It all feels rather formulaic: a transactional approach to prayer as doing (or getting), rather than becoming. This extraction of benefits from the Almighty feels far from the relational prayer found elsewhere in scripture and the saints. But more worryingly, prayer rarely seems to function as James suggests. Many there are who might testify, 'but the prayer of faith did not save the loved one who was ill'.

If we read further to discover why such prayer didn't work, James doubles down; arguing that the 'prayer of a righteous person' is 'powerful and effective'. So we might conclude that our prayer failed because we lack some virtue in the Lord. Maybe, as verse 16 hints, healing tarries because of unconfessed sin. Such comments have burdened many with an undeserved guilt. That is far from a gospel of healing or liberation and is not what James intends for our prayers.

But this troublesome text is not exhausted. People in drought devasted Somalia, Kenya and Ethiopia might distance themselves from James' suggestion that Elijah was human like them. Because, while the prophet seems possessed of a direct line to the reservoirs of heaven, their petitions to the Almighty for rain seem to fall on ears as deaf as those to whom they appeal for climate justice. Either way, the earth denies their intercessions and withholds its harvest.

All this leaves me wondering if according to James, I have 'wandered from the truth'? Do I need to be 'brought back' by another? But no! These observations are my truth. Just as Elijah had his moments of struggle, and Jesus wrestled through Gethsemane in prayer, we will all have troubles that cannot be ignored, if our faith is to find a true and authentic expression.

If there is a truth to which we should return, one we could explore more deeply, then it's surely that we must bring our troubles into the grace of a second naiveté of prayer. We are not to be ignorant of how pain persists in the face of faithful prayer, but nonetheless we will still pray. We will intercede with one foot in a world of trouble and the other rooted in the hope of Christ's salvation. From the beginning to the end, this is James' refrain. Pray with patience, pray with persistence, praise, confess, and intercede believing that when we enter into this mystery, God will draw near, and heaven touches upon the earth.

Questions

• What is your experience of prayer: how does it find a home between the incidents of trouble and occasions of grace in your life, in your church and the wider community?
• What might you say to someone who has prayed faithfully for some person or situation who was ill, but despite their longings, no healing came?

Priod 22

Marc 10:2–16

Y Sul rhwng 2 a 8 Hydref yn gynwysedig

Myfyrdod 57 Chris Thomson

Mae gan yr adnodau hyn yn Efengyl Marc rym enfawr i ennyn amrediad o emosiynau ac ymatebion. Mae nifer o resymau am hyn, ond un o'r rhai amlycaf mae'n debyg yw bod y testun fel petai'n awgrymu safon ar gyfer perthynas y gallem neu y gallem ni beidio ag ystyried ein bod yn byw yn unol â hi. Gall yr amrediad o emosiynau a deimlwn newid mor aml ag y mae tymhorau ein bywyd yn newid. Gall fod yn dymor o ryddhad oherwydd ein bod yn ein cael ein hunain mewn lle ble mae ein bywyd yn cyd-fynd â'r hyn y mae Iesu yn ei ddysgu yma. Gall fod yn dymor lle byddwn yn cael ein temtio i farnu eraill. Gall fod yn dymor pan fyddwn yn profi heriau. Gall fod yn dymor pan fyddwn yn ofni nad yw dysgeidiaeth Iesu yn adlewyrchu ein bywyd, ac efallai y byddwn yn poeni ei fod yn ein barnu ni ac wedi ei dramgwyddo i'r graddau fod ein perthynas ag ef wedi ei heffeithio, wedi ei thorri hyd yn oed.

O fewn y tymhorau a'r ymatebion hyn, mae'n hanfodol ein bod yn canolbwyntio ar wirionedd yr Ymgnawdoliad. Yn Iesu, mae Duw yn cyfarfod ei greadigaeth wyneb yn wyneb. Nid oedd Duw yn barod i greu amser, lle a dynoliaeth yn unig, ac yna eistedd yn ôl yn y nefoedd i wylio o hirbell sut y byddai pethau'n datblygu. Yn hytrach mae gennym Dduw oedd nid yn unig yn barod i fynd i mewn i amser a lle, a stori'r ddynoliaeth, ond a oedd yn dyheu'n ddwfn am gael gwneud hynny. Efallai mai un ffordd o ddisgrifio hyn yw trwy ddweud bod Duw yn awyddus i dorchi ei lewys a baeddu ei ddwylo trwy fyw y bywyd yr ydym ni i gyd yn ei fyw. Iesu yw Duw. Mae'n Dduw cyflawn ac yn fod dynol cyflawn. Cafodd Iesu ei demtio yr un fath â ni, ei herio yr un fath â ni, dioddef yr un fath â ni, a phrofi'r holl emosiynau sydd gennym ni.

Yn adroddiadau'r efengylau gwelwn Dduw yn Iesu yn datgelu gwirioneddau dwyfol am realedd, perthynas, moeseg a bywyd. Mae ei awdurdod dwyfol ar y gwirioneddau hyn. Rhoddwyd pob barn i Iesu… ond *sut* yn bennaf y bu iddo ymarfer y gallu hwn i farnu yn ei weinidogaeth ddaearol? Defnyddiodd ei farn nid i feio, cywilyddio na gelyniaethu – fel efallai y byddem ni yn gwneud wrth ymateb i ddarlleniad heddiw o'r ysgrythur – ond i adfer. Defnyddiodd Iesu ei farn i adfer y wraig a ddaliwyd yn godinebu i berthynas â Duw a safle yn ei chymdeithas. Fe'i defnyddiodd i iacháu'r rhai oedd yn dioddef o'r gwahanglwyf a'u hadfer i gymdeithas. Fe'i defnyddiodd i iacháu'r wraig oedd â gwaedlif arni a'i hadfer i gymdeithas wedi iddi gael ei heithrio am 12 mlynedd. Fe'i defnyddiodd i ddatgelu calon Duw dros y tlawd, y colledig, y toredig. Fe'i defnyddiodd i gyfarfod y fam yn Nain, ynghanol ei galar am ei mab oedd wedi marw, trwy ei atgyfodi a'i roi yn ôl iddi. Fe'i defnyddiodd i geryddu unrhyw un a hawliai fod awdurdod a barn Duw ganddynt ond nad oedd ganddynt drugaredd, gras a chariad Duw. Yn ein darlleniad o'r ysgrythur heddiw gwelwn Iesu yn defnyddio'r farn gariadlon hon i amddiffyn gwragedd rhag cael eu rhoi heibio gan eu gwŷr yn rhy hawdd mewn diwylliant lle gallai dynion ysgaru eu gwragedd am resymau bach iawn, ac o'r herwydd eu gadael yn ddiymgeledd a bregus ac yn agored i beryglon a wynebai gwragedd diamddiffyn yng nghymdeithas batriarchaidd cyfnod Iesu.

Ble bynnag yr ydych mewn bywyd, bydd Iesu yn eich cyfarfod yno, ac fe ddaw â'i farn gariadlon nid i'ch cywilyddio, eich condemnio na'ch gelyniaethu, ond bob amser i'ch tynnu'n ôl ato ef ac adfer eich bywyd i fywyd yn ei holl gyflawnder.

Cwestiynau

- Yn dawel yn eich calon eich hun, sylwch sut y gwnaethoch *chi* ymateb i'r sgwrs rhwng Iesu a'r Phariseaid?
- Beth yw'r Efengyl? Beth mae Iesu'n ceisio ei gyflawni yn ei weinidogaeth? Beth ydym ni'n ei ddysgu am hyn trwy ei sgwrs?

Proper 22
Mark 10:2–16

Sunday between 2 and 8 October inclusive

Reflection 57 Chris Thomson

These verses in Mark's Gospel have enormous power to generate a range of emotions and reactions. There are numerous reasons for this, but a predominant one may be the subject matter seemingly suggesting a standard for relationships that we may, or may not, consider ourselves to be living up to. The range of emotions we experience may change as often as the seasons of our lives change. There may be a season of relief because we may find ourselves in a place where our life seems in line with what Jesus seems to be teaching here. There may be a season when we may find ourselves tempted to judge others. There may be a season when we will experience challenges. There may be a season when we may fear that Jesus' teaching doesn't reflect our life, and we may worry that he is judging us, upset with us to such an extent that our relationship with him is affected, even broken.

Within all of these seasons and reactions, the truth of the Incarnation is crucial to keep in focus. In Jesus, God meets his creation face to face. God wasn't prepared to simply create time, space and humanity, and then sit back in heaven to watch from afar how things might develop. Rather we have a God who not only was prepared to enter into time and space, and the human story, but deeply desired to do so. Perhaps one way of describing this is that God wanted to roll up his sleeves and get his hands dirty by living the life we all live. Jesus is God. He is fully God and fully human. Jesus was tempted in every way we are, challenged in every way we are, suffered in every way we do, and experienced the full range of emotions we have.

In the gospel accounts we see God in Jesus revealing divine truths about reality, relationships, ethics and life. These truths carry his divine authority. All judgement has been given to Jesus… but *how* did he predominantly exercise this judgement in his earthly ministry? He used his judgement not to condemn, shame or alienate – as we might in our reactions to today's scripture – but to restore. Jesus used it to restore the woman caught in adultery to relationship with God and standing in her community. Jesus used it to heal those with leprosy and restore them to society. Jesus used it to heal the hemorrhaging woman and restore her to society after being ostracised for 12 years. Jesus used it to reveal God's heart for the poor, the lost, the broken. Jesus used it to meet the mother in Nain, right in the heart of her grief for her dead son, by restoring him to life and giving him back to her. Jesus used it to rebuke anyone who claimed to bring the authority and judgement of God but without the mercy, grace and love of God. In our scripture today we see Jesus using this loving judgement to protect women from being too easily set aside by husbands in a culture where men could divorce their wives for very little reason, thereby abandoning and exposing them to the perilous vulnerabilities of unprotected women in the patriarchal society of Jesus' time.

Wherever you are in life, Jesus will meet you there, and he comes with his loving judgement never to shame, condemn, or alienate you, but only ever to draw you back to him and to restore your life to life in all its fullness.

Questions

- Quietly in your own heart, notice how did *you* respond to Jesus' dialogue with the Pharisees?
- What is the Gospel? What is Jesus trying to achieve in his ministry? What do we learn about this through his dialogue?

Priod 23
Marc 10:17–31

Y Sul rhwng 9 a 15 Hydref yn gynwysedig

Myfyrdod 58 Kathryn Delderfield

Trwy'r efengylau gwelwn gariad, gras a charedigrwydd amlwg Iesu, a'r ffordd y mae'n derbyn a chynnwys pob math o bobl. Mae'r rhain yn nodweddion yr ydym yn eu gwerthfawrogi, a rhan bwysig o fod yn ddisgybl Cristnogol yw ceisio tyfu'n debycach iddo yn y pethau hyn. Yn union cyn ei gyfarfyddiad â'r dyn cyfoethog gwelwn Iesu yn dangos y nodweddion hyn wrth iddo groesawu plant pan oedd eraill yn eu gwthio i ffwrdd. Mewn gwrthgyferbyniad â hyn mae ymateb Iesu i ddyn sydd wedi rhuthro ato a gofyn cwestiwn sydd i'w weld yn ddigon rhesymol yn ymddangos yn sychlyd a siomedig.

Efallai fod awgrym pam y bu i Iesu ymateb fel y gwnaeth yng ngeiriad y cwestiwn. Mae'r dyn cyfoethog yn gofyn beth y mae'n rhaid iddo ei wneud i etifeddu bywyd tragwyddol. Nid oedd yn gwestiwn drwg ynddo'I hun, ond roedd Iesu yn adnabod calon y sawl oedd yn ei ofyn, ac efallai ei fod yn gweld rhywun yr oedd ganddo fwy o ddiddordeb mewn ennill rhywbeth trwy ei ymdrechion ei hun yn hytrach na rhywun yr oedd ganddo awydd gwirioneddol i ddilyn Duw.

Er gwaethaf hyn edrychodd Iesu ar y dyn ac fe'i hoffodd. Pam felly y gofynnodd iddo wneud rhywbeth mor anodd a gwerthu'r cyfan oedd ganddo a rhoi i'r tlodion? A yw hyn yn golygu y dylem ninnau hefyd werthu popeth sydd gennym? Yr hyn sydd dan sylw yma yw ar ddiwedd y dydd bod cyfoeth y dyn a'i safle yn y gymdeithas ar sail ei gyfoeth yn golygu mwy iddo na Duw. Ni chynhwysodd Iesu y ddau orchymyn cyntaf, a'r ddau bwysicaf, yn y rhestr o orchmynion y dywed y dylai'r dyn cyfoethog eu cadw, 'Câr yr Arglwydd dy Dduw â'th holl galon ac â'th holl enaid ac â'th holl feddwl. Dyma'r gorchymyn cyntaf a'r pwysicaf. Ac y mae'r ail yn debyg iddo: Câr dy gymydog fel ti dy hun.' Mathew 22:37–39. Roedd Iesu yn adnabod calon y dyn a gwyddai y byddai'n ei chael yn anodd cyflawni'r gorchmynion hynny yn llawn.

Yn fyr, fel Cristnogion mae angen i ni roi Duw yn gyntaf, pawb arall yn ail a ni ein hunain yn olaf. Mae bod yn ddisgybl yn golygu bywyd o aberthu. Mae hwn yn ddysgu anodd, yn enwedig mewn diwylliant lle rhoddir cymaint o werth ar uchelgais, eiddo a hunangyflawniad. Nid yw Iesu yn dweud yn bendant bod yr un o'r pethau hynny yn anghywir, ond nid ydynt yn mynd i ddod â bodlonrwydd i ni. Yn bwysicach, os rhown flaenoriaeth i'r pethau hynny yna bydd ein perthynas â Duw yn dioddef.

Bu i ni ddechrau trwy feddwl am Iesu yn dangos cariad, gras a charedigrwydd. Felly ble mae cariad Iesu wrth iddo hawlio cymaint o aberth? Ychydig o bobl a fyddai'n dadlau yn erbyn y ddihareb sy'n dweud mai gwell yw rhoddi yn hytrach na derbyn. Mae Iesu yn addo i'r disgyblion y bydd unrhyw un sydd wedi rhoi'r gorau i unrhyw beth er mwyn ei wasanaethu ef yn cael ei wobrwyo. Gŵyr nad oes hapusrwydd mwy na boddhad mwy i'w gael na byw bywyd ble rydym yn ei ddilyn ef a'i ddysgeidiaeth yn galonnog; er nad yw yn hawdd y mae'n fywyd cyfoethog a gwerth chweil. Mae addewid hefyd am fywyd tragwyddol a thrysor yn y nefoedd.

Cwestiynau
- Sut y mae'r cyfarfod rhwng Iesu a'r dyn cyfoethog yn herio ein blaenoriaethau ni mewn bywyd?
- Sut y gallwn ni yn ymarferol gymhwyso'r ddysgeidiaeth am aberthu i'n bywydau ein hunain fel dilynwyr Iesu?

Proper 23

Mark 10:17–31

Sunday between 9 and 15 October inclusive

Reflection 58 Kathryn Delderfield

Throughout the gospels we see the obvious love, grace and kindness of Jesus, and how he accepts and includes all sorts of people. These are characteristics we value and an important part of Christian discipleship is to try and grow more like him in these areas. Just before his interaction with the rich man we see Jesus demonstrating these characteristics as he welcomes children when others pushed them away. In contrast Jesus' response to a man who has rushed up to him to ask what on the face of it seems to be the right sort of question appears abrupt and discouraging.

Perhaps a clue to Jesus' response comes from looking at the wording of the question. The rich man asks what he has to do to inherit eternal life. It wasn't in itself a bad question, but Jesus knew the heart of the person asking it, and maybe he saw someone who was more interested in gaining something for himself by his own efforts, than someone who genuinely had a desire to follow God.

In spite of this Jesus looked at the man with love. So why then did he ask him to do something so difficult and sell all he had and give to the poor? Does this mean that we also should be selling everything we have? The issue here was that at the end of the day the man's wealth and the position in society that wealth gave him meant more to him than God. Jesus did not include the first two, and the most important, commandments in the list of commandments he says the rich man should follow, 'You shall love the Lord your God with all your heart and with all your soul and with all your mind. This is the first and greatest commandment. And a second is like it: You shall love your neighbour as yourselves.' Matthew 22:37–39. Jesus knew the heart of the man and knew that these were commandments he would find difficult to truly put into practice.

In short, as Christians we need to put God first, everyone else second and ourselves last. Discipleship means a life of sacrifice. This is hard teaching, especially in a culture where such value is put on ambition, possessions and self-fulfilment. Jesus is not actually saying that any of those things are wrong, but they are not what will bring us contentment. More importantly, if we prioritise those things then our relationship with God will suffer.

We started by thinking about Jesus showing love, grace and kindness. So where is the love of Jesus in his demands for such sacrifice? Few people would argue with the proverb that it's better to give than to receive. Jesus promises the disciples that anyone who has given up anything to serve him will be rewarded. He knows that there is no greater happiness, no greater fulfilment and contentment to be found than living a life where we follow him and his teachings wholeheartedly; although not easy it is a rich and rewarding life. There is also that promise of eternal life and treasure in heaven.

Questions
- How does the meeting between Jesus and the rich man challenge our own priorities in life?
- How can we practically apply the teachings about sacrifice to our own lives as followers of Jesus?

Priod 24
Marc 10:35–45

Y Sul rhwng 16 a 22 Hydref yn gynwysedig

Myfyrdod 59 Tim Hewitt

Mae'n siom i ni glywed am bobl ifanc sydd wedi gweithio'n galed yn eu hastudiaethau ac yn methu cael gwaith sy'n addas ar gyfer eu cymwysterau. Yn fwy a mwy heddiw, credwn fod pobl yn haeddu rhywbeth am eu hymdrech. Credwn y dylai pobl gael eu penodi i rywbeth ar sail eu teilyngdod trwy broses deg.

Gallem ddweud bod Iago ac Ioan yn bodloni'r egwyddorion canlynol: maent wedi dilyn Iesu yn ffyddlon ac maent wedi dangos eu bod yn fodlon gadael pethau ar ôl er mwyn ei ddilyn. Mae bod ar eich colled yn un peth, ond beth am ddioddef mewn modd sydd y tu hwnt i ddychymyg? Ydyn nhw yn fodlon gwneud hyn? Ydyn, meddent, ac nid yw Iesu yn anghytuno â hwy. Maent yn haeddu rhywbeth ac, ar ben hynny, hwy fu dilynwyr agosaf Iesu. Maent eisoes wedi bod yn sefyll wrth ei ochr. Dylent fod wrth ei ochr.

Pwy ohonom nad yw wedi ceisio dylanwadu ar rywbeth neu rywun er gwell? Ym myd gwleidyddiaeth, dyna pam fod pobl yn anelu at gael eu hethol ac yna cael eu dewis i wneud swydd bwysig. Os yw Iago ac Ioan yn deall dirgelwch Teyrnas Dduw, beth sydd o'i le iddynt yrru'r achos ymlaen trwy'r awdurdod sydd ganddynt yn y Deyrnas? Mae'r cwestiynau hyn yn codi cwestiynau am ein cymhellion ein hunain ac nid cymhellion Iago ac Ioan yn unig. Beth bynnag oedd yn eu meddyliau, mae Iesu yn egluro iddynt bod eu huchelgais y tu hwnt i'w allu ef. Efallai mai dyna oedd diwedd y stori.

Yn ddiweddarach, mae'r lleill yn clywed am y drafodaeth ac maent yn ddig. Mae'n bwysig i ni ofyn a ydynt wedi clywed am yr holl drafodaeth neu ddim. Os oeddent wedi ffrwydro pan glywsant am uchelgais Iago ac Ioan, a wnaethant wrando yn eu dicter ar yr holl stori? Mae'r stori yn rhoi'r argraff fod Iesu wedi galw pawb at ei gilydd oherwydd dicter y deg, nid oherwydd uchelgais Iago ac Ioan. Petai'r deg wedi clywed y stori i gyd a sut y bu i Iago ac Ioan dderbyn geiriau Iesu, ni fyddai problem o gwbl.

Mae Iesu yn herio ein syniadau am bobl yn derbyn pethau trwy deilyngdod, trwy siarad am bridwerth ac nid gwobr. Mae Iesu yn gofyn i ni roi yn hytrach na derbyn. Dyna'r gwahaniaeth rhwng gwobr a phridwerth. Amen, dywedwn wrthym ein hunain, ond mae'r gwahaniaeth rhwng gwobr a phridwerth yn herio ein syniadau am lwyddiant. Mae llawer o bobl yn barod i geisio gwneud rhywbeth heb wybod a fydd yn llwyddiannus ai peidio, ond nid dyna y mae Iesu yn siarad amdano yma. Trwy siarad am bridwerth, mae Iesu yn gofyn i ni wneud pethau sy'n arwain at lwyddiant i bobl eraill, ond colled i ni. Rydym ni'n colli er mwyn i bobl eraill ennill. Efallai mai'r bobl fydd yn eistedd bob ochr i Iesu yn y Deyrnas fydd y bobl nad ydynt yn haeddu bod yno oherwydd nad ydynt yn gallu cyflawni dim eu hunain, ond fod pobl eraill yn barod i fod yn bridwerth drostynt.

Cwestiynau
- Ydym ni'n tueddu i wylltio am rywbeth neu gyda rhywun heb glywed popeth a meddwl am yr holl stori?
- Pa fath o bris ydym ni'n fodlon ei dalu i weld rhywun arall, yn hytrach na ni ein hunain, yn llwyddo?

Proper 24
Mark 10:35–45

Sunday between 16 and 22 October inclusive

Reflection 59 Tim Hewitt

It's disappointing for us to hear about young people who have worked hard in their studies and fail to find work which is appropriate to their qualifications. More and more today, we believe that people deserve something because of their effort. We believe that people should be appointed to something on their merit through a fair process.

We could say that James and John appeal to the following principles: they have followed Jesus faithfully and they have showed that they are willing to leave things behind them in order to follow him. Losing out is one thing, but what about suffering in a manner which is beyond imagination? Are they willing to do this? Yes, they say, and Jesus does not disagree with them. They deserve something and furthermore, they have been the closest followers of Jesus. They have been standing by his side already. They should be by his side.

Which one of us has not sought to influence something or someone for the better? In the world of politics, that is why people aim at being elected and then being chosen to an important job. If James and John understand the mystery of the Kingdom of God, what is the matter with them driving the cause forward by the authority they have in the Kingdom? These questions raise questions about our own motives and not the motives of James and John alone. Whatever was in their minds, Jesus explains to them that their ambition is beyond his ability. Maybe that was the end of the story.

Later on, the others hear about the discussion and they're angry. It's important for us to ask if they have heard about the whole discussion or not. They erupted when they heard about the ambition of James and John, and in their anger, did they fail to listen to the whole story? There is an impression in the story that Jesus calls everybody together because of the anger of the ten, not because of the ambition of James and John. If the ten had heard the whole story and how James and John accepted the words of Jesus, there would not be a problem at all.

Jesus challenges our ideas about people receiving things by merit, by talking about a ransom and not a reward. Jesus asks us to give and not receive. That's the difference between a reward and a ransom. Amen, we say to ourselves, but the difference between a reward and a ransom challenges our ideas about success. Many people are willing to seek to do something without knowing if the thing will be successful or not, but that is not what Jesus is talking about here. By talking about a ransom, Jesus asks us to do things which lead to success for other people, but loss for us. We lose out for other people to win. Maybe the people who sit at each side of Jesus in the Kingdom will be the people who do not deserve to sit there because they are not able to accomplish anything themselves, but other people were willing to be a ransom for them.

Questions
- Do we tend to become angry about something or with someone without hearing everything and thinking about the whole story?
- What kind of price are we willing to pay to see someone else, rather than ourselves, flourishing?

Priod 25 – Y Sul olaf ar ôl y Pentecost
Marc 10:46–52

Y Sul rhwng 23 a 29 Hydref

Myfyrdod 60 Jennie Willson

Roedd Bartimeus yn wrthodedig gan gymdeithas. Roedd yn wahanol. Roedd yn cael ei weld fel rhywun yr oedd rhywbeth o'i le arno. Mae'n debyg fod y rhan fwyaf o bobl yn ei weld fel rhywun oedd wedi'i gosbi gan Dduw – efallai mai oherwydd ei bechodau ei hun neu efallai mai oherwydd pechodau ei deulu.

Mae'r dyn hwn nad oes ar neb ei eisiau yn eistedd ar ochr y ffordd wrth i Iesu fynd heibio ac mae'n gweiddi ac yn tarfu ar yr holl bobl 'normal', arferol sy'n dilyn Iesu. Mae'n achosi trafferth ac yn boendod. Efallai eu bod yn dweud rhywbeth fel 'Bydd ddistaw y dyn gwirion'. Gad lonydd i Iesu, y dyn pwysig yma, fynd heibio mewn heddwch. Does arno ddim eisiau dy glywed di'n crefu am gael siarad ag ef. Dos i ffwrdd, dwyt ti ddim yn bwysig.

Dychmygwch hynny. Dychmygwch bobl yn gweiddi arnoch ac yn dweud wrthych am fod yn ddistaw ac aros yn eich lle, yn y gwter oddi ar y ffordd. Ac mae tyrfaoedd o bobl yn ceisio boddi eich llais, rydych chi ar eich pen eich hun ac mae cymaint mwy ohonyn nhw. Beth mae Bartimeus yn ei wneud? Gweiddi yn uwch fyth! Mae'n anwybyddu'r anfri gan yr holl bobl o'i gwmpas. Mae'n rhaid ei fod wedi gorfod canolbwyntio'n galed ar beidio â gadael i'w sylwadau sarhaus dynnu ei sylw a gwneud iddo deimlo'n annheilwng. Gosododd ei feddwl yn gadarn ar ei nod, Iesu. Ac yna dywedodd Iesu wrth y dyrfa am fynd i'w nôl! Tipyn o syndod i'r dyrfa a dychmygaf eu bod braidd yn ddig. Roeddent wedi dweud wrtho am fod yn dawel ac yn awr roedd wedi tarfu ar Iesu ac wedi creu helynt!

Mae pobl yn mynd yn ôl at Bartimeus ond maent yn dal i feddwl bod hyn i gyd yn dipyn o ffars! Maent yn dweud wrtho am godi ei galon – ystyr y gair Groeg a ddefnyddir yw bod yn ddewr neu galonnog. Credaf fod hyn braidd yn wawdlyd. Maent wedi cael digon arno ac mae'n debyg eu bod yn teimlo braidd yn chwithig bod Iesu yn galw arno – beth fydd Iesu yn ei feddwl pan sylweddola ei fod yn galw ar bechadur, y dyn toredig hwn? Sylwch beth mae Iesu yn ei wneud nesaf. Nid yw yn manteisio ar y cyfle i addysgu. Nid yw yn dweud wrth Bartimeus beth i'w wneud. Nid yw yn penderfynu beth i'w wneud nesaf. Yn syml, y mae'n gofyn i Bartimeus, 'Beth yr wyt ti am i mi ei wneud iti?'

Mae'r cwestiwn hwn yn gwneud nifer o bethau. Mae'n gosod Iesu fel y gwas y cyhoeddodd ei hun i fod. Yn hytrach na'r arweinydd na'r meistr na'r athro ar yr amser hwn, y mae yma i wasanaethu. Mae'n gofyn i Bartimeus am ei gais, ac nid dim ond beth y mae am iddo ei wneud chwaith, ond 'Beth yr wyt ti am i mi ei wneud **i ti**?' Mae'n unigol, mae'n rhoi Iesu fel y gwasanaethwr, ac wrth wneud hynny, mae'n dyrchafu Bartimeus. Mae Bartimeus, a oedd ddim ond ychydig funudau yn ôl ar y gwaelod un, yn anabl ac yn y gwter, yn awr wedi'i anrhydeddu â'r safle o fedru gofyn am weithred gan Iesu. Ac yna, ar ôl hynny i gyd, wedi i'r ychydig eiriau hynny droi'r holl sefyllfa wyneb i waered, mae Iesu yn dweud un peth olaf ystyrlon iawn. 'Y mae dy ffydd wedi dy iacháu di.'

Nid yw Iesu hyd yn oed yn cymryd y clod am y weithred o iacháu. Nid yw'n ei pherfformio fel sioe fawr o flaen y dyrfa. Nid yw'n defnyddio'r dyn gwrthodedig i ddangos ei allu. Mae'n parhau i ddyrchafu Bartimeus ac yn dweud 'ti wnaeth hyn'. Dy ffydd, y ffydd a roddodd i ti'r nerth i anwybyddu'r holl bobl oedd yn dy wthio i ffwrdd ac yn gweiddi arnat ti, ffydd a'th alluogodd i gredu bod gen ti'r hawl i siarad, i ofyn ac y byddai dy ddymuniad yn cael ei wireddu. Dyna a wnaeth i ti fedru gweld.

Cwestiynau

• Ydych chi yn eich cael eich hun yn penderfynu pwy a phwy sydd ddim yn deilwng o sylw Iesu? Sut y gallwch chi eich herio eich hun a'ch eglwys i fynd i'r afael â hyn?

• Sut y mae gweithrediadau Iesu yn dangos sut y dylem ymddwyn pan fyddwn yn helpu eraill? Sut y gallwn ni ddilyn ei esiampl yn well?

Proper 25 – The last Sunday after Pentecost
Mark 10:46–52

Sunday between 23 and 29 October

Reflection 60 Jennie Willson

Bartimaeus was an outcast in society. He was different. He was seen as having something wrong. Probably by most people he was seen as being punished by God – maybe for his own wrongdoings or maybe for those of his family.

This unwanted man is sat at the side of the road when Jesus passes and he's shouting and disturbing all the 'normal', accepted people who are following Jesus. He's getting in the way and being a nuisance. 'Shut up you crazy man' they might be saying. Be quiet and let Jesus, this important man, pass in peace. He doesn't want to hear you begging to speak to him. Get away, you're not important.

Imagine that. Imagine being shouted down and told you need to pipe down and stay where you belong, in the gutter out of the way. And there are crowds of people trying to drown you out, you're very much outnumbered. What does Bartimaeus do? He shouts even more loudly! He ignores the abuse from the many people around him. He must have had to really focus to not allow their put downs to distract him and make him feel unworthy. He set his focus firmly on his goal, Jesus. And then Jesus told the crowd to go get him! Bit of a shock to the crowd and I imagine they were a bit irritated. They had told him to be quiet and now he had disturbed Jesus, caused a scene!

People go back to Bartimaeus but they still think this is all a bit of a farce! They tell him to 'Take heart' or 'Cheer up' – the Greek word used means 'be of good courage or cheer'. I think it's pretty sarcastic. They are fed up of him and probably a bit embarrassed that Jesus is calling him – what will Jesus think when he realises he is summoning this sinner, this broken man? Notice what Jesus does next. He doesn't take the opportunity to teach. He doesn't tell Bartimaeus what to do. He doesn't decide what to do next. He simply asks Bartimaeus, 'What do you want me to do for you?'

This question does a number of things. It places Jesus as the servant he proclaimed himself as. Rather than the leader or the master or the teacher at this point, he is here to serve. He asks Bartimaeus for his request, not just what he wants him to do, either, but 'What do you want me to do **for you**?' It's individual, it places Jesus as the server, and in doing so, it elevates Bartimaeus. Bartimaeus, who only a few moments ago was the lowest of the low, disabled and in the gutter, is now exalted to the position of being able to request an action from Jesus. And then, after all that, after these few words turned the whole situation on its head, Jesus says one last, very meaningful thing. 'Your faith has healed you.'

Jesus doesn't even take the credit for the act of healing. He doesn't perform it as a big act in front of the crowd. He doesn't take the outcast and use him to show his power. He keeps Bartimaeus on the pedestal he has placed him on and says 'you did this'. Your faith, faith which gave you the strength to ignore all the people pushing you away and shouting you down, faith which allowed you to believe that you had the right to speak, to ask and that your wish would be granted. That is what did it, that is what made you see.

Questions
- Do you find yourself deciding who is and who isn't worthy of Jesus' attention? How can you challenge yourself and your church others to address this?
- How do Jesus' actions demonstrate how we should behave when we are helping others? How can we be better at following this example?

Sul y Beibl
Eseia 55:1–11

Myfyrdod 61 Jane James

'Hei! Os oes syched arnoch chi, dewch at y dŵr! Os nad oes gynnoch chi arian, dewch beth bynnag!' Mae geiriau agoriadol Eseia 55 o'r cyfieithiad beibl.net yn swnio fel llinell benigamp ar gyfer hysbyseb ar y cyfryngau, yn enwedig os yw yn rhad ac am ddim. Dyna'r gwahoddiad gan Dduw sy'n agored i bawb, ond y mae amod – mae'n rhaid i chi fod yn sychedig, mae'n rhaid fod arnoch angen yr hyn y gall ei gynnig i chi, ond unwaith yr ydych yn sylweddoli beth yw'r angen hwnnw ac yn gwrando arno, mae'n addo rhoi i chi y pethau gorau na all arian eu prynu.

Bron yn rhy dda i fod yn wir? A ellir ymddiried yn Nuw i wireddu ei addewid? Fel mewn lleoedd eraill yn y Beibl, dywedir wrthym wedyn am edrych i'r gorffennol i weld yr hyn a wnaeth Duw, y tro hwn at Dafydd a'r addewidion a wnaed iddo ef a sut y bu iddynt gael eu cyflawni wrth iddo arddangos gallu Duw a dod yn arweinydd mawr. Bydd yn gwneud yr un fath i ni, 'Gwnaf â chwi gyfamod tragwyddol, fy ffyddlondeb sicr i Ddafydd.' Mae Duw yn dangos ei unplygrwydd trwy Dafydd ac felly gallwn ninnau hefyd ymddiried ynddo i gadw ei addewidion i ni.

Wedi i ni dderbyn y gwahoddiad i ddod ac wedi i ni gael gweld sut mae Duw wedi gweithio trwy Dafydd mae'r darlleniad wedyn yn mynd ymlaen i ddweud wrthym beth y mae angen i ni ei wneud i dderbyn y bendithion hyn. 'Ceisiwch yr Arglwydd tra gellir ei gael, galwch arno tra bydd yn agos.' Mae teimlad o frys, bod angen gweithredu cyn iddi fynd yn rhy hwyr a gollwng gafael yn yr hyn a allai fod yn ein dal yn ôl. Dywedir wrthym am adael i'r drygionus newid eu ffyrdd, a dychwelyd at Dduw, neges efallai i ni beidio ag ymateb i bobl a dylanwadau o'n cwmpas. Gadael i eraill ganfod eu llwybr eu hunain a pheidio â'n dal yn ôl. Rhoi'r gorau i wrando ar ffyrdd y byd a gadael i Dduw reoli'r cyfan.

Mae hyn yn anodd weithiau oherwydd yn aml nid ydym yn deall ffyrdd Duw a byddwn yn teimlo ein bod yn gwybod yn well. Efallai fod ei ffyrdd yn ymddangos fel petaent yn ein harwain i rywle ble rydym yn teimlo'n ansicr neu i rywle nad ydym yn teimlo y dylem fod ynddo, ond mae Duw yn gwybod hyn ac yn ein hatgoffa bod ei ffyrdd ef yn uwch na'n ffyrdd ni ac nad ydym i fod i ddeall popeth. Nid Duw ydym ni wedi'r cyfan.

Yna mae cyfatebiaeth hyfryd â dŵr yn rhoi bywyd i'r ddaear gan alluogi ffrwythloni a chynhaeaf, a chael pwrpas. Mae gair Duw fel y dŵr hwnnw, ac y mae pwrpas iddo sydd yn dod â thwf a llawnder yn ein bywydau. Hyd yn oed os na allwn ddirnad ei fwriadau bydd ei eiriau yn eu cyflawni beth bynnag ac yn dod â ffyniant i bawb fydd yn gwrando. Dyna yw gwahoddiad Duw i fywyd helaeth, ei rodd rad y gall pawb ei derbyn. Os ydym yn adnabod ein hangen ac yn barod i ddod, i geisio, i wrando ac i ollwng gafael yna bydd Duw yn ymhyfrydu mewn rhoi'r gorau oll i ni, ei fywyd helaeth.

Cwestiynau

- Sut y mae gair Duw, ei ddŵr bywiol, wedi galluogi tyfiant a ffrwythlonder yn eich bywyd chi?
- Pa ddylanwadau bydol sy'n eich rhwystro rhag derbyn ei helaethrwydd llawn? Sut y gallwch chi ollwng y pethau hynny?

Bible Sunday
Isaiah 55:1–11

Reflection 61 Jane James

'Is any one thirsty? Come and drink – even if you have no money!' The opening words to Isaiah 55 from the New Living translation sound like a great line for a media advert, especially if it is free. That is the invitation open to all from God, but there is a condition, you must be thirsty, you must be in need of what he can offer you, but once you recognise that need and listen to him, he promises to provide you with the finest things that money can't buy.

Almost too good to be true? Can God be trusted to deliver this promise? As in other places in the Bible, we are then told to look to the past to see what God has done, in this case to David and the promises made to him and how they were fulfilled as he displayed God's power and became a great leader. He will do the same for us, 'I will make an everlasting covenant with you and give you the love I promised to David.' God is demonstrating his integrity through David and so we too can trust him to keep his promises for us.

Having been invited to come and having been shown how God has worked in David the passage then goes on to tell us what we need to do to receive these blessings. 'Seek the Lord while you can find him, call on him while he is near.' There is a sense of urgency, to act before it is too late and to let go of what may be holding us back. We are told to let the wicked change their ways, let them come back to God, maybe a message for us to stop responding to people and influences around us. To let others find their own path and not hold us back. To stop listening to the ways of the world and allow God to be in control.

Sometimes this is so hard because we often don't understand God's ways and we feel we know better. His ways may appear to be leading us where we feel insecure or not to where we think we should be, but God knows this and reminds us that his ways are higher than ours and we are not meant to understand everything. We are not God after all.

There is then a beautiful analogy with water giving life to the earth, enabling fruitfulness and harvest, having a purpose. God's word is like that water, having a purpose that brings growth and abundance in our lives. Even if we cannot comprehend his purposes his word will accomplish it anyway and bring prosperity to all who will listen. That is God's invitation to abundant life, his free gift that everyone can receive. If we recognise our need and are prepared to come, to seek, to listen and to let go then God delight us with the finest of everything, his abundant life.

Questions
- How has God's word, his living water, enabled growth and fruitfulness in your life?
- What are the worldly influences that are holding you back from receiving his full abundance? How can you let these things go?

Sul Cyntaf y Deyrnas
Marc 12:28–34

Myfyrdod 62 Dylan Parry-Jones

Mae'n debyg y cytunwch fod y cyfarfyddiad hwn rhwng Iesu ac un o'r ysgrifenyddion ar yr olwg gyntaf yn ymddangos yn ddigon rhwydd. Gofynnir i Iesu pa orchymyn yw'r pwysicaf ac y mae'n ymateb trwy ddyfynnu Deuteronomium a Lefiticus. Mae mwy fodd bynnag yn digwydd yma na dyfyniad diddorol gan Iesu.

Yn adroddiadau'r Efengylau gwelwn Iesu yn aml yn anghytuno â'r awdurdodau crefyddol, ac yn herio'u ffyrdd o roi rheolau o flaen pobl a chariad Duw. Mae Marc yn dweud wrthym ar ddiwedd pennod 11 bod yr athrawon crefyddol wedi herio awdurdod Iesu i addysgu. Mae'n ymateb i'w galwadau am ateb trwy ofyn cwestiynau ei hun. Cwestiynau agored yw cwestiynau Iesu sy'n achosi i'r gwrandawyr, y tu hwnt i'r rhai sy'n mynnu atebion, feddwl ac ymgysylltu â gwahanol fath o feddwl. Dangosir y patrwm hwn trwy bennod 12 o Efengyl Marc – cais am ateb cul, fel arfer mewn ymgais i rwydo Iesu, wedi'i ddilyn gan Iesu yn troi'r cais am ateb yn gwestiwn lletach sy'n cyfeirio at gariad Duw a'i awydd i bopeth ffynnu.

Wrth i ni ddechrau tymor y Deyrnas, os cawn ein hunain yn mynnu ateb i beth yw'r Deyrnas a sut y gallwn fynd i mewn iddi, rydym yn mynd yn groes i'r ffordd yr oedd Iesu'n byw ac yn ymgysylltu â'r byd o'i gwmpas. Mae Iesu yn amlinellu'r syniad nad gwybod bod yr atebion gennych yw byw gyda meddylfryd y Deyrnas ond yn hytrach mentro gofyn y cwestiynau a dal i'w gofyn mewn dull fel ein bod yn eu gofyn gyda'n gilydd. Mae caniatáu ein cwestiynau, a chwestiynau rhai eraill yn ein ffurfio, fel ein bod yn dod i wybod mwy am Dduw sydd yn Gariad eang.

Mae cyfarfyddiad Iesu gyda'r ysgrifennydd yn wahanol i'r holl gyfarfyddiadau eraill yn yr adran hon o Efengyl Marc. Mae'n un o'r adegau prin pan mae Iesu'n ateb cwestiwn uniongyrchol. Mae'r ysgrifennydd wedi bod yn gwrando ar y dadleuon, ac wedi sylwi ar rywbeth ynglŷn â'r ffordd y mae Iesu'n ymgysylltu â'r rhai sy'n mynnu atebion ganddo, ac felly mae'n gofyn: beth sydd bwysicaf ynglŷn â'r ffordd yr ydym yn byw ein bywydau? Mae Iesu'n ateb trwy dynnu gwybodaeth a chrynhoi llyfrau'r Gyfraith; Câr Dduw yn gyntaf â'r cyfan wyt ti, a châr dy gymydog fel yr wyt yn dy garu di dy hun. Mae'r ysgrifennydd yn ymateb trwy ddyfynnu yn yr un modd. Dyma ysgrifennydd nad yw yn ceisio dal Iesu na'i brofi'n anghywir ond sy'n ymuno â Iesu mewn ffordd sy'n tynnu pawb sy'n gwrando i ddealltwriaeth ddyfnach o gariad Duw, ac y mae Iesu'n ymateb trwy ddweud wrth yr ysgrifennydd nad yw ymhell oddi wrth deyrnas Dduw.

Nid yw nesáu at deyrnas Dduw yn golygu cau eraill i lawr na'u heithrio, na hyd yn oed eu haddysgu â'r hyn sydd yn ateb cyfyng ond cywir. Gwrthododd Iesu alwadau am yr ateb cywir a dywedodd storïau a gofynnodd gwestiynau oedd yn cynnwys pobl. Fe'n gwahoddir ni, y rhai sy'n ei ddilyn, i fyw yn debyg iddo. Gofyn cwestiynau!

Cwestiynau

- Pa gwestiwn fyddech chi'n hoffi ei ofyn i Dduw – Sut mae byw gyda'r cwestiwn hwn yn effeithio ar eich bywyd?
- Pa gwestiwn a ofynnwyd i chi, neu y clywsoch rywun arall yn ei ofyn, sydd wedi effeithio ar eich dealltwriaeth o Dduw?

First Sunday of the Kingdom
Mark 12:28–34

Reflection 62 Dylan Parry-Jones

At first glance this encounter that Jesus has with the scribe seems quite straightforward doesn't it? Jesus is asked which commandment is the most important and he responds, quoting Deuteronomy and Leviticus. However there is more going on here than Jesus delivering a soundbite.

In the Gospel accounts we often find Jesus at odds with the religious authorities, challenging their way of putting rules before people and God's love. Mark tells us at the end of chapter 11 that the religious teachers challenged Jesus's authority to teach. He responds to their demand for an answer with questions of his own. Jesus's questions are open questions causing the listeners, beyond those demanding answers, to think and to engage with a different kind of thinking. This pattern is shown throughout chapter twelve of Mark's Gospel, a demand for a narrow answer, usually in an attempt to trap Jesus, followed by Jesus turning the demand for an answer into a wider question that points to God's love and desire that all might flourish.

As we begin the Kingdom season, if we find ourselves demanding an answer on what the Kingdom is and how do we get in, we run counter to the way Jesus lived and engaged with the world around him. Jesus models the idea that living with a Kingdom mindset is not about knowing you know the answers, it is about daring to ask the questions, and to keep asking them in a way that we are asking them together. Allowing our questions, and the questions of others shape us, so that we come to know more of the expansive Love that is God.

Jesus's engagement with the scribe contrasts all the other encounters in this section of Mark's Gospel. It is one of the rare times when Jesus answers a direct question. The scribe has been listening to the arguments, and has noticed something about the way Jesus engages with those demanding answers of him, so he asks: what is most important in the way we live our lives? Jesus answers, drawing on and summarising the books of the Law; Love God first with all that you are, and love your neighbour as you love yourself. The scribe responds quoting in the same way. Here is a scribe who is not trying to catch Jesus out or prove him wrong but joins with Jesus in a way that draws all listening into a deeper understanding of God's love and Jesus responds telling the scribe that he is not far from the kingdom of God.

Drawing near the kingdom of God is not about closing others down or excluding them, or even about educating them with what is a narrow but correct answer. Jesus rejected demands for the right answer and told stories and asked questions that included people. We, as those who follow him, are invited to live like him. Ask questions!

Questions
- What question would you like to ask God – How is your life shaped by living with this question?
- What question have you been asked, or heard another person ask, has shaped your understanding of God?

Ail Sul y Deyrnas
Marc 1:16–20

Myfyrdod 63 Siôn Brynach

Mae 'na rhywbeth gwirioneddol ogoneddus ynghylch arddull cywasgedig Marc. Does 'na ddim gair wast yma o gwbwl, a dyma ni wedi cyrraedd adnod 14 o'r bennod gyntaf yn yr Efengyl yn ôl Marc ac eisoes rydym wedi clywed am gyd-destun hanesyddol Iesu, fel yr unigolyn y proffwydodd Eseia yn ei gylch, hanes Ioan Fedyddiwr, bedydd Iesu, a themtiad Iesu. Mae'r cwbl ar garlam gwyllt ac eto mae'r darlun yn glir ac yn fyw iawn hefyd er gwaetha'r arddull gryno. Dyma Fab Duw, sydd ag awdurdod ganddo, ac y mae pobl yn amlwg yn gwrando arno ac yn ymateb iddo.

Ac mae'r arddull cywasgedig yn parhau yn yr hanes hwn ynghylch galw'r disgyblion cyntaf. Does 'na ddim cyd-destun (a oedd Iesu eisoes yn adnabod Simon ac Andreas, Iago ac Ioan er enghraifft neu wedi cwrdd â nhw o'r blaen?) dim ond llamu ymlaen i hanfod y stori. A'r hanfod hwnnw yw ymateb pobl i alwad Iesu a'r awdurdod amlwg sydd ganddo.

A dyma fu ymateb Simon (nodwch mai Simon yw yma – dim ond yn ddiweddarach y cyfeirir ato fel Pedr) ac Andreas, Iago ac Ioan hefyd – ymateb yn ddiymdroi – a does 'na ddim esboniad o gwbl pam iddynt ymateb heb betruso. Yn amlwg roeddent yn ddynion busnes llwyddiannus, fel sy'n amlwg o'r ffaith bod ganddynt gwch ac offer a gweision. Ac eto, ymddengys na fu unrhyw betruso ganddynt pan glywon nhw alwad Iesu i'w ddilyn ef.

Ac eto, galwad digon rhyfedd a geir gan Iesu, i'w ddilyn i bysgota am bobl, nid pysgod. Er gwaethaf poblogrwydd y ddelwedd hon yn ddiweddarach i Gristnogion, dyma ddelwedd go ryfedd mewn difri – mae rhwydo yn awgrymu caethiwed a gormes yn hytrach na'r rhyddid i ddewis. Ai gwahodd y disgyblion ato y mae Iesu er mwyn rhwydo pechaduriaid ar gyfer eu barnu? Eto mae 'na adlais hefyd o'r weddi yn y gwasanaeth bedydd yma, a ddywed 'Drwy ei groes a'i werthfawr waed, fe brynodd ein Harglwydd Iesu Grist y byd. Dywedodd wrthym, os oes neb am fod yn ddilynwyr iddo ef, fod yn rhaid iddynt ymwadu â hwy eu hunain, codi eu croes, a'i ganlyn ef ddydd ar ôl dydd.'

Mae 'na batrwm newydd yma hefyd sef y gwahoddiad a rydd i'w ddisgyblion cyntaf, nid i astudio'r gyfraith dan ei gyfarwyddyd yn unol â thraddodiad y cyfnod, ond yn hytrach i ddod i rannu ei fywyd ef a byw gydag ef wrth iddo gyflawni ei weinidogaeth grwydrol yn ymateb i anghenion wrth iddo ddod ar eu traws. A dyna'r gwahoddiad i ni hefyd – nid i ymateb i Iesu ar lefel ddeallusol yn unig ond yn hytrach i ymateb yn reddfol ac â'n hisymwybod bron i wahoddiad Iesu i'w ddilyn ef, ac i gyd-fyw ac i gyd-weinidogaethu gydag ef. Gydag ef y mae bywyd tragwyddol i'w gael, a dyna a welodd y disgyblion cyntaf o droi eu cefnau ar sicrwydd bywyd fel pysgotwyr, ac yn hytrach ddewis caethiwed – a rhyddid – bywyd fel disgyblion Iesu.

Yr un yw'r gwahoddiad i ni fod yn ddisgyblion dros ddwy fil o flynyddoedd yn ddiweddarach. Ydym ni'n barod i farw i bechod, codi ein croes a'i ganlyn ef ddydd ar ôl dydd?

Cwestiynau

- Beth yw eich ymateb i'r sylw uchod fod pysgota am bobl yn ddarlun sy'n ennyn delwedd o ormes a chaethiwed?
- Sut mae ystyried ymateb diymdroi'r disgyblion i alwad Iesu yng nghyd-destun egwyddor ewyllys rydd a'r rhyddid a rydd Duw i ni i ymateb ynteu beidio ag ymateb iddo?

Second Sunday of the Kingdom
Mark 1:16–20

Reflection 63 Siôn Brynach

There is something truly glorious about the concise style of Mark. Not a single word is wasted, and here we are reaching verse 14 of the first chapter of the Gospel according to Mark and we have already heard of Jesus' historical context, as the individual in Isaiah's prophesy, the story of John the Baptist, Jesus' baptism, and the temptation of Jesus. It is all delivered at top speed and yet the picture is clear and lively in spite of the concise style. This is the Son of God, who has authority, and people are obviously listening to him and responding to him.

And the concise style continues in this story about calling the disciples. There is no context (did Jesus already know Simon and Andrew, James and John for example or had he met them previously?) only leaping ahead to the essence of the story. And that essence is people's response to the call of Jesus and the obvious authority that he has.

And this was the response shown by Simon (note that he is Simon here – it is only later that he is referred to as Peter) and Andrew, James and John also – an immediate response – and there is no explanation at all why they responded without hesitation. They were obviously successful businessmen, as can be gathered from the fact that they had a boat and equipment and servants. And yet, it appears that there was no hesitation on their part when they heard Jesus calling them to follow him.

And yet, this is a rather strange call from Jesus, to follow him to fish for people, not fish. In spite of the popularity of this image to Christians later, it is really rather a strange image – to net suggests captivity and oppression rather than the freedom to choose. Is Jesus inviting the disciples to join him in netting sinners to be judged? And we are also reminded here of the prayer in the baptism service, which says 'By his cross and precious blood, our Lord Jesus Christ has redeemed the world. He has told us that, if any want to become his followers, they must deny themselves, take up their cross and follow him day by day.'

There is also a new pattern here in the invitation that he extends to his first disciples, not to study law under his guidance in accordance with tradition at the time, but rather to share his life and live with him as he fulfilled his travelling ministry responding to needs as he came across them. And that is the invitation to us also – not to respond to Jesus on an intellectual level only but rather to respond instinctively and almost with our subconsciousness to Jesus' invitation to follow him, and to live and minister with him. Eternal life is to be had with him, and that is what the first disciples saw when they turned their backs on a secure life as fishermen, and instead chose the captivity – and freedom – of life as the disciples of Jesus.

It is the same invitation for us to be disciples over two thousand years later. Are we ready to die to sin, carry our cross and follow him day by day?

Questions
- What is your respose to the comment above that fishing for people is a picture that suggests an image of oppression and captivity?
- How should we consider the disciples' immediate response to Jesus' call in the context of the principle of free will and the freedom given to us by God to respond or not to respond to him?

Trydydd Sul y Deyrnas
Marc 13:1–8

Myfyrdod 64 Benedict Yates

Yma ac acw o gwmpas y wlad mae adfeilion llawer o abatai; creiriau o oes a fu a chofebau i ffydd yr oesoedd canol. Mae rhai fel Tyndyrn neu Margam yn dal i gyfleu'r harddwch a'r ysblander a fu, a'r gerddoriaeth a'r weddi a adleisiai unwaith trwy eu muriau. Yn aml gallant deimlo fel lleoedd trist. Fel lleoedd sydd mewn gwirionedd yn adleisiau o rywbeth hardd sydd wedi ei golli. Gallai ein heglwysi a'n cadeirlannau ni ein hunain wynebu'r un ffawd, ac efallai na fyddant hwythau chwaith yn y dyfodol yn ddim mwy na murddunnod adfeiliedig. Wyddom ni ddim.

Gwelodd y disgyblion y deml ac roeddent wedi'u cyfareddu gan ei maint a'i gwychder. Ac mae Iesu'n dweud wrthynt na fydd maen ar faen yn aros – fe fydd yn adfail. Mae Iesu'n proffwydo dinistr y deml yn y pen draw trwy ddwylo'r fyddin Rufeinig. Ond, yn fwy na hynny mae Iesu'n dysgu ei ddisgyblion mai byrhoedlog yw hyd yn oed y pethau mwyaf, y pethau godidocaf a'r pethau cadarnaf y gall bodau dynol eu hadeiladu, ac y daw y cyfan i ben rhyw ddiwrnod. Mae'n neges bwerus ynglŷn â natur ddibarhad y byd o'n cwmpas. Dinistriwyd y deml, dinistriwyd yr abatai mawr, ac yn y pen draw nid oes dim yn y bywyd hwn yn para am byth.

Gallai fod yn neges ddigon digalon, oni bai am y gobaith a geir gan Iesu i ddilyn. Oherwydd pan mae'n sôn am ryfeloedd a daeargrynfâu sydd i ddod mae'n eu galw yn 'wewyr'. Os yw cyflawniadau dynolryw a harddwch y byd yn ddibarhad, yna felly hefyd y mae dioddefaint a thristwch y byd hwn. Disgrifia Iesu y byd cyfan hwn fel cario plentyn. Mae llawenydd. Mae poen. Mae cariad, ac mae rhwystredigaeth; ac mae'r gwewyr esgor ei hun yn wirioneddol boenus. Ond trwyddynt fe enir plentyn. Person newydd. Bywyd newydd.

Mae Iesu'n addysgu bod y byd fel hyn. Mae'n ddibarhad, oherwydd mae'n rhoi ffordd i rywbeth newydd. Rhywbeth sy'n ddwfn ac yn ddigamsyniol well. Creadigaeth newydd annherfynol a thu hwnt i bob dychymyg yn fwy rhyfeddol na'r pethau harddaf a mwyaf rhyfeddol y gallwn eu profi yn y byd o'n cwmpas.

Mae abaty adfeiliedig yn datgan ffydd y rhai a'i hadeiladodd. Yr harddwch â'r hwn y bu iddynt ei addurno. Terfynau'r bywyd dibarhad hwn. A'r addewid o rywbeth cymaint mwy syfrdanol. Bywyd newydd yn Nheyrnas Dduw, lle bydd yr Arglwydd Iesu Grist gyda ni a lle byddwn yn gorffwys mewn llawenydd tragwyddol, diderfyn.

Nid oes dim yn y byd hwn yn parhau, ac y mae Iesu yn ein dysgu bod yn rhaid i ni gydnabod, deall a derbyn y gwirionedd hwn. Ac y dylem ddal i obeithio y bydd y greadigaeth newydd yn anhraethol well. Ac y bydd pob un ohonom, yn ein ffordd fach ein hun, yn ymdrechu i wneud i'r byd dibarhad hwn edrych ychydig yn debycach i'r byd tragwyddol. Yn union fel yr oedd yr abatai hardd hynny yn eu ffordd eu hunain wedi eu hadeiladu unwaith i ddangos sut le fyddai Teyrnas Dduw.

Cwestiynau
- Ydych chi yn ei chael hi'n anodd gollwng gafael ar bethau yr ydych yn eu trysori? A yw'r gobaith am y greadigaeth newydd yn rhoi gobaith a chysur i chi mewn poen a cholled?
- Beth allwch chi ei wneud i geisio gwneud y byd o'ch cwmpas ychydig yn debycach i'r hyn y dychmygwch Deyrnas nefol Duw i fod? Oes arnoch chi angen dechrau trwy eich trawsnewid eich hun i fod yn debycach i Iesu a sut y gallech chi wneud hynny?

Third Sunday of the Kingdom
Mark 13:1–8

Reflection 64 Benedict Yates

Dotted around the countryside are many ruined abbeys; relics of a former age and monuments to the faith of the middle ages. Some like Tintern, or Margam, still give a sense of the beauty and splendour that they once had, and of the music and prayer that once echoed through their stones. They can often feel like sad places. Like places that are indeed echoes of something beautiful that has been lost. Our own churches and cathedrals might share their fate, and perhaps they too will in the future be no more than crumbling remnants. We do not know.

The disciples saw the temple and were overwhelmed by its scale and grandeur. And Jesus tells them that not one stone will be left – it will become a ruin. Jesus is prophesying the eventual destruction of the temple at the hands of the Roman army. But, more than that, Jesus is teaching his disciples that even the grandest, greatest, and most solid things that humanity can build are transitory and will one day come to an end. It is a powerful message of the transitory nature of the world around us. The temple was destroyed, the great abbeys were destroyed, and ultimately nothing in this life lasts forever.

It might be quite a depressing message, if it was not for the hope that Jesus then follows up with. Because when he talks of the coming of wars and earthquakes he calls them 'birth pangs'. If the great achievements of humanity and the beauty of the world is transitory, then so too is all the suffering and sorrow of this world. This whole world is described by Jesus as like the carrying of a child. There are joys. There are pains. There is love, and there is frustration; and the birth pangs themselves are truly painful. But through them a child is born. A new person. A new life.

Jesus teaches that the world is like this. It is transitory because it is giving way for something new. Something deeply and profoundly better. A new creation infinitely and unimaginably more wonderful than the most beautiful and wonderful things that we can experience in the world around us.

A ruined abbey declares the faith of those who built it. The beauty with which they adorned it. The limits of this transitory life. And the promise of something so much more amazing. A new life in the Kingdom of God, where the Lord Jesus Christ will be with us and where we will rest in eternal, unending joy.

Nothing in this world lasts, and Jesus teaches us that we must acknowledge, understand, and accept this truth. And that we should remain hopeful for the new creation infinitely better. And that each of us, in our own small way, should strive to make this transitory world look a little bit more like that eternal one. Just as in their way, those beautiful abbeys were once built to show what the Kingdom of God would be like.

Questions

- Do you struggle with letting go of treasured things? Does the hope of the new creation give you hope and comfort in pain and loss?
- What can you do to try and make the world around you a bit more like what you imagine the heavenly Kingdom of God to be? Do you need to begin with transforming yourself to be more like Jesus and how might you do that?

Pedwerydd Sul y Deyrnas
Salm 93

Myfyrdod 65 Richard Wood

Mae Eryri, fel unrhyw gadwyn o fynyddoedd, y tu hwnt i'n hamgyffrediad o enfawr. Er y gallech efallai ddringo neu deithio ar y trên i'w ben, unwaith yr ydych ar y copa ac yn edrych i lawr, mae'r synnwyr a gewch o raddfa'r cyfan yn ymddangos hyd yn oed yn fwy nag o'r gwaelod yn edrych i fyny!

Mae'n ymddangos yn ddisymud, yn sefydlog; yn anghyffyrddadwy o ddigyfnewid.

Mae'r nifer dirifedi sydd yn ymwneud â meddwl yn wyddonol am newidiadau yn y tirlun a datblygiad lle fel Eryri yn ddigon i roi cur yn eich pen! Felly, beth bynnag a wyddom am ddaeareg, symudiad tectonig ac ati, mae meddwl am y ddaear wedi ei sefydlu yn gadarn ac yn ddiogel yn ffordd hynafol o ddarlunio natur dragwyddol Duw a'i reolaeth a'i deyrnasiad. Mae awdur Salm 93 yn defnyddio harddwch ac ysblander y byd, yn ogystal â'i gadernid, ei ehangder a'i hynafiaeth, i siarad am Dduw a'i orsedd, ond dim ond yn gymaint ag i ddweud nad yw'r delweddau hyn yn ddigonol! Pa mor hardd a sefydlog bynnag y dychmygwn y byd i fod, mae Duw yn fwy!

Ewch i lawr oddi ar Yr Wyddfa ac yn y diwedd fe gyrhaeddwch yr arfordir. Efallai y byddwch yno ar ddiwrnod pan fydd y tonnau'n torri'n dyner ar y traeth â churiad cyson o heddwch a thawelwch. Ond ar ddiwrnod arall efallai y byddwch yn dyst i donnau trystfawr yn chwalu yn erbyn y creigiau, lle gall y tirlun newid hyd yn oed o fewn un diwrnod, heb sôn am dros gannoedd, miloedd a miliynau o flynyddoedd! Ceisiwn gyfyngu ar effaith y grymoedd anferth hyn, gan adeiladu gwahanfuriau i amddiffyn y cymunedau sydd wedi datblygu yma dros gyfnod (cymharol fyr) o amser, ond mae'r amddiffynfeydd hynny yn methu, ac mae'r dyfroedd cryf, nerthol yn cael eu ffordd.

Mewn gwrthgyferbyniad i'r syniad o olchi'n traed yn gysurus ar lan y dŵr, gall grym y môr mewn amgylchiadau fel hyn ymddangos yn ddychrynllyd o fawr. Fodd bynnag, y mae'r ddelwedd hon unwaith eto yn annigonol oherwydd mae Duw yn fwy fyth, fel y dywed y Salmydd wrthym. Ef yw'r Creawdwr; yn fawr a nerthol.

Ond nid yw'r priodoleddau hyn yn rhoi darlun llawn heb i ni ddarllen yr holl ffordd i adnod olaf y salm. Rydym wedi ffurfio delwedd o Dduw brenhinol, cryf, hynafol a pharhaol – ac yn wir y mae felly – ond y mae hefyd yn brydferth mewn sancteiddrwydd.

Fel Arglwydd a Brenin, wedi ei orseddu uwchlaw y ddaear, mae Duw yn rheoli trwy gyfraith a deddf. Mae'n dweud beth sy'n gywir ac yn anghywir; yn arwain a chyfarwyddo ei greadigaeth a ninnau fel rhan ohoni. Ac eto, er ei fawredd a'i nerth, er ei oruchafiaeth a'i dragwyddoldeb, nid yw yn gwneud hynny fel teyrn. Nid yn ei nerth yn unig y mae'n llywodraethu ac yn teyrnasu, ond hefyd yn y sancteiddrwydd sy'n 'gweddu' i'w dŷ.

Wrth sefyll ar gopa'r Wyddfa neu ar lan Môr Iwerddon nid maint a nerth yn unig y byddem yn eu gweld, byddem hefyd yn gweld harddwch. Felly hefyd gyda Duw – ni allwn ei wahanu yn rhannau. Mae ei nerth a'i sancteiddrwydd, ei gariad a'i wirionedd yn anwahanadwy yn awr a hyd dragwyddoldeb.

Cwestiynau

- Sut y mae'r delweddau yn y salm hon yn siarad â chi? Ydyn nhw yn cynnig cysur i chi?
- Ydych chi yn cael eich denu i feddwl am rai agweddau o gymeriad Duw yn fwy na'r lleill? Pa rannau yw'r rhai mwyaf deniadol? Paham y gallai fod yn anodd eu gwahanu?

Fourth Sunday of the Kingdom
Psalm 93

Reflection 65 Richard Wood

Eryri (Snowdonia), like any mountain range, is massive beyond our comprehension. Even though you might be able to climb or take the train up it, once you are at the top and looking down, the sense you get of the scale of it seems even greater than from the bottom and looking up!

It seems immovable, permanent; untouchably constant.

The sheer size of the numbers involved in thinking scientifically about changes in landscape and the development of a place like Eryri is enough to make your head hurt! So it is that, whatever we might know about geology, tectonic movement and the like, thinking of the earth as firmly and securely established is an ancient way to picture the eternal nature of God and his rule and reign. The author of Psalm 93 uses the beauty and splendour of the world, as well as its solidity, vastness and antiquity, to speak of God and his throne, but only insomuch as to say that these images are not enough! However beautiful and permanent we might imagine the world to be; God is more!

Head down from Yr Wyddfa (Snowdon) and eventually you reach the coast. You might be there on a day when the sea is gently lapping at the shore, with a rhythmical peace and tranquillity. But on a different day you might witness pounding waves crashing against rock, where even in the course of one day the landscape might change, let alone over hundreds, thousands, millions of years! We try to limit the impact of these enormous forces, building protective barriers for the communities which have developed here over a (relatively short) period of time, but those defences fail, and the great and mighty waters do what they will.

In contrast to the prospect of a soothing paddle at the water's edge, the force of the sea in this manner can seem terrifyingly great. However, once more this image is insufficient because God is greater still, the Psalmist tells us. He is the Creator; high and mighty.

But these attributes leave an incomplete picture if we don't read all the way to the last verse of the psalm. We have formed an image of God as majestic, strong, ancient and enduring – for so he is – but he is also beautiful in holiness.

As Lord and King, enthroned above the earth, God rules by law (statute). He says what is right and wrong; guiding and directing his creation and us as part of it. And yet, in spite of his majesty and strength, in spite of his superiority by agelessness, he does not do so as a tyrant. It is not in his strength alone that he rules and reigns, but also in the holiness which 'adorns' his house.

Standing on the summit of Yr Wyddfa or on the shore of the Irish Sea we wouldn't just see size and strength, we would also see beauty. So too with God we cannot separate him out into parts. His strength and his holiness, his love and his truth are inseparable now and for eternity.

Questions
- How do the images in this psalm speak to you? Do you find them reassuring?
- Do you find it tempting to think of different aspects of God's character more than others? Which parts are more appealing to you? Why might it be a problem to separate them?